JAHRBUCH DER PSYCHOANALYSE
Band 54

JAHRBUCH DER PSYCHOANALYSE

Beiträge zur Theorie, Praxis und Geschichte

Herausgeber

Claudia Frank
Ludger M. Hermanns
Helmut Hinz

Mitherausgeber

Hermann Beland
Friedrich-Wilhelm Eickhoff
Ilse Grubrich-Simitis
Albrecht Kuchenbuch
Horst-Eberhard Richter

Beirat

Wolfgang Berner
Terttu Eskelinen de Folch
M. Egle Laufer
Paul Parin
Léon Wurmser

54

frommann-holzboog

Bibliographische Information
Der Deutschen Nationalbibliothek
Die Deutsche Nationalbibliothek verzeichnet
diese Publikation in der Deutschen National-
bibliographie; detaillierte bibliographische Daten
sind im Internet über <http://dnb.d-nb.de> abrufbar

ISSN 0075-2363

© frommann-holzboog Verlag
Stuttgart-Bad Cannstatt 2007
www.frommann-holzboog.de
Satz: Offizin Chr. Scheufele, Stuttgart
Druck: BoD, Norderstedt

Inhalt

In memoriam

Editorial

Die Psychoanalytische Arbeitsgemeinschaft Stuttgart-Tübingen veranstaltete am 24. September 2005 ein eintägiges Symposium zum Thema »Zwang: Beiträge aus drei Psychoanalysen«. Da im Gegensatz zu den Anfängen der Psychoanalyse gegenwärtig die psychoanalytische Behandlung als eine Therapiemöglichkeit für die Zwangsstörung – unseres Erachtens zu Unrecht – »herauszufallen« droht, nahmen wir das Symposium zum Anlaß, das vorliegende Schwerpunktheft zur »Psychoanalyse von Zwangskranken« zu konzipieren. Wir danken den Beiträgern Cyril Couve – der für eine ausführlichere Fassung seiner Arbeit 2001 den Herbert-Rosenfeld-Preis für herausragende Essays erhielt –, Hermann Erb und Claudia Frank, daß sie uns ihre Beiträge in z. T. überarbeiteter Form zur Veröffentlichung zur Verfügung stellten. Untersucht und diskutiert werden darin beispielsweise die Verbindungen zwischen Zwang und psychotischen Mechanismen. Deutlich wird das irritierende Phänomen, daß Zwangspatienten auf eine Weise hochstrukturiert zu denken scheinen, die bei genauerer Untersuchung jedoch eher eine Abschirmung von emotionaler Erfahrung und erlebter Erkenntnis darstellt, also eher einer Negativ-Form des Denkens entspricht. Wir freuen uns, daß wir zudem den deutschen Originalbeitrag von Hans Asseyer abdrucken können, der in veränderter Form auf Englisch 2002 im *International Journal of Psychoanalysis* erschienen ist. Für die Überlassung der Arbeit ihres verstorbenen Mannes danken wir seiner Frau Flora Asseyer.

Darüber hinaus liefert Vic Sedlak einen klinischen Beitrag zu der immer wieder hochbrisanten Frage der Selbstdestruktivität. Im Rahmen der angewandten Psychoanalyse untersucht Léon Wurmser in seiner Arbeit, für die er mit dem JAPA-Preis 2005 ausgezeichnet wurde, die Phänomene Terrorismus und Fundamentalismus sowie die Zusammenhänge zwischen Antiamerikanismus und

Antisemitismus. Ein berührender Fund von Gerhard Fichtner unter der Rubrik »Freud als Briefschreiber« bereichert diesen Band: es handelt sich um einen Brief Freuds an seinen Sohn Ernst aus dem Jahre 1934, in dem er sich zur politischen Situation, »zur brutalen Umwälzung in Deutschland« äußert.

Aus traurigem Anlaß schließlich noch ein Nachruf. Janine Chasseguet-Smirgel starb im März 2006. Peter Vorbach zeichnet Aspekte des nicht zuletzt für den Umgang mit dem Holocaust und allgemein dem Nationalsozialismus in der BRD bedeutsamen Werkes der international hoch renommierten Psychoanalytikerin nach, die auch im *Jahrbuch der Psychoanalyse* (Bde. 20, 30, 47, 49) veröffentlicht hat.

Claudia Frank
Ludger M. Hermanns
Helmut Hinz

Schwerpunktthema
Psychoanalyse von Zwangskrankheiten

»Seitwärts«-Gehen

Zum Abbruch der Analyse einer Zwangskranken nach Symptomfreiheit[1]

*Claudia Frank**

1. Erster Kontakt

Eine munter klingende junge Frau eröffnete das Telefonat mit der halb scherz-
haften Äußerung, es sei gar nicht so einfach gewesen, meinen Verbleib zu eruie-
ren. Sie kenne mich von dem Seminar »Psychoanalyse und Verhaltenstherapie
im Dialog« an der Psychologischen Fakultät, habe mich sympathisch gefunden,
und nun sei es ihr endlich gelungen, die Sekretärin dazu zu bringen, ihr meine
neue Telefonnummer zu verraten. Sie leide unter einem Waschzwang und brauche wohl Hilfe. Sie strebe eine Verhaltenstherapie an, müsse »was machen«,
würde aber gern zunächst mit mir sprechen.

Ich bin angesichts dieser Einführung verblüfft, und unterschiedlichste Gefühle und Assoziationen werden sofort in mir aktualisiert. Ich fühle mich gleich
etwas schuldig: Sollte ich dann nicht ihren Namen kennen oder zumindest die

* Claudia Frank, Priv.-Doz. Dr. med., Psychoanalytikerin in eigener Praxis in Stuttgart,
Lehranalytikerin der DPV/IPA. 1988–2001 an der Abteilung für Psychoanalyse,
Psychotherapie und Psychosomatik der Universität Tübingen, zuletzt als Kommis-
sarische Leiterin. Veröffentlichungen zur Theorie, Technik, Geschichte der Psychoanalyse (u. a. eine Monographie zu Melanie Kleins ersten Kinderanalysen) sowie zur
angewandten Psychoanalyse.

1 Ich danke E. O'Shaughnessy, W. Steffens und H. Weiß für wertvolle Hinweise.

Stimme mit einem Gesicht verbinden können? Ich bin aber auch berührt davon, daß das Seminar doch insofern etwas »Gutes« vermittelt haben könnte, als es »Psychoanalyse« als Angebot, über eine Situation nachzudenken, transportiert haben mag. Durch die Munterkeit hindurch klingt viel Verzweiflung an. Wie soll ich ihre doppelte Botschaft verstehen – eine Verhaltenstherapie anstreben und mit einer Psychoanalytikerin sprechen wollen? Ist es ihre Form der Annäherung, um ggf. ohne Gesichtsverlust wieder gehen zu können, wenn sich das Gespräch mit mir als enttäuschend erweisen sollte? Und welche Rolle spielt dabei, daß ich universitätspolitisch mit meinem Engagement für den Erhalt einer Abteilung für Psychoanalyse an der Medizinischen Fakultät gescheitert bin?[2] All dies blieb natürlich ungeklärt. Für den Augenblick entsprach ich ihrem Wunsch, und wir vereinbarten einen Termin.

»Ich weiß nicht, wo beginnen – seit fünf Jahren kann ich auf keine fremde Toilette mehr. Es wird ständig schlimmer. Ich […] muß mir immer die Hände waschen, immer mehr Vorkehrungen treffen, um nicht mit Bakterien und Pilzen in Kontakt zu kommen […].« Sie könne kaum mehr aus dem Haus gehen, aber auch zu Hause verschlechtere es sich ständig. Nur sie könne das Putzen übernehmen, das nach einem bestimmten System erfolgen müsse, viele Stunden am Tag in Anspruch nehme und kaum Zeit für ihre »eigentlichen« Aufgaben lasse (nämlich die Examensvorbereitungen zum Abschluß ihres Psychologiestudiums, den sie schon ein Jahr vor sich herschiebe). Es gebe keine Stunde, in der sie nicht daran denke – sie wisse um die Unsinnigkeit, trotzdem … Familie und Freund versuchten es immer mit »rationalen« Erklärungen; sie habe auch lange gedacht, sie werde doch allein damit fertig werden. »Es ist so anstrengend – wenn ich das mein ganzes Leben machen muß, kriege ich einen Vogel.«

---

2 Nach der Pensionierung des Lehrstuhlinhabers für Psychoanalyse, Psychotherapie und Psychosomatik (Prof. Heinz Henseler) vertrat ich den Lehrstuhl für einige Jahre, dessen Abschaffung letztendlich beschlossen wurde. Mittels vielfältiger Aktivitäten hatten wir Mitarbeiter in der Abteilung diesem Ansinnen entgegenzuwirken versucht; u. a. auch mit dem von der Patientin erwähnten Seminar, das wir zusammen mit dem Lehrstuhlinhaber für klinische Psychologie über einige Semester durchführten – wir hatten schon vor der Pensionierung von H. Henseler damit begonnen.

Mit diesen Sätzen führte sich die 27jährige Patientin beim Erstgespräch ein. Sie erklärt, daß sie noch nie zu jemandem – außerhalb ihrer Familie – darüber gesprochen habe, sie schäme sich ob dieser lächerlichen Symptome. Meine Art, im Seminar über Patienten zu sprechen, habe ihr den Eindruck vermittelt, ich würde nicht über sie lachen. Als klar wurde, daß sie Hilfe brauche, sei deshalb nur ich in Frage gekommen.

Gegen die verzweifelte Schilderung ihrer einengenden konsumierenden Symptomatik setzte sie das Bild von Eltern, die sich in ihrem siebten Lebensjahr scheiden ließen und »alles ganz toll gemacht haben«: Sie habe beide – nur wenige hundert Meter voneinander entfernt – viel für sich gehabt, den Vater, der schon immer für die »Spaßseite« zuständig war, und die Mutter, die nach dem Rechten schaute. Als der Vater sieben Jahre später zu seiner zweiten Frau in die Schweiz zog, war es ihr v. a. wichtig, daß es *ihm* gut ging, *er* hat beim Abschied geweint …

Meine Anmerkung, daß es keinen Platz zu geben scheine, daß möglicherweise die Situation nicht nur »toll« für sie gewesen sei, ist ihr Anlaß zum Nachdenken. Ich hatte auch ihren betont munteren Ton, in dem sie alles vorzubringen suchte, dahingehend kommentiert, wie wichtig es zu sein scheine, trotz allem nicht wirklich belastet zu erscheinen. In der nächsten Stunde beschreibt sie, daß sie eigentlich eher ein »Friede-Freude-Eierkuchen-Mensch« sei. Sie habe nun mit dem Vater nochmals über die Scheidung gesprochen, und ihr sei dabei klar geworden, daß so ein »Harmoniestreben« aus ihr selbst gekommen sein müsse, denn keiner habe erwartet, daß sie alles »toll« finde.

Im weiteren Verlauf der Vorgespräche läßt sie mich mehr über ihre Entwicklung und ihre weiteren, lange zurückreichenden Symptome wissen: u. a. ihre Angst, etwas nicht zu wissen, etwas nicht zu verstehen, die dazu führte, daß sie vor Klassenarbeiten o. ä. »fast ausflippte« und die Mutter mit ihrem von Panik getriebenen, bis in die Nächte ausufernden »Lernen« terrorisierte. Meine Überlegungen scheinen einen Prozeß des Nachdenkens einzuleiten, so daß sie das dritte Gespräch mit der Bemerkung eröffnet:»Ich habe überlegt, inwiefern ich anders bin als andere – es war so, als ob ich die ganze Woche hier sitzen geblieben wäre.« Sie drückte damit ihren Wunsch nach – und ihr Wissen um die Notwendigkeit – einer Psychoanalyse aus, auf die wir uns unkompliziert verständigten; von Verhaltenstherapie war dabei nicht mehr die Rede.

Kommentar: In gewisser Weise sollte sich das Telefonat als Programm für die nächsten Monate erweisen: »jemanden/mich zu etwas bringen«, »was machen«, also psychische Handlung, nicht nachdenken und durcharbeiten. Der Anruf der Patientin evoziert bereits ein verwirrendes Spektrum unterschiedlicher und widersprüchlicher Gefühle und Fragen in der Gegenübertragung. Die Patientin drückte klar ihren Wunsch nach einem Gespräch mit mir aus, der mich erreicht und auch berührt. Zugleich bin ich hin- und hergerissen, wie ich ihre Mitteilungen verstehen soll. Was bedeutet der Hinweis auf Verhaltenstherapie? Sichert sie damit von Anfang an, daß ich ggf. diejenige sein werde, die ausgeschieden wird – kann sie damit die Illusion aufrechterhalten, daß sie in keinem Fall die Ausgeschlossene ist (entweder bildet sie ein Paar mit Verhaltenstherapie oder mit Psychoanalyse)? Stellt er einen Angriff auf das dar, was ich anzubieten habe, meine Methode, die sie von meiner Person zu trennen sucht? Will sie einen Keil zwischen meine Subjektivität und meine Arbeitsweise treiben? Dazu würde mein Schuldgefühl passen, mich nicht an sie zu erinnern – also auf der Ebene »zurückgeschlagen« zu haben, die ihr die vordringlichste ist. Es ist mir auch etwas unheimlich – was mag ich in der Unterrichtssituation alles auch über mich mitgeteilt haben? Die Ausgangssituation ist damit in meinem Erleben sofort kontaminiert, und zwar in einer Weise, die ich nicht »einfach klären« kann.

Im Erstinterview fällt es ihr zunächst schwer, über sich zu reden, sie tut dies dann in einem betont unbeschwerten Ton. Dadurch transportiert sie ihr Erleben, daß es keine »Toilette« für sie gibt, kein Objekt, das ihre Impulse containen kann/will, weshalb noch so viel waschen nichts daran ändert, daß alles um sie herum schmutzig ist (und bleibt). Durch meine Intervention (wie unbelastet sie sich trotz allem zeigen müsse) stößt sie auf eine etwas andere Sicht ihrer Situation (es sei wohl etwas *in ihr*, das davon ausging ...), was für mich mit ein Kriterium für eine Analyseindikation darstellte. Welche Ängste damit verbunden sind und welche Abwehrmechanismen in der Folge eingesetzt werden müssen, wird indirekt durch die Schilderung ihres »Lernens« deutlich – die so bezeichnete Aktivität ist offensichtlich von einer Qualität, daß sie das Objekt/die Mutter zur Verzweiflung treibt/verrückt macht. Unstrittig ist, daß ich für die Patientin ein geeignetes Objekt war, in das sie verstörende Erfahrungen loswerden konnte. Inwieweit es aber darüber hinaus um Modifikation oder eher um Verleugnung gehen sollte, war mir zu diesem Zeitpunkt unklar. Das (scheinbar) spurlose Verschwinden von Verhaltenstherapie hätte mich warnen können – um das Ausmaß der Umklammerung durch die Patientin wollte (und sollte) ich wohl auch nicht wirklich wissen.

2. Einführung

In den Augen der Patientin war die dann folgende zehnmonatige Analyse weitgehend problemlos und v. a. erfolgreich. Wie Sie bereits vermuten werden, war sie hingegen für mich keineswegs »unkompliziert« und rasch Anlaß, mich kundiger machen zu wollen. Dies war mit ein Grund, das Thema »Zwang« für ein Symposion der psychoanalytischen Arbeitsgemeinschaft Stuttgart-Tübingen vorzuschlagen, womit ich zunächst auf wenig Gegenliebe stieß. Zwar teilten die Kollegen meine Einschätzung, daß es aktuell wenige ausführlichere Arbeiten zu diesem Thema gibt, aber man hielt mir vor, eine zähe, quälende Diskussionsatmosphäre durch diesen Fokus quasi schon vorzuprogrammieren. Übersetzt in unsere Fachsprache war also sofort eine negative Gegenübertragung im Raum, die Angst vor dem »Besetzt-/Belagert-Sein« durch das Phänomen selbst (vgl. lat. ›obsession‹, wofür im Deutschen im 19. Jahrhundert der Begriff ›Zwang‹ eingeführt wurde), dessen lebendige Durchdringung damit unmöglich gemacht würde. Die Induktion negativer Gegenübertragungsgefühle bei der Behandlung von Zwangskranken ist uns sicher allen geläufig (vgl. z. B. auch Asseyer 2002, 1295). Aber dieses Phänomen kennen wir auch bei anderen Pathologien, ohne daß es zu einer solch prononcierten Reserve führt. Oder trifft zu, was Glen Gabbard 2001 in einem Themenheft zu »Obsessive-Compulsive Disorder« vom Psychoanalytic Inquiry schrieb, nämlich daß es praktisch keine Berichte über Symptomheilungen bei Zwangskranken durch psychoanalytische Behandlung gebe (209)?[3]

Bei der Durchsicht der einschlägigen Literatur fand ich Beschreibungen ähnlicher Reaktionen. So berichtet beispielsweise Amitai 1977, Richter habe von der Behandlung eines Zwangneurotikers als Kolloquiumspatienten abgeraten, da die Darstellung einer solchen Behandlung »die Laune des Publikums verdirbt und Unwillen hervorruft« (1977, 386). Amitais Bestreben in seiner Arbeit ging

---

3 Vgl. aber z. B. Kap. F in H. Henseler und P. Wegner (Hg.) (1993) oder Weiß (1988). Eine Übersicht über *Untersuchungen zum Therapieerfolg der psychoanalytischen und tiefenpsychologischen Therapie von Zwangsstörungen* legte M. Dörr 2003 als Dissertation vor. Auch F.-W. Eickhoff plädierte 2003 (unveröffentl.) für Analyseindikationen bei schweren Zwangsstörungen.

dahin zu zeigen, daß eine psychoanalytische Behandlung eines Zwangskranken »gar nicht so frustrierend sein muß, nicht länger als die Therapie anderer psychischer Erkrankungen zu dauern braucht, und daß die Prognose dieser Patienten durchaus günstig sein kann« (ebd., 387).

Anders scheint es vor knapp 100 Jahren gewesen zu sein. Jones berichtet vom Ersten Internationalen Kongreß 1908 in Salzburg, bei dem Jung Freud gebeten hatte, einen Fall darzulegen, und Freud die Analyse eines Falls von Zwangsneurose, dem sog. »Rattenmann«, beschrieb: »Freud saß am Ende eines langen Tisches, um den herum wir unsere Plätze hatten, [...]. Er fing um acht Uhr morgens an, und wir hörten ihm mit gespannter Aufmerksamkeit zu. Um elf Uhr unterbrach er sich mit der Bemerkung, wir hätten jetzt genug gehabt. Aber das Gehörte war für uns so spannend gewesen, daß wir ihn drängten fortzufahren, was er dann auch bis fast ein Uhr tat« (1982 [1962], 60).

Freuds erster Satz in seinen *Bemerkungen zu einem Fall von Zwangsneurose* klingt entsprechend optimistisch – er läßt uns wissen, daß dieser Fall des »Rattenmanns«, »welcher nach seiner Dauer, seinen Schädigungsfolgen und nach subjektiver Wertung zu den ziemlich schweren gezählt werden konnte« durch die etwa einjährige Behandlung zur »völligen Herstellung der Persönlichkeit und [...] Aufhebung ihrer Hemmungen« (1909 d, 381) führte. Gut zehn Jahre später – auf dem Fünften Internationalen Psychoanalytischen Kongreß in Budapest – vernehmen wir einen etwas anderen Ton. In *Wege der psychoanalytischen Therapie* ist von schweren Fällen von Zwangshandlungen die Rede, die »zu einer unendlichen Behandlungsdauer neigen, deren Analyse immer in Gefahr ist, sehr viel zutage zu fördern und nichts zu ändern« (1919 a [1918], 192). Die »richtige Technik« , so schreibt er an dieser Stelle weiter, bestehe darin »abzuwarten, bis die Kur selbst zum Zwang geworden ist, und dann mit diesem Gegenzwang den Krankheitszwang *gewaltsam* zu unterdrücken« (ebd., Hervorh. C. F.).

Freuds altes Modell vom Willen und »Gegenwillen« (1892 – 93 a; vgl. hierzu Frank 2003, 93 f.) klingt an, von Besetzung und Gegenbesetzung – aber »gewaltsame« Unterdrückung als richtige Technik? Sinn macht eine solche Formulierung, wenn man sie probeweise als Hinweis auf die Kräfte, mit denen man es in der Gegenübertragung zu tun bekommt, liest:[4] Kräfte, die zu überwältigen

---

4   Ich vermeine darin den abgeschwächten Widerhall einer im Nachwort zu »Dora« (die ihre Analyse bekanntlich abbrach) gefundenen Feststellung Freuds zu hören, es gelte

drohen, denen nur mit Gewalt, nicht mit Verstehen beizukommen ist, die letzteres also potentiell vernichten? Freuds Formulierung wäre dann Ausdruck sowohl der Anerkennung als auch der Resignation angesichts dieser tödlichen Kraft, die nicht aus der Welt geschafft werden kann, höchstens aus ihrer dominanten Stellung ein Stück weit – wenn es gut geht – verrückt/deplaziert werden kann.[5]

2.1 Exkurs

Möglicherweise ist die Verbindung, die sich mir an dieser Stelle zu Christoph Türckes Arbeit *Wiederholungszwang als Kulturstifter* (2006) aufdrängte, zu spekulativ – sie sei trotzdem für einen Moment gewagt. Bei Zwang und Gegenzwang dachte ich an Türckes Verständnis des Opfers – unter Schock »Schutz *vorm* Schrecklichen *beim* Schrecklichen zu suchen« (57, Hervorh. C. F.). Wenn irgendwo der Keim dessen zu suchen sei, so fährt er fort, was später »Geist« heiße, dann in dieser Flucht nach vorn. Er hat dabei den traumatischen Wiederholungszwang im Sinn und zeigt, daß das, was Freud ›*Jenseits* des Lustprinzips‹

die Übertragung immer wieder zu *vernichten*. Sie erinnern sich: »In der Psychoanalyse werden [...] alle Regungen, auch die feindseligen, geweckt, durch Bewußtmachen für die Analyse verwertet, und dabei wird die Übertragung immer wieder vernichtet. Die Übertragung, die das größte Hindernis für die Psychoanalyse zu werden bestimmt ist, wird zum mächtigsten Hilfsmittel derselben, wenn es gelingt, sie jedes Mal zu erraten und dem Kranken zu übersetzen« (1905 e, 281). Freud war es in Doras Fall nicht gelungen, die negative Übertragung zu erraten (vgl. Frank 2000, 89) – ich habe an anderer Stelle meine Überlegung ausgeführt, daß Freuds »Scheitern« (und sich gewissermaßen in seinen therapeutischen Bemühungen »vernichtet« zurückgelassen zu fühlen) die Theorie der Technik an dieser Stelle infiziert haben mag (ebd.). Im weiteren konnte er aber m. E. Schwierigkeiten im Umgang mit der negativen Übertragung soweit durcharbeiten, daß er sie schließlich über das Postulat der Existenz eines Todestriebes theoretisch adäquater konzeptualisieren konnte.

5   Spiegelt sich hierin die Gefahr des Steckenbleibens in der Form, daß in der Gegenübertragung Vernichtendes in einer Weise aktualisiert werden kann, daß nur die Idee einer »gewaltsamen Unterdrückung«, nicht aber die von Durcharbeiten als gangbar erscheint? Damit wären wir tatsächlich in einem Bereich von »mindlessness«/von Nicht-Denken gefangen als scheinbarem Kompromiß zwischen Denken und Anti-Denken, in dem letzteres aber die Situation in Schach hält. Weder wirkliche Beschäftigung noch Abstand-Nehmen scheint dann möglich.

nennt, auch diesseits ist (59). »Als umwendende Kraft, die, indem sie den Abbau von Unlust betreibt, auch schon am Aufbau von Lust arbeitet, ist der Wiederholungszwang der menschliche Trieb *par excellence*« (ebd.). Im einzelnen legte er dar, wie er eine Kulturleistung ist, »an der das ganze Sensorium des *homo sapiens* beteiligt ist« (68).

Betrachten wir hier nur die psychoanalytische Kultur, so finden wir Belege, die Türckes Hypothese unterstützen könnten. Wie die Herausgeber der Studienausgabe von Freuds Werken in ihrer editorischen Notiz zu *Zwangshandlungen und Religionsübungen* (1907 b) anmerken, hat Freud von allen seelischen Störungen die Zwangsneurose wohl am häufigsten behandelt – »vom Beginn seines Arbeitslebens an bis fast zu dessen Ende« (Bd. 7, 12; Aufstellung siehe dort). Asseyer hat darüber hinaus darauf hingewiesen, daß sie die psychoanalytische Charakterlehre begründete, dem ersten Postulat eines prägenitalen Stadiums in der libidinösen Entwicklung zugrundelag und sie häufiger als jede andere Neurose im Kontext seiner Kulturtheorie genannt wurde (2002, 1292).

Ich selbst habe u. a. zu zeigen versucht (Frank 1999), wie bedeutsam die Erfahrungen, die Melanie Klein in der Kinderanalyse Ritas sowie in der umfassendsten Analyse ihrer Berliner (Anfangs-)Jahre 1924 bis 1926 – die der sechsjährigen zwangsneurotischen Erna, über die sie im Kapitel über »Die Zwangsneurose eines sechsjährigen Mädchens« in *Die Psychoanalyse des Kindes* (1932) berichtete – für die Entwicklung ihrer zentralen Konzepte war. Die Entdeckung eines frühen, erdrückenden, strengen Über-Ichs war der Aspekt, den Klein unmittelbar der Analyse Ritas verdankte. Im Versuch, ihre Erfahrungen mit Erna 1925 zu konzeptualisieren (ebd., 284 ff.) formuliert sie unter dem Begriff »böses Prinzip« die Dynamik, die sie später mit Hilfe von Freuds Todestriebkonzept ausführen sollte. Die klinischen Erfahrungen mit Erna führten mit zum Erfassen früher Introjektions- und Projektionsmechanismen, von Spaltung, Verleugnung, paranoiden und depressiven Schuldgefühlen sowie darüber hinaus zur Weiterentwicklung der Behandlungstechnik.

In gewisser Weise könnte man eventuell auch vertreten, daß Anna Freuds Schule einen wesentlichen Impuls aus der Auseinandersetzung mit diesem Krankheitsbild gewann – in ihren *Vier Vorträgen über Kinderanalyse* spielt u. a. eine sechsjährige zwangsneurotische Patientin eine Rolle, welche dann zur Auseinandersetzung über unterschiedliche behandlungstechnische Ansätze beim sog. Symposium von 1927 führten.

Warum sind die nachfolgenden Analytikergenerationen diesem fruchtbaren
Weg nicht in dem Ausmaß gefolgt, wie man es aufgrund dieser »kulturstiften-
den« Beschäftigung hätte erwarten können? Trägt dazu bei, daß wir die Nähe zu
psychotischen Mechanismen – aufgrund der genannten Vorarbeiten – klarer
wahrnehmen und damit auch unsere Grenzen vor Augen haben?[6] Und inwieweit
hat dies mit einer möglicherweise erfolgten Schwerpunktverlagerung der Funktion von Zwängen zu tun?[7]

3. »Richtige Technik«
Denken – Anti-Denken – Nicht-Denken/
Vorwärts-, Rückwärts- und Seitwärts-Denken

Zitierte ich weiter oben kurz Freuds Ausführungen hinsichtlich der »richtigen«
Technik bei Zwangsneurosen, so hatte ich bei meiner Patientin sehr rasch mit
dem Gefühl zu tun, nicht über die »richtige« Technik zu verfügen. In gewisser
Weise hatte sich mir damit der Kern der Störung meiner Patientin vermittelt, in
deren Natur es liegt, nicht über die Technik zu verfügen, Situationen »sauber«
zu klären, »aufzuräumen«, Wertloses wegzuräumen, Brauchbares weiterzuent-
wickeln. Sie hat mir dies in einer Weise kommuniziert, daß ich es hautnah zu spüren bekam. Ich erfuhr als Analytikerin, wie es sich anfühlt, sich als Teil einer analen Organisation wieder zu finden – in diesem Universum wird alles unter dem
Vorzeichen von Ausscheidung und Exkrementen etc. gesehen, es gibt mit all dem
Schmutz dabei keinen adäquaten Umgang, keine Kreativität, kein Wachstum
(vgl. hierzu auch die einschlägigen Arbeiten von Chasseguet-Smirgel).

6   Quint hat darauf hingewiesen, daß ursprünglich die Zwangserscheinungen als Sonder-
     form von Wahnideen beschrieben wurden und es eines langen Weges bedurfte, bis sie
     als eigene Krankheitsgruppe erkannt wurden (1988, 4). Mußte die Psychosenähe man-
     cher Zwangskranken auf dem Hintergrund z. T. erst wieder »entdeckt« werden?
7   Ist in einer Zivilisation, die – ganz im Gegensatz zu derjenigen zu Zeiten Freuds –
     geprägt ist von »anything goes«, die Rolle der Zwänge mehr im Suchen eines sinn-
     vollen Rahmens, von haltenden, containenden Regeln zu suchen? Inwieweit haben
     wir es dann weniger mit einem Überich-Es-Konflikt zu tun als vielmehr mit autisti-
     schen Phänomenen, mit Second-skin-Erscheinungen (s. dazu u. a. Ogden, Tustin)? (Ich
     danke W. Balzer für die Anregung.)

Erhellend scheint mir in diesem Zusammenhang O'Shaughnessys Artikel über die anale Organisation, in dem sie darlegt, daß es in einer »normalen« Entwicklung kein Stadium gebe, das man korrekterweise als »anales Stadium« bezeichnen könne – von Beginn an sei die anale Zone eine wichtige, jedoch der Oralität nachgeordnete Modalität (2000, 119). Wenn man eine anale Organisation antreffe, handle es sich um eine pathologische Organisation höchstwahrscheinlich defensiven Ursprungs. In solch einer Organisation sind weder offene Liebe noch offene Aggression möglich: Statt offener Liebe müsse das begehrte Objekt verführt und im Gesäß gefangengehalten werden, welches es degradiert und schädigt; statt offener Aggression, die zu einem feindseligen Objekt führen könnte, werde das Objekt dahingehend kontrolliert, daß es sich der sadistischen Behandlung füge (ebd., 122). Dies geschieht in O'Shaughnessys Konzeption als Abwehr einer unerträglichen psychischen Situation (ebd., 123). Die Welt des Rektums gibt sich als die einzig mögliche Perspektive aus.[8]

Was ich unter dem Stichwort der richtigen Technik beschrieb, geht natürlich weit über den Bereich der Behandlungstechnik hinaus. Die Schwierigkeit liegt gewissermaßen davor, in dem zutreffenden Erfassen/Denken der vorliegenden Situation. Wie O'Shaughnessy schreibt, wird aber genau das nach Kräften verhindert – es wird alles daran gesetzt, Kontrolle und Manipulation so zu verschleiern, daß das Objekt gefügig in der gewünschten Weise reagiert und agiert. Dazu trägt bei, daß sich zwanghaftes Denken als wirkliches Denken ausgibt (vgl. Sodre: »obsessional thinking masquerades as real thinking« [1994, 380]), und mit genau dieser Schwierigkeit hat man auch in der Gegenübertragung zu tun.

Anna Freud sagte in ihrer Zusammenfassung der psychoanalytischen Theorien über Zwangsneurose beim 24. Internationalen Psychoanalytischen Kongreß 1965, die Zwangsneurose sei nicht trotz, sondern wegen ihrer Verwendung der normalen Denkprozesse so schwer zu durchschauen: »[…] indem sie diese Prozesse pathologisch mißbraucht, bemächtigt sie sich des Mediums der Kommunikation selbst und beraubt uns der Fähigkeit, uns mit den Patienten und den Irrwegen seines Denkens und Argumentierens zu identifizieren« (1987, 1840).

---

8 Ich kann die theoretischen Entwicklungen hier nur streifen, in welcher Meltzers Arbeiten unbedingt zu erwähnen sind. 1966 zeigte er, wie durch projektive Identifizierungen der Inhalt des Rektums mit begehrten Objektanteilen vermengt und idealisiert wird. 1975 beschrieb er, daß der grundlegende Zwangsmechanismus in der Trennung und omnipotenten Kontrolle der Objekte bestehe (209).

Meine These ist, daß wir manchmal nolens volens nur zu sehr mit dieser Art des »Denkens«, besser den Mißkonzeptionen – in Form von Anti- bzw. Nicht-Denken – in der Gegenübertragung identifiziert sind. Dies kann sich – wie beim Patienten auch – als stabilisierender Faktor erweisen, kann aber auch verheerende Wirkungen haben (A. Freud beschreibt dieses Spektrum hinsichtlich der Patienten; ebd., 1841). Melanie Klein hatte dies 1952 so zusammengefaßt: »Zwangsmechanismen bilden einen wichtigen Bestandteil der Ich-Entwicklung. Sie ermöglichen es dem Ich, Ängste vorübergehend unter seine Kontrolle zu bringen. Dies wiederum erleichtert es ihm, größere Integration und Stärke zu erwerben […].« (144). Sie führte im weiteren aus, daß allerdings der exzessive Gebrauch ein Hinweis darauf sei, daß das Ich Ängste psychotischen Charakters nicht erfolgreich zu bewältigen vermöge (ebd.). Viele Jahre zuvor hatte sie bereits ausgeführt, daß die Tatsache des engen Zusammenwirkens der manischen und zwangsneurotischen Abwehrmechanismen der Angst des Ichs Vorschub leiste, auch mit den zwangsneurotischen Wiedergutmachungsmechanismen keinen Erfolg gehabt zu haben. Das Bedürfnis, das Objekt zu kontrollieren, die sadistische Befriedigung, es zu überwältigen, zu demütigen und sich zu unterwerfen, unterbreche den gutartigen Kreislauf, den der Wiedergutmachungsakt in Gang setze, die Objekte verwandeln sich dadurch erneut in Verfolger. Die paranoiden Ängste intensivieren sowohl die paranoiden Abwehrmechanismen als auch die manischen Mechanismen, »die Versuche es zu kontrollieren oder vorübergehend in einen Scheintod zu versetzen« (1940, 173). Cyril Couve wird in diesem Band (43 ff.) Kleins Konzept der Zwangsmechanismen diskutieren, weshalb ich an dieser Stelle darauf nicht weiter eingehe.

Wie sieht das klinisch aus? Lassen Sie uns zunächst für einen Moment zu Freuds Rattenmann zurückkehren. Ich beschränke mich hier auf Freuds erste mitgeteilte Intervention[9] (und sehe dabei von der Mitteilung der Grundregel zu Beginn der ersten Stunde und der Aufklärung über den Widerstand zu Beginn der zweiten Sitzung ab), die erfolgte, nachdem der Patient sich in der zweiten Stunde in der Schilderung seiner großen Zwangsbefürchtung nach der Nennung einer besonders schrecklichen Strafe im Orient unterbrochen hatte, aufgestanden war

---

9   Siehe dazu und insgesamt zu Freuds Behandlungstechnik im Falle des Rattenmanns Eickhoff (1996).

und Freud gebeten hatte, ihm die Schilderung der Details zu erlassen (1909 d, 391). Freud notiert:

Ich versichere ihm, daß ich selbst gar keine Neigung zur Grausamkeit habe, ihn gewiß nicht gerne quälen wolle, daß ich ihm aber natürlich nichts schenken könne, worüber ich keine Verfügung habe. Ebenso gut könne er mich bitten, ihm zwei Kometen zu schenken. Die Überwindung des Widerstandes sei ein Gebot der Kur, über das wir uns unmöglich hinwegsetzen könnten. [...] Ich fuhr fort: Was ich aber tun könnte, um etwas von ihm Angedeutetes voll zu erraten, das solle geschehen. Ob er etwa die Pfählung meine? (ebd.)

Der Patient verneint – der Verurteilte werde angebunden, über sein Gesäß ein Topf mit Ratten gestülpt, »die sich – er war wieder aufgestanden und gab alle Zeichen des Grauens und Widerstandes von sich – einbohrten.« Und Freud fügt hinzu: »In den After, *durfte* ich ergänzen« (ebd., 392; Hervorh. C. F.). Das »durfte ich ergänzen« veranschaulicht m. E. eindrücklich die dem Objekt zugewiesene Stellung, die dieses – mehr oder weniger widerstrebend – auch einnimmt.[10]

Freud reagiert in dieser Szene auf den »Zwang« des Patienten (der aufsteht und damit Freud zum Handeln »zwingt«) mit einem – subtileren – »Gegenzwang«. Der Analytiker geht verbal auf die Frage des Patienten ein, umgeht aber mit seiner Intervention ein Stück weit die affektive Situation zwischen den beiden. Er versucht, einer aktuellen Beunruhigung im Hier und Jetzt – der Patient steht auf – »sehr wissend« zu begegnen. Er greift dabei gewissermaßen zu den Sternen (bzw. Kometen). Ein Nachdenken über die Bedeutung der Frage, des Agierens unterbleibt – könnte man sagen, Freud tritt in dieser Situation einen Schritt zur Seite, kann nicht über das Enactment nachdenken, ohne aber mit Anti-Denken zu reagieren?[11]

---

10   Auf einer Ebene wird die homosexuelle Komponente (mit Intrusion etc.), die Freud – wie er in den Originalnotizen schreibt – nach der ersten Sitzung erkannt hatte, verbal agiert.

11   Auf Freuds aktive und Befriedigung gewährende Technik beim Rattenmann hat u. a. Grunberger (1988 [1965], 54) hingewiesen. Mahony hat die technischen Auffälligkeiten und »Unregelmäßigkeiten« im einzelnen beschrieben – z. B. Suggestion und sofort Überzeugen-Wollen (1986, 98), kognitive Erklärung (110), Ermutigungen (111); nach einem Photo der Dame fragen, ihm eine Postkarte schreiben und ein Mahl zukommen lassen (115). Er kommt zu dem Schluß, daß die Kur im wesentlichen eine Übertragungsheilung war (130). Indem Freud sich als »reassuring, internalizable

Klein kündigt im ersten Abschnitt ihres Kapitels über *Die Zwangsneurose eines sechsjährigen Mädchens* u. a. an, daß sie die Technik der Analyse der kindlichen Zwangsneurose darstellen werde, die sie sich »für diesen ungewöhnlich schwierigen Fall zurechtlegen mußte« (1932, 56). Wir erfahren im weiteren viel über diesen Fall, u. a. die »Realitätsabsperrung« bei Erna, die sie mit den paranoiden Zügen in Verbindung brachte. Die Technik selbst diskutiert sie dabei eher am Rande (bis auf die Abschnitte ihres Umgangs mit Ernas Wutausbrüchen, 78 f.). Die erhaltenen Behandlungsnotizen (abgedruckt in Frank 1999) geben hierzu aber Aufschluß. Es würde hier zu weit führen, im einzelnen aufzuzeigen, wie sich in Kleins Behandlung von Erna neben Vorwärts-Denken in Form beispielsweise des oben genannten »bösen Prinzips«, Rückwärts-Denken (wenn sie in bestimmten Situationen das Material libidinös ödipal deutete, was Ernas Sexualisierung Vorschub leistete), auch ein Seitwärts-Denken findet (wie sie 1957, 289, schreibt, hatte sie damals nicht ganz die Bedeutung vom Neid auf die Brust erfaßt).

70 Jahre nach der Analyse des Rattenmanns hat Amitai in gewisser Weise auch ein Seitwärts-Gehen vorgeschlagen:

> Zu Beginn der Psychoanalyse eines Zwangskranken und während eines großen Teils seiner Therapie müssen wir, wie ich meine, auf die klassischen Vorsätze verzichten. Wenn wir das Distanzbedürfnis des Patienten sehen, können wir verstehen, daß eine direkte psychoanalytische Deutung, sei es eine Inhalts- oder Übertragungsdeutung, vom Patienten als ein direkter, distanzloser Angriff auf sein Ich erlebt wird. Verzichten wir also zunächst auf diese Ambition, so können wir sehen, daß uns noch zwei Umgangmöglichkeiten mit dem Patienten gegeben sind: nämlich, uns als Objekt anzubieten unter Respektierung der Distanzwünsche des Patienten, und, streckenweise, als corrective experience zu fungieren, indem der Patient an uns erkennen kann, daß wir zwar seine Distanzwünsche durchaus akzeptieren, jedoch selbst ohne diese Abwehr existieren können. (1977, 391)

model for attention, exploration, and intelligible confrontation« (131) anbot, habe er einen adaptiven Sekundärprozeß gefördert sowie die Reorganisation von Ich und Über-Ich.

4. Fortsetzung der Kasuistik

4.1 Die erste Stunde – evozierte Gegenübertragungsmanifestation[12]:
      mein Alarmiert-Sein

Die Patientin kommt wenige Minuten zu spät – spricht das beim Hereinkommen
gleich an, es sei so viel Verkehr gewesen, v. a. noch ein Unfall. Nachdem sie sich
gelegt hat, äußert sie: »Komisch.« Und nach kurzer Pause: »Seitdem wir uns das
letzte Mal gesehen haben, hat sich einiges getan: Ich habe mich von meinem
Freund getrennt, weshalb ich mir nun eine neue Wohnung suchen muß. Im Moment bin ich ein Nomade und schlafe bei der Mutter.« Im weiteren schildert sie,
daß es zum Streit wegen Kleinigkeiten (die sie nicht nennt) gekommen sei, die
klar gemacht hätten, daß man das Ganze überdenken müsse, und beide seien zu
dem Schluß gekommen, daß es nicht gehe … Sie schildert, wie sie innerlich ganz
sicher sei, daß es auch in einigen Monaten nicht anders wäre und sie an diesem
Punkt bereits einmal vor drei Jahren gewesen sei. Es ändere sich nichts; höchstens kurzfristig.

Ich bin überrascht und alarmiert. Aus den Vorgesprächen wußte ich, daß sie
seit ihrem 17. Lebensjahr mit ihm zusammen war und seit einigen Jahren mit ihm
zusammenlebte – in den probatorischen Sitzungen hatte sie noch betont, es gebe
keine nennenswerten Probleme. Mir hatte sich zwar das Bild einer sehr proble-
matischen Beziehung zu diesem Freund vermittelt, die Verschlimmerung der
Symptomatik schien in gewisser Weise parallel zu dem Sich-Näher-Kommen
verlaufen zu sein, und ich hatte die Vorstellung, daß sie sie auch »brauchte«, um
Verkehr mit ihm so gut wie unmöglich zu machen. Sie selbst schien von dieser

---

12   Der einzige Leitfaden, der mir für den Verlauf dieser kurzen Analyse/Behandlung
     »wirklich« zur Verfügung steht, ergibt sich aus meinen prononcierten Gegenübertra-
     gungsmanifestationen. Diese traten, in abgeschwächter Weise, bereits bei dem ge-
     schilderten anfänglichen Telefonat auf – einer merkwürdigen Mischung aus einer Art
     Anhänglichkeit, Vertrautheit von Seiten der Patientin mir gegenüber, die mich be-
     rührte, in mir aber zugleich Gefühle von Scheitern/Versagen in verschiedener Hin-
     sicht evozierte. Wie Sie es evtl. auch aus eigenen Behandlungen von Zwangskranken
     kennen, wird viel Energie darauf verwandt, zu dissimulieren, sich in allgemeine,
     vage Äußerungen zu flüchten, aus der spezifisch analytischen Situation eine alltägli-
     che zu machen u. ä.

Sicht aber weit entfernt, im Gegenteil: man war ein Paar, das nachsichtig (und humorvoll) auch die Eigenheiten und Schwächen des anderen respektierte und einen Umgang damit gefunden hat, ein weiterer gemeinsamer Lebensweg war außer Frage. Von daher irritierte mich v. a. die Geschwindigkeit mit der – weniger die Tatsache, daß – sie die Trennung vollzogen hatte.

Ich hatte den Eindruck, daß sie sich mit der vereinbarten Analyse im Rücken einerseits »getraute«, diesen Schritt zu machen, andererseits aber die eigentliche psychische Arbeit zu unterlaufen suchte, indem alles schon passiert war – mich also bereits überflüssig machte, bevor wir begonnen hatten. Meine erste Intervention – inwieweit ihre rasch vollzogene Trennung auch mit dem Beginn der Analyse zu tun habe – beantwortet sie mit: »Ich denke, eigentlich weniger.« Sie macht anschließend deutlich, die Entscheidung sei letztlich überfällig gewesen: zwar habe sie es so sehr gewollt und sich gewünscht, daß die Beziehung klappe, man habe auch eine schöne gemeinsame Wohnung gefunden gehabt, aber es sei nicht gegangen. Sie habe sich nicht ernst genommen gefühlt – er sagte immer nur »Das schaffen wir/schaffst Du schon.« Das habe er nicht böse gemeint, aber … Das Schlimmste war, daß man nicht reden konnte; außerdem sei er faul und immer auf seine Freiheit bedacht gewesen, was sie zwar aufgrund seiner Geschichte (wie ich später erfahre: mit einer Mutter, die seit seiner Kindheit schwer körperlich erkrankt war und deshalb auf seine Unterstützung von früh an angewiesen war) verstehen konnte, aber … Sie sehe es für sich als Chance, herausfinden zu können, was sie wirklich wolle. Soweit zusammengefaßt die erste Stunde.

Kommentar: Was war passiert? Die Patientin kam zur ersten Stunde zu spät und erklärt in etwas bedauerndem Ton, der aber v. a. das Selbstverständnis enthielt, daß solche Dinge eben passieren, daß dies dem Verkehr und einem Unfall geschuldet sei. Nachdem sie sich gelegt hat, kommentiert sie »komisch«. Manifest bezieht es sich darauf, hier nun zu liegen (statt wie in den Vorgesprächen zu sitzen) – mehr im Sinne einer Kuriosität, die ich ihr abverlange, mit der sie freundlich nachsichtig umgeht (wenn es mir so wichtig ist, daran soll es nicht scheitern). Ich hingegen hatte erwartet, es werde für sie schwierig sein, sich hinzulegen, sie werde etwa von ihrer Angst sprechen, wie sie darüber mit Bakterien in Berührung kommen könne. Von daher war ich erst einmal entlastet, wie unkompliziert sich das Legen gestaltete, zum anderen aber perplexer, als ich in dem

Moment tatsächlich realisierte. Ich hatte nicht wirklich erfaßt, wie blitzschnell die Situation via projektiver Identifizierung auf den Kopf gestellt worden war: Ich war zu derjenigen geworden, die »kuriose« Ideen hat, sie, die Patientin, war nun diejenige, die damit »verständnisvoll« umging. Ich hing immer noch der Vorstellung nach, sie müsse das »Problem haben« und hatte deshalb das einleitende »komisch« als Ausdruck ihrer Irritation angesichts der neuen Situation hören »wollen«, für die sie sich (vgl. die Arbeit über Affekte von Danckwardt 1994) zu interessieren schien. Ich hatte deshalb das kurze Schweigen, das dieser Äußerung folgte, als »Nachspüren-Wollen«, wie sie die veränderte Perspektive erlebt, – retrospektiv gesprochen – »umgedeutet«. Sie überraschte mich erneut, als sie im weiteren nicht daran anknüpfte, sondern mir das zwischenzeitlich Vorgefallene erzählte – die (vor dem Hintergrund des von der Patientin in den Vorgesprächen Geschildertem) plötzliche, überstürzte Trennung vom Freund. In meiner ersten Intervention stelle ich – mit fragendem Unterton – eine Verbindung dieses Schrittes mit der jetzt beginnenden Analyse her.

Aufschlußreich ist die Reaktion der Patientin, die mich mit ihrem »eher nicht« freundlich, höflich abgleiten läßt: sie erkennt weder an, wie hilfreich es ihr war, mich als Objekt, das ihr ein klares Angebot gemacht hatte, im Hintergrund zu wissen, noch streitet sie es direkt ab (keine offene Opposition), sondern sie weicht aus. Zugleich kann man ihre Antwort dahingehend hören, daß sie eher nicht denkt, sondern handelt. Sie hatte bereits »viel mit mir verkehrt«, verfügte sozusagen (scheinbar) bereits via introjektiver Identifizierungen über die Fähigkeit, sich zu trennen etc. Zwar stimmte meine Überlegung, daß sie »mit der Analyse im Rücken« so zu handeln vermochte, aber ich hatte mir nicht klar gemacht, wie konkret das zu lesen war, sie hatte mich sozusagen konkret bereits in sich – ich hatte viel zu symbolisch gedacht, daß aufgrund der erfahrenen und zu erwartenden Unterstützung … Natürlich handelte es sich nicht um eine Trennung im wohlverstandenen Sinn des Wortes, worunter wir uns einen Prozeß, der auch mit Schmerzen und Bedauern einhergeht, vorstellen. Als »Nomade« wechselt sie vielmehr die Orte/Objekte, wenn sie ausgedient haben. In nuce werde auch ich in der ersten Stunde schon ausgeschaltet, abserviert – was ich wahrnehme und weshalb ich entsprechend alarmiert reagiere, ohne dies aber in aller Konsequenz »glauben« zu wollen.

Mein Alarmiert-Sein hatte damit zu tun, daß – jenseits der Worte – sich ein Gefühl vermittelte, daß an diesem »Programm« nichts zu verändern sein werde (daß ich nicht ernst genommen werden würde, an dem »Schaffe ich schon« abprallen würde, daß Reden nicht wirklich möglich werden sollte).

Ich war auf einen allmählicheren Beginn eingestellt gewesen und der massiven projektiven Identifizierung ein Stück weit erlegen. Im nachhinein schien mir ihre Erklärung beim Zuspätkommen den Hinweis zu enthalten, daß der »Unfall« schon passiert ist. Während ich in die Position der Wartenden versetzt worden war, bewegt sie sich in der großen Welt, in der sie auch mit Hindernissen selbstverständlich umgehen kann. Ich wähne mich in der Position derjenigen, die von der Patientin ungeduldig erwartet wird, weshalb ich annehme, Verkehrshindernisse müßten für sie störend und schwer erträglich empfunden werden – aber das ist nur das Einfallstor meiner Mißkonzeptionen der momentanen Situation. Die Patientin bedient diese auch, indem sie erklärt, sie wolle ihre Situation klären.

Nun kann man denken, es wäre natürlich »besser« gewesen, ich hätte die Dynamik in der Situation bereits verstanden und gedeutet. Es liegt aber leider in der Natur solcher massiver projektiver Identifizierungen, daß man sie im Aktuellen nur unzureichend erfaßt, meist aber – wenn es gut geht – die Chance erhält, sich allmählich darüber klar zu werden und entsprechend zur Sprache zu bringen. Wie ging es aber nun in dieser Behandlung weiter?

4.2 Die ersten Monate – scheinbar »normaler« zäher Verlauf

Die Stunden in den nächsten Wochen und Monaten sind nach diesem rasanten Beginn scheinbar »normaler«, nämlich äußerst mühsam und zäh – in gewisser Weise erwartungsgemäß bei einer von Zwängen beherrschten Patientin. In der Regel beginnt sie die Stunden nach mehr oder weniger ausgedehntem Schweigen damit, daß ihr »nichts einfalle«, ihr Kopf sei »leer«. Alles, was ihr dann doch einfällt, wird als »banal« verworfen – »völlig lächerlich« empfindet sie ihre Gedanken, darüber mag sie nicht auch noch reden müssen ...

Ich bekam andeutungsweise zu spüren, mit welchen Verfassungen die Patientin zu tun hatte: Wie nebenbei lancierte sie einmal die scheinbar harmlose Erzählung, wie ihre Mutter zur »Löwenmutter« werden könne, wie sie auch den Vater gegen den Freund aufzubringen verstand, in dem sie en passant fallen ließ, daß *sie* – und nicht der Freund – morgens den ellenlangen Bürgersteig des Eckhauses vom Schnee freischippte. Sie bewirkte damit zugleich, daß ich mich unmittelbar schlecht und schuldig fühlte, weil ich morgens zwar Schnee geschippt hatte, aber bis zum Eintreffen der Patientin hatte es wieder geschneit, weshalb die Treppe nicht mehr ganz frei war. Ich erlebte wohl ein Stück weit, wie es sich anfühlt, sich einem unbarmherzigen Blick ausgeliefert zu fühlen, für den nur das Ungenügen zählt. Ich versuchte verschiedentlich zu beschreiben, wie etwas im Raum zu sein scheine, das sofort bei allem, was sie umtreibe, gnadenlos erkläre, das alles sei nichtig. Dies ermöglichte ihr immer wieder, mich etwas von dem wissen zu lassen, wenn auch oft sehr allgemein, was ihren Alltag bestimmte. Sie schilderte mir u. a., wie schier unerträglich es sei, im Moment wieder mit der Familie zu leben, weil sich v. a. die Schwestern nicht an »ihr System« hielten, was sie zwar einerseits verstehen könnte, weshalb sie sich aber noch öfter nicht nur die Hände, sondern auch die Arme waschen müsse, putzen müsse und die Ängste darüber doch nur unzureichend beruhigen könne. Ich verknüpfe ihre Schilderung mit entsprechenden Ängsten, die mit den Berührungen – konkret und im übertragenen Sinn – hier (in der analytischen Situation) zu tun hätten. Ich erfahre daraufhin, wie »ihr System« diesbezüglich aussieht – bevor sie ins Bett gehe, »dusche sie alles ab« (wasche die Haare, zusätzlich die Kleidung …). Mit dieser Bemerkung spült sie mich auch erst einmal weg, was aber nicht vollständig gelingt, denn sie spricht anschließend verzweifelt darüber, »wie viel Distanz« das schaffe. Früher habe sie viel babygesittet, das sei nun unmöglich, weil sie die Kinder nicht mehr unmittelbar auf den Arm nehmen könne, da sofort Fragen auftauchen, wo waren die vorher draußen, in welchem Sandkasten.

Im weiteren erwähnt sie, daß sie als Kind früh nicht mehr in die Windeln machen wollte, was die Großmutter sehr beunruhigt habe; wie sie bei einem Zelturlaub ca. vierjährig in Griechenland den Sand so eklig fand, daß sie sich weigerte, am Strand zu spielen, und den Vater dazu brachte, die ganze Zeit mit ihr auf dem Zeltplatz statt mit der Mutter am Meer zu verbringen; wie sie zehnjährig alles berührte, was der Vater berührt hatte; wie furchtbar es gewesen wäre, wenn der Vater mit seiner »neuen« Frau ein Kind gekriegt hätte; wie sie samstags – dem Haushaltstag bei der Mutter – immer extrem trödelte, bis sie ihre Aufgaben erledigte. Mir scheint sie – trotz allem – am Ende der Stunde etwas entlastet, nachdem sie die »fremde Toilette« hier benützen konnte.

Die nächste Stunde eröffnet sie mit der Mitteilung, es sei ihr nach der letzten nicht so gut gegangen – »wenn man den ganzen Schrott über sich auspacken muß.« Ihre Existenz sei doch »ziemlich verkracht« – aber ist es nicht »normal«, daß man als Kind nur unter Druck »Ordnung macht«?

In den nächsten Wochen beschäftigt sie u. a., warum sie so lange mit dem Freund zusammengeblieben sei, obwohl es doch für beide schon lange immer »erstickender« gewesen sei, keiner mehr einen Bewegungsspielraum gehabt habe. Ich erfahre, daß ihn die Mutter ursprünglich »ins Haus gebracht« hatte (sie hatte ihn beim Kauf einer Telefonanlage kennengelernt und ihn gebeten, diese bei ihr zu Hause zu installieren), wo er dann nach relativ kurzer Zeit auch über einige Jahre zusammen mit ihr, den jüngeren Geschwistern (zwei Halbschwestern, 9 und 11 Jahre jünger als sie; der Vater dieser Halbgeschwister hatte die Mutter während der 2. Schwangerschaft verlassen) und der Mutter lebte.

Sie findet eine neue Wohnung, und ich bekomme etwas detaillierter mit, in welche Panik sie beim Putzen des Bads gerät, wo ihr »System« wegen der Enge des Raums kaum einzuhalten ist. Wie sie fürchtet, die Vermieter könnten über den hohen Wasserverbrauch – sie muß nicht nur mindestens jeden Abend duschen, Haare waschen, sondern eben auch alle Kleidung, Handtücher, z. T. Bettwäsche (je nachdem, womit die aus Versehen in Berührung kam,) u. a. täglich waschen – von ihrer Krankheit etwas mitbekommen. Sie findet es zwar immer wieder beschämend, über all das hier zu reden; sie fühle sich aber auch entlastet, jemanden gefunden zu haben, der ihr zuhöre, sie ernst nehme. Sie benennt, wie sehr isoliert sie sei, sie habe sich viel genommen, was Spaß mache, habe niemanden mehr einladen können, sei nirgends mehr hingegangen … Beherrscht wird sie schließlich von der Unmöglichkeit zu lernen: die letzten Prüfungen stehen an, sie sitze den ganzen Tag über den Büchern, aber das alles schon mal gelesen zu haben und es trotzdem nicht zu wissen, verunmögliche es ihr über weite Strecken, den Stoff aufzunehmen. Zugleich ist indirekt klar, daß das bisher bei jeder Prüfung so war. Als sie sich »über Nacht« entschließt, nicht anzutreten, weil sie alles »richtig gründlich« lernen wolle und müsse, deute ich diese »Entscheidung« als etwas, was verhindern solle, daß wir uns »gründlich« mit dem auseinandersetzen können, was ihr aus der »nicht-geduschten Welt« so zu schaffen macht. Sie tritt doch an, besteht und ist zu Tränen gerührt, als eine Freundin sie nach der letzten Prüfung abholt – damit habe sie nicht gerechnet.

Es bleiben noch zwei Stunden bis zu den Sommerferien, und in der letzten berichtet sie den einzigen Traum, den ich in dieser kurzen Analyse von ihr höre. Sie habe ihn während der Examenszeit geträumt (also einige Tage vorher), und er fiel ihr beim Gedanken an das gestrige Telefonat mit einer Kommilitonin ein, die zwei Semester vor ihr Examen gemacht hatte und ihr u. a. von einem Traum erzählte, in dem sie (die Freundin) die Prüfungen nochmals machen mußte. In ihrem eigenen Traum *habe sie eine Nacht mit ihrem früheren Freund* (von dem sie sich in der Wartezeit auf die Analyse getrennt hatte) *verbracht.* (Mehr erfahre ich nicht vom Trauminhalt). Am Morgen, im Wachen habe sie das sehr irritiert – sie hätte es verstanden, wenn sie mit irgend jemandem die Nacht verbracht hätte, nicht aber mit ihm, den sie sich sicher nicht mehr aussuchen würde! Wir haben den Traum nicht wirklich anschauen und verstehen können. Sie hatte ihn offensichtlich als Ausdruck eines ihrem bewußten Erleben entgegenlaufenden Wunsch aufgefaßt, in eine Beziehungswelt zurückzukehren, die ihr zunehmend keinen Bewegungsspielraum mehr gelassen hatte. Ich war mehr mit der Frage befaßt, inwieweit er von einem Wunsch handelte, mit dem in den Freund/mich abgespaltenen und projizierten Selbstanteil den »Verkehr« wieder aufzunehmen? Die Irritation hätte dann mehr mit der Vorstellung zu tun, Ängste durcharbeiten zu »wollen«. Ihre Stimme drückte v. a. aus, welche Zumutung es darstellen würde, dieses Projekt mit mir anzugehen. Untergegangen war dabei, daß es tatsächlich einen fruchtbaren Verkehr zwischen uns gegeben hatte, als dessen Ergebnis sie erfolgreich zur Prüfung angetreten war. Trieb die Panik, archaischen Ängsten hoffnungslos ausgeliefert zu werden, sie in die »Gesundheit«?

Kommentar: Die Schneeschippepisode ist ein bezeichnendes kleines Beispiel für die Übertragungs-Gegenübertragungssituation: es illustriert, wie geschickt die Patientin mit einer »krebsähnlichen« Sensibilität Punkte in mir aufzuspüren und zu treffen vermochte. (Ich habe damit zu tun, daß der Weg nicht mehr ganz frei von Schnee ist, ich sehe darin ein Problem – sie projizierte also zielsicher in bestimmte Aspekte meiner selbst; vgl. hierzu Brenman Pick 2003 [1985], 49). Es macht deutlich, daß ein pathologisches Über-Ich im Spiel war, das nicht mit Wirklichkeiten zu tun hat, sondern nur seine Überlegenheit unter Beweis stellen will. Es veranschaulicht, was passiert, wenn ich ihrem System nicht ganz entspreche, den Weg nicht völlig frei räume: für einen Moment gerät sie aus dem Gleichgewicht, Ängste, ich könne sie zu Fall bringen wollen, scheinen ausgelöst zu werden, so daß sie alles daran setzt, mich erst einmal wieder zu Fall zu bringen. Sie ist damit erfolgreich, ich bin dann ganz bei ihr und gebe damit meinen inneren Verkehr auf. Prototypisch hatte sie mit dem Urlaubsbeispiel mitgeteilt, wie sie zu verhindern vermochte, daß die Eltern gemeinsam am Strand/im Bett liegen. Der Sand war in ihrem Erleben mit Fäzes kontaminiert, in dem sie all die destruktiven Regungen ausschied und deshalb in der Folge Kontakt mit ihm meiden mußte. Sie war dieser Situation schon früh via Reaktionsbildung mit frühem Saubersein begegnet. Ansonsten wäre sie Gefahr gelaufen, daß der Fäzes als gefährliches Objekt wieder in sie eingedrungen wäre (vgl. die Ratten in Freuds Fallgeschichte, die sich in den After einbohren).

4.3 Die letzten Monate – evozierte Gegenübertragungsmanifestation: Ich fühle mich überwiegend überflüssig und nutzlos

Zur ersten Stunde nach den Ferien kommt sie etwas zu spät und kommentiert, sie habe »nicht nicht kommen wollen«. Es ist auch ihr erster Tag ihrer klinischen Praktikumsstelle – es sei ungewohnt, aber das Schöne überwiege. In den nächsten Wochen höre ich vor allem – jeweils ziemlich allgemein gehalten –, wie interessant und spannend die Arbeit sei; daß sie sich verliebt habe, wie sie sich annähere und zunehmend mehr Zeit mit ihm und auch anderen verbringen kann; wie sie seit langem wieder kleine Unternehmungen wagt. Für andere sei es vielleicht normal, jeden Tag mit anderen Menschen zu verbringen, für sie sei es seit vielen Jahren eine so schöne Erfahrung, die sie gar nicht mehr für möglich gehalten habe.

Das Ganze geht nicht ungebrochen vonstatten; es gibt zwischendurch schlimme Tage; sie fürchtet auch, das Ganze könnte in *dem* Tempo zu viel für sie werden. Greife ich auch diese Punkte – neben der Erleichterung, mehr Raum zu haben – auf, so relativiert sie sie rasch. Sie betont, wie sehr es ihr helfe, viele Menschen um sich zu haben, die keine »Bakterienangst« hätten – sie vermöge dann auch selbst, diese Gedanken wegzuschieben, »Stopp« zu sagen. Oft bleibe auch einfach keine Zeit, weiter darüber nachzudenken.

Ich möchte Ihnen nun die Stunde wieder etwas detaillierter vorstellen, welche das Stichwort für den Titel meines Beitrags lieferte. In die vorausgegangene Freitagsstunde war sie 15 Minuten zu spät gekommen und hatte erläutert, ihr Auto sei schon wieder kaputt – jedes Mal, wenn sie herunterschalte oder bremse, gehe es aus. Ohne Pause schließt sie muntere Erzählungen an – von einer Besprechung, die in angenehmer Umgebung stattfand, von einem Fest einer früheren Kommilitonin, von der Arbeit, zu der sie gestern zunächst keine Lust hatte, die dann aber doch »okay« war.

Ich nahm in meiner Intervention das Bild des ausgehenden Autos auf als Beschreibung der Situation hier: daß, sobald sie nicht einfach nur davon berichten könne, wie gut alles wie von selbst laufe, gar nichts mehr zu gehen scheine.

P: »So schon.« Schweigen.

A: »Und jetzt scheint es gerade wieder so zu sein.«

Die Patientin schildert daraufhin, daß sie eben von einem zum anderen renne, daß deshalb nicht viel Zeit zum Nachdenken darüber bleibe, was wichtig sei, worüber sie hier reden wolle. Es gebe so viel zu erledigen – das sei schon okay, aber eben unruhig. Wenn sie hier sei, müsse sie erst mal ankommen. Die Zeit reiche aber nicht, sie habe nur die tausend Sachen vom Tag im Kopf.

Ich versuche zu beschreiben, wie sehr sie sich von einer Stimme getrieben fühle, die behaupte, sie müsse schon wissen, was wichtig sei, und zugleich vermittle, daß sie daran nur scheitern könne – wegzurennen scheine dann wie die einzige Alternative.

In die Montagsstunde kommt sie wiederum ca. 15 Minuten zu spät. Sie betont, daß sie froh sei, wenn sie ihr eigenes Auto, das jetzt noch kaputter sei, wieder holen könne. Das Auto, mit dem sie jetzt hergefahren sei, habe keine Servolenkung.

»Das war ein Tag heute.« Und sie berichtet, wie viel sie zu tun hatte, weil wegen Krankheit und Urlaub wenige Kollegen da gewesen waren, sie außerdem erstmals in einer Besprechung eine Patientin vorstellen sollte. »Das war dann ganz harmlos« und habe zwischendurch sogar Spaß gemacht.

Am Samstag habe sie kurz bei ihren früheren Fast-Schwiegereltern vorbeigeschaut, nachdem an ihrem Geburtstag alle auf den Anrufbeantworter gesprochen hatten. Der Fast-Schwiegervater habe zu ihrer Mutter gesagt, sie solle sich doch mal melden wegen der Trauben. Sie habe davon dann kübelweise mitbekommen, habe welche davon C. (ihrem jetzigen Freund) gegeben, dessen Mutter wiederum sie »lecker« fand – »komisch, welche Wege das manchmal geht«.

Es geht im weiteren um eine Freundin, die eine Stelle in Aussicht hat, den Freund, der sich gerade auch bewirbt – es sei alles nicht so einfach mit den Stellen …

Eine etwas ältere Kollegin, die ihre Mutter von früher kennt, hat an diese einen Gruß ausrichten lassen und von ihrer Zeit als »Turnschuh-Rebellin« erzählt, als welche sie Schulhefte auf dem Schulhof verbrannt hatte.

Schließlich geht es noch um den Vater, der sich erstmals nicht telefonisch in die Ferien verabschiedet habe.

A: »Es taucht einiges Rebellisches auf, das Ihnen wie nur in anderen zu begegnen scheint.«

P: »Schon.« Pause.

Sie schildert dann eine lustige Unterhaltung mit ihrem Vorgesetzten, in dem Parallelen zu dessen Sohn auftauchten, der vom Sternzeichen ein »Krebs« sei, und der sie scherzhaft gefragt habe, ob sie auch rückwärts wie sein Sohn gehe. In ihrer Antwort habe sie das verneint, sie gehe »manchmal eventuell etwas seitwärts«.

Ihre Mutter habe sie oft gemahnt, gehe doch einfach geradeaus und nicht immer seitwärts. Es habe viele eigentlich banale Situationen betroffen, in denen sie beispielsweise nicht einfach gefragt habe, ob sie Schokolade haben könne, sondern stattdessen sagte, ob es sein könne, daß im Keller noch eine Tafel Schokolade sei.

Als ich ihr am Ende der Stunde die Rechnung gebe, sagt sie »Post für […]« (und nennt dabei ihren Vornamen).

Kommentar: Wieder während einer Wartezeit (vgl. anfängliches Warten auf den Analysebeginn) geschieht für mich Unerwartetes: während ich in Sorge war, wie es ihr in den Ferien ergehen möge (es war klar, daß sie aufgrund ihrer Symptomatik nicht werde wegfahren können, während die Familie und die meisten Bekannten im Urlaub sein würden und sie viel mit der Angst hinsichtlich ihrer künftigen Praktikumsstelle zu tun hatte), hatte sie, wenn auch nicht in der gleichen Massivität wie in der ersten Analysestunde, sich gegenüber der neuen ungewohnten Situation aufgeschlossen und interessiert gezeigt und nach und nach alles erfolgreich angepackt. Dieses Mal war es eine Spur subtiler und damit zugleich dauerhafter. Die Verbindung mit der analytischen Beziehung und Arbeit wird nicht ganz verworfen, die hypomanische Verfassung ist nicht ungebrochen und dadurch doch von einer Art, daß sie noch weniger anzugehen ist (die Patientin bestätigt zwar manche Überlegung meinerseits, setzt sich aber nicht wirklich mit ihr auseinander, sondern läuft im Prinzip freundlich höflich weg). Das Bestehen der Prüfung leitete den Wendepunkt in der Übertragung ein. Sie hatte nicht glänzend abgeschnitten, konnte aber damit leben, ohne sich dafür ganz zu verdammen (was sie mit unserer Arbeit in Verbindung brachte). Wir hatten es nun damit zu tun, was Bion als reversible Perspektive beschrieb – es handelte sich nicht mehr um eine dynamische, sondern um eine statische Spaltung (1992, 91). Sie war berührt und erleichtert (wie ich auch), daß etwas gelungen war. Zugleich fürchtet sie einen erneuten Verkehr. Das Bestehen des Examens trotz ihrer

Lernschwierigkeiten wird zum Triumph über mich. Ich werde fallengelassen, habe meine Funktion erfüllt, mit dem neuen Freund (über den ich kaum etwas erfahre) geht es nun weiter. Wie der Traum zeigte, wäre in Kontakt zu bleiben in ihrem Erleben gleichbedeutend mit einem Rückfall in die Krankheit, in eine auswegslose Situation.

In der zusammengefaßten Freitagsstunde wird der befürchtete Zusammenbruch über das Auto geschildert. Wenn sie die hypomaniforme Funktionsweise herunterschaltet, geht gar nichts mehr. Ich greife dies als Beschreibung ihrer Angst in unserer Situation auf. Sie bestätigt und schweigt dann. Ich verstehe dies dahingehend, daß wir nun hier damit zu tun haben. Ich werde damit in ihrem Erleben zu derjenigen, die ungeduldig ihr nicht »ihre Zeit« läßt. Am Montag ist das kaputte Auto vom Freitag noch »kaputter«. Sie weiß sich aber zu behelfen, weicht aus auf ein »Auto ohne Servolenkung«, das zwar lästig ist, aber die Sicht erlaubt, daß alles »schon okay«, sauber und vernünftig sei. Sie führt mir vor, wie sie mit den kaputten Objekten umgeht: sie nimmt ein anderes. Wenn ich / die Behandlung nun kaputt bin, gilt es, das hinter sich zu lassen, aus dieser Welt herauszutreten und alles, was daran erinnern könnte, zu verbrennen (vgl. Schulhefte).

Ich – das kaputte Auto – bin diejenige, die in der langen Eingangspassage wie nichts Sinnvolles mehr zu greifen bekommt. Sie hat Trauben zu verteilen, die »komischen« Wege werden benannt und in ihrer Bedeutung doch verleugnet. Ich bin zu dem Objekt geworden, das sich etwas kurios verhalten hat (»Turnschuhrebellin«, die sich am Freitag ein Stück weit gegen das servo-ähnliche Funktionieren aufgelehnt hatte), was sie konstatiert und nachsichtig behandelt. Sie führt derweilen aus, daß alles in Ordnung sei, erwähnt dabei aber durchaus auch Beunruhigendes. Sie spricht in gewisser Weise in Identifizierung mit mir, als jemand, die ein normales Leben führt, wo durchaus nicht alles glatt läuft, aber … – mir ist der Teil zugedacht, der dazu wie nichts zu sagen weiß, sie deshalb auch nicht irgendwann unterbricht. Ich bin froh, mit dem Stichwort des Rebellischen etwas in die Hand zu bekommen, was bedeutungsvoll erscheint. Als ich in meiner Intervention davon rede, versteht sie mich wohl so, als sagte ich – wie die Mutter – »nimm doch den direkten Weg«. Aber das ist nicht ihre Art. Und in gewisser Weise war auch meine Intervention ein Seitwärts-Gehen, denn ich vermochte nicht direkt die Interaktion zwischen uns in Worte zu fassen. Am Ende der Stunde steht nochmals ein Beispiel für ihr Seitwärts-Gehen: aus »Rechnung für mich« wird »Post für P.«.

34

Wir hatten noch wenige Wochen nach dieser Stunde, in der die Patientin in ihren Augen vollends die Symptomfreiheit erreichte, die sie angestrebt hatte, was in ihren Worten v. a. hieß, daß sie sich »keinen Kopf mehr machen« mußte.

5. Abschließende Überlegungen – »… muß mir keinen Kopf machen …«

Sich-keinen-Kopf-mehr-machen-zu-Müssen bedeutete für die Patientin, deren zwanghafte Zweifel über die Jahre sich fast jeden Gebiets bemächtigt und sie zu ersticken gedroht hatten, aus der Isolierung in der Sackgasse heraustreten zu können und beruflich sowie sozial allmählich wieder Anschluß an eine Entwicklung zu finden, die sie für sich schon weitgehend aufgegeben hatte. Sie hatte das Gefühl, wieder »Luft« zu kriegen und sich ähnlich frei wie ihre Studienkollegen bewegen zu können. Das einzige, was sie (in ihren Augen) von letzteren noch unterschied, war, daß sie viermal die Woche zur Analyse fuhr. Diese »ungerechte Einschränkung« ihres neu gewonnenen Bewegungsspielraumes auf sich zu nehmen, war sie nun nach zehn Monaten Analyse nicht mehr gewillt – sie hatte ihr Ziel erreicht, wozu dann weitere Behandlung? In mir lautete die Entsprechung in der manifesten Verfassung meiner Gegenübertragung, mich weitgehend überflüssig gefühlt zu haben.

Ich »wußte« zum einen darum, es mit massiven projektiven Identifizierungen zu tun zu haben; zum anderen verhinderte dies keineswegs, daß ich mich elend fühlte, »schuldig«, weil ich ihr in meinem Erleben so gut wie keine »richtige« Deutung geben konnte. Ich hatte vermittelt bekommen, wie es ist, wenn ein Wissen vorhanden ist, das aber nicht zum Prozeß des Umgangs mit den Ängsten verwendet werden kann, Reverie, Entgiftung nur unzureichend funktionieren. So wie sie um die Unsinnigkeit des Waschzwangs (u. a.) wußte und doch so wenig danach handeln konnte. Ein gravierendes Faktum ist also meine Denkstörung, bei welcher mein »Wissen«, daß es sich bei meinem »Mich-überflüssig-Fühlen« um eine projektive Identifizierung handelte, nicht hinderte, doch oft darin verfangen zu bleiben. Mein Denken kam dagegen wie nicht an. Ich denke, ich bekam etwas von der verstörenden, kontrollierenden, intrusiven Qualität ihres »Sich-einen-Kopf-machen-Müssens« zu spüren, das sich als Denken ausgibt, unumstößlich für jeglichen Gedanken.

Ich hatte mich im Laufe dieser kurzen Analyse gelegentlich an eine Kollegin gewandt, da ich ganz konkret eines Dritten bedurfte (vgl. auch Sodre 1994, die benennt, wie viel Druck vom Patienten ausgeht, die Illusion einer Zweierbeziehung aufrechtzuerhalten), um über das Geschehen nachdenken zu können. Mit Hilfe dieser Supervisionen vermochte ich u. a. wieder, in lebendiger und evidenter Weise Zusammenhänge zu erkennen, die mir im Zusammensein mit ihr so »far-fetched« erschienen waren, daß ich unwillkürlich davon ausgegangen war, würde ich diese äußern, erklärte sie mich zu recht als nicht mehr ganz von dieser Welt. So hatte sie beispielsweise in einer Stunde erzählt – vor dem Hintergrund, daß ich von ihrer Spinnenphobie wußte, – sie habe am Vorabend todesmutig eine große Spinne in ihrer Wohung erschlagen und dann mit dem Staubsauger entfernt; eine andere, große eklige Spinne befinde sich außerhalb ihrer Wohnung vor dem Badezimmerfenster – diese fresse eventuell Schnaken und habe deshalb ihre Daseinsberechtigung. Ich hatte das für mich so verstanden, daß sie mich innen erschlägt und ich »draußen« zu bleiben habe, um dort dafür zu sorgen, daß sie mit beunruhigenden Fragmenten möglichst gar nicht erst in Berührung gebracht werde. Ihr etwas in dieser Richtung zu deuten, schien mir unmöglich, sie würde mich – so meine Überzeugung – für »verrückt« halten. Außerhalb der Stunden mit ihr fand ich gelegentlich Möglichkeiten, wie ich ihr solche Zusammenhänge nichtsdestotrotz deuten könnte. Manchmal konnte ich von dieser lebendigeren und wacheren Sichtweise ein wenig in die Stunden mit ihr hinüberretten und hatte wieder eine etwas bessere Orientierung in den Sitzungen – am Ausgang dieser Analyse, nämlich dem Abbruch nach insgesamt zehn Monaten durch die Patientin, änderte dies nichts. Daß sie das Spinnennetz, in dem sie sich für immer unentwirrbar verfangen fürchtete, hatte zerschlagen können, war das für sie ausschlaggebende Kriterium. Das war für sie naturgemäß mit dem Auswechseln der Objekte verbunden – alles andere war für sie »verrückt«, denn in dem, was wir ›durcharbeiten‹ nennen, sah sie nur die Gefahr, von mir/der Spinne aufgefressen zu werden.

In ihren Augen war das, was ich Abbruch nenne, ein indiziertes Ende nach Erlangung ihres Therapiezieles, ein »Vorwärts-Gehen« – und in der Tat: daß sie ihre fruchtlose Präokkupation mit all den Zweifeln stoppen konnte, war kein unwesentlicher Schritt. Er eröffnete Räume für neue Erfahrungen. Zugleich wurde mit der Überschrift »Sich-keinen-Kopf-mehr-machen-zu-Müssen« unter der Hand ein anderes Programm propagiert und umgesetzt: sie konnte sich damit alle beunruhigenden, ernsten, leidvollen Gedanken vom Leib halten, kappte mit »schon gut« jegliches Nachdenken. War sie zuvor über weite Strecken handlungsunfähig geworden, so setzte sie nun auf »einfach machen«.

Ich hingegen ging in ihren Augen vor allem rückwärts, und tatsächlich erlebte ich sozusagen hautnah an mir eine Art Anti-Denken, in dem mir die Verbindung zu einem lebendigen Gefühl von durchaus zutreffendem Zusammenhang-Sehen im Nu abstarb. In gewisser Weise setzte sie meine Vorstellung, die Analyse nichtsdestotrotz fortzuführen, damit gleich, sie dazu bringen zu wollen, auch rückwärts zu gehen. Das konnte sie vernünftigerweise nicht wollen können – nachdem sie doch gerade mit meiner Hilfe solch ein gutes Stück »vorwärts« geschafft hatte. Diese Einstellung war nicht ganz ungebrochen – zwischendurch blitzte eine Ahnung anderer Art auf, die sie mit den Worten andeutete, es gebe »hier doch noch etwas zu besprechen«. Trotzdem entschloß sie sich, nicht mehr zu kommen. Der Konflikt schien sich mit einem »Seitwärts«-Gehen als »Resultante« einen Weg zu bahnen. Sie wollte erst einmal das Erreichte auskosten, schloß jedoch nicht aus, mich ggf. erneut zu konsultieren, und »versprach«, ein nächstes Mal nicht so lange zu warten, jetzt sei »sich Hilfe holen« eine »wirkliche Option« – anders als vor anderthalb Jahren, wo sie auch gewußt habe, daß etwas »nicht stimme«.

Melanie Klein diskutierte in den dreißiger Jahren verschiedene Positionen, u. a. auch eine zwangsneurotische und eine manische (bevor sie nur die paranoid-schizoide und depressive als universale beibehielt). In dieser Perspektive hätte die Patientin eventuell eine überwiegend zwangsneurotische Position (als Abwehr v. a. psychotischer Ängste) gegen eine vorwiegend manische (als Abwehr vorwiegend depressiver Ängste) eingetauscht. Bei der Patientin handelte es sich auch um eine (Spät-)Adoleszente[13], der die Analyse dazu verhalf, eine bedrohliche Entwicklungsarretierung zu lockern, und die das nun erst einmal auskosten wollte, was sie durch mich als Mutterobjekt, die nach dem Rechten schaut, bedroht fühlte. Insofern stellt eine passagere manische Position ein ggf. notwendiges Entwicklungsstadium dar. Daß ich ihr versuchte zu sagen, was m. E. anstand, sie aber nichtsdestotrotz gehen lassen konnte, wird ihr – wenn es gut geht – ermöglichen, ggf. wieder Hilfe zu suchen.

13 Insofern gehört sie zu der Gruppe von Spätadoleszenten, die Adatto (1958) beschrieben hat.

Eine eigentliche Begegnung mit der psychischen Realität fürchtete sie panisch. Sie wäre mit schwer erträglichen Ängsten und Schmerzen verbunden gewesen. Dagegen hatte sie sich via projektiver Identifizierung gewappnet, die ihr im Sinne der reversiblen Perspektive zu einer für sie neuen, allerdings statischen Situation verhalf. Sie hatte das Verstörende in mich ausgeschieden, hatte soviel Kontakt mit dem Unbewußten zugelassen, daß eine andere Spaltung daraus resultieren konnte, die ihr mehr Bewegungsspielraum ließ. Weitere Entwicklung war im Moment nicht möglich – mir war es nicht gelungen, es in einer Art und Weise zu deuten, daß sie daraus hätte etwas Eigenes machen können.

Beeindruckt hat mich, daß die Patientin letztlich »ihr Programm durchzog«, nämlich daß sie ihrem Ziel entsprechend ihr »Verhalten therapierte«. Sie scheint dafür einen analytischen Rahmen gebraucht zu haben, ein Objekt, das offen für ihre Projektionen war: nur wenn ich als eklige Spinne mich draußen den Schnaken widmete, mit Bedrohungen durch Abgespaltenes »irgendwie« umgehen konnte, mich für das »Fressen« und Verdauen dieser stechenden Plagen zuständig fühlte, im Ansatz gelegentlich auch darüber nachzudenken vermochte, konnte sie den Mut fassen, sich von manchen ihrer lähmenden Ängste nicht mehr völlig in Bann schlagen zu lassen, sondern sie zu beseitigen. Das ist weit entfernt von dem, was wir unter einer gelungenen Analyse verstehen – nämlich Durcharbeiten, Integration. Aber letzteres war ganz offensichtlich nicht das (momentane) Ziel meiner Patientin. Sie wollte wieder ein »Friede-Freude-Eierkuchen-Mensch« sein können – das scheint sie erreicht zu haben. Sie konnte sich wieder – wie der Vater – auf die »Spaßseite« des Lebens hin orientieren.[14]

Zusammenfassung

Die Wirksamkeit einer psychoanalytischen Behandlung von zwangsneurotischen Patienten wird in der zeitgenössischen Literatur kontrovers diskutiert. Die Autorin reflektiert die häufig auftretenden negativen Gegenübertragungsmanifestationen im Zusammenhang mit Denkstörungen, mit denen man es in den einschlägigen Psychoanalysen zu tun bekommt. Sie berichtet aus der Behandlung

---

14   Vieles liegt (und lag) auf der Hand: die Wiederholung im Hier und Jetzt der Scheidung der Eltern, die scheinbar unlösbaren, äußerst intensiven ödipalen Konflikte, die sie damit zu lösen meinte etc. etc.

einer 27jährigen Patientin, deren Zwangssymptome ihren Bewegungsspielraum zunehmend eingeengt hatten. Nach zehnmonatiger Therapie verließ die Patientin die Analyse symptomfrei. Es wird diskutiert, daß der Patient einerseits als Spätadoleszenter ein wichtiger Entwicklungsschritt möglich geworden war. Andererseits wird deutlich gemacht, was durch den Abbruch auch vermieden werden mußte.

Summary

Going »Sideways«. The Breaking-off of an Analysis by a Patient with an Obsessional Disorder After Having Reached Freedom of Symptoms

The efficacy of psychoanalytic treatment of obsessional neurosis is discussed controversially in the contemporary literature. The author reflects on the often negative countertransference manifestations in connection with thinking disorders which are often met during those psychoanalyses. She reports about a treatment of a 27-year-old patient whose obsessional symptoms had increasingly reduced her scope. After 10 months the patient left analysis without having any more symptoms. On the one hand the patient – as a late adolescent – was able to make an important developmental step; on the other hand, it becomes clear what had to be avoided by breaking off.

Literatur

Adatto, C. (1958): Ego reintegration observed in analysis of late adolescents. In: *Int. J. Psychoanal.* 39, 172 – 177.

Amitai, M. (1977): Die Zwangsneurose. Die Bedeutung der Objektdistanz für die Behandlung. In: *Psyche – Z Psychoanal* 31, 385 – 397.

Asseyer, H. (2002): The exclusion of the other. A clinical contribution to an object-relations theory of obsessional defence. In: *Int. J. Psychoanal.* 83, 1291 – 1309.

Bion, W. (1992 [1963]): *Elemente der Psychoanalyse.* Frankfurt am Main: Suhrkamp.

Brenman Pick, I. (2003 [1985]): Durcharbeiten in der Gegenübertragung. In: Frank, C./Weiß, H. (Hg.): *Normale Gegenübertragung und mögliche Abweichung.* Tübingen: edition diskord, 37 – 58.

Couve, C. (2007): Zwanghafte Angst vor Toten: Die Beziehung zwischen zwanghafter und schizoider Organisation. In: *Jahrb. Psychoanal.* 54, 43–69.

Danckwardt, J. (1994): Vom Aufspüren bedeutungsfähiger Übertragung durch Arbeitsaffekte. In: Frank, C. (Hg.): *Wege zur Deutung.* Opladen: Westdeutscher Verlag, 114–132.

Eickhoff, F.-W. (1996): Über magische Allmachtsphantasien bei Zwangsneurotikern. Zum Beitrag von Karl Abraham. In: Weiß, H./Lang, H. (Hg.): *Psychoanalyse heute und vor 70 Jahren.* Tübingen: edition diskord.

— (unveröffentl.): Presentation in Prague, February 2003.

Frank, C. (1999): *Melanie Kleins erste Kinderanalysen – die Entdeckung des Kindes als Objekt sui generis von Heilen und Forschen.* Stuttgart: frommann-holzboog.

— (2000) Der verführerische und dämonische Charakter des »Über«-Sehens der latenten negativen Übertragung. In: Engel, U./Gast, L./Gutmann, J.B. (Hg.): *Bion. Aspekte der Rezeption in Deutschland.* Tübingen: edition diskord, 87–110.

— (2003): »Verrückt« – Realisieren perverser Momente in Übertragung und Gegenübertragung. In: *Jahrb. Psychoanal.* 46, 91–113.

Freud, A. (1987 [1926]): Vier Vorträge über Kinderanalyse. In: Dies.: *Die Schriften der Anna Freud,* Band 1. München: Kindler, 11–75.

— (1987[1965]): Psychoanalytische Theorien über Zwangsneurose. Eine Zusammenfassung. In: Dies.: *Die Schriften der Anna Freud,* Band VI. München: Kindler, 1839–1857.

Freud, S. (1892–93a): Ein Fall von hypnotischer Heilung nebst Bemerkungen über die Entstehung hysterischer Symptome durch den Gegenwillen. In: *GW* 1, 3–17.

— (1905e): Bruchstücke einer Hysterie-Analyse. In: *GW* 5, 161–286.

— (1907b): Zwanghandlungen und Religionsübungen. In: *GW* 7, 129–139 und Stud. ausg. Bd. 7, 11, 13–21.

— (1909d): Bemerkungen über seinen Fall von Zwangneurose. In: *GW* 7, 379–463.

— (1919a): Wege der psychoanalytischen Therapie. In: *GW* 12, 183–194.

Gabbard, G. (2001): Psychoanalytically informed approaches to the treatment of obsessive-compulsive disorder. In: *Psychoanalytic Inquiry* 21, 208–221.

Grunberger, B. (1988 [1965]): Einige Überlegungen zu Freuds »Rattenmann«: In: Ders.: *Narziß und Anubis.* München/Wien: Verlag Internationale Psychoanalyse, 47–68.

Henseler, H./Wegner, P. (Hg.) (1993): *Psychoanalysen, die ihre Zeit brauchen.* Opladen: Westdeutscher Verlag.

Jones, E. (1982): *Das Leben und Werk von Sigmund Freud.* Bd. II. Bern/Stuttgart/Wien: Verlag Hans Huber.

Klein, M. (1932 [1997]): Die Zwangsneurose eines sechsjährigen Mädchens. Übers. von E. Vorspohl. In: Dies.: *Gesammelte Schriften,* Bd. II. Hg. von R. Cycon, Stuttgart: frommann-holzboog.

— (1935 [1996]) Beitrag zur Psychogenese der manisch-depressiven Zustände. Übers. von E. Vorspohl. In: Dies.: *Gesammelte Schriften*, Bd. I, 2. Hg. von R. Cycon. Stuttgart: frommann-holzboog.

— (1940 [1996]) Die Trauer und ihre Beziehung zu manisch-depressiven Zuständen. Übers. von E. Vorspohl. In: Dies.: *Gesammelte Schriften*, Bd. I, 2. Hg. von R. Cycon. Stuttgart: frommann-holzboog.

— (1957 [2000]): Neid und Dankbarkeit. Eine Untersuchung unbewußter Quellen. Übers. von E. Vorspohl. In: Dies.: *Gesammelte Schriften*, Bd. III. Hg. von R. Cycon. Stuttgart: frommann-holzboog, 279–367.

Mahony, P. (1986): *Freud and the Rat Man*. New Haven/London: Yale University Press.

Meltzer, D.: (1990 [1968]): Die Beziehung der analen Masturbation zur projektiven Identifizierung. In: Bott Spillius, E. (Hg.): *Melanie Klein heute*, Bd. 1. München/ Wien: Verlag Internationale Psychoanalyse, 130–147.

— (1975): The relation of autism to obsessional mechanisms in general. In: Ders. et al.: *Explorations in autism*. Strath Tay/Pertshire: Clunie press, 209–222.

O'Shaughnessy, E. (2000): The anal organization of the instincts: a note on theories past and present. In: Symington, J. (Hg.): *Imprisoned pain and its transformation*. London/New York: Karnac, 118–127.

Quint, H. (1988): *Die Zwangsneurose aus psychoanalytischer Sicht*. Berlin: Springer-Verlag.

Sodre, I. (1994). Obsessional certainty versus obsessional doubt: from two to three. In: *Psychoanalytic Inquiry* 14, 379–392.

Türcke, C. (2006): Traumatischer Wiederholungszwang als Kulturstifter. In: *Jahrb. Psychoanal.* 53, 53–71.

Weiß, H. (1988): *Der Andere in der Übertragung*. Stuttgart: frommann-holzboog.

PD Dr. med. Claudia Frank, Schottstr. 108, 70192 Stuttgart,
Cl.Frank@t-online.de

Zwanghafte Angst vor Toten

Die Beziehung zwischen zwanghafter und schizoider Organisation

*Cyril Couve**

Einleitung

In dieser klinischen Arbeit möchte ich mich vor allem mit der Interaktion zwischen einer zwanghaften und einer schizoiden Organisation beschäftigen, wie sie bei der Analyse einer Patientin zu beobachten war, die unter einer sie sehr beeinträchtigenden Zwangsstörung litt, bei der panikartige Ängste vor jeglicher Form von körperlichem Kontakt mit Toten im Vordergrund standen. In meiner theoretischen Auffassung gehe ich von dem Standpunkt aus, daß sich die Einsichten der freudianischen Tradition über die Pathologie der Zwangsstörungen, die in der Literatur auch als klassische ätiologische Formel bezeichnet werden, als sehr fruchtbar und grundlegend erwiesen haben. Aber ich denke auch, daß diese nicht weit genug geht, um das »verwirrende Spektrum der Zwangsneurose«, von dem Anna Freud gesprochen hat, zu erklären. Sie meinte, zwanghafte Konfigurationen reichten »[...] von ichgerechten und beinahe normalen Formen –

* Cyril Couve arbeitet als Psychoanalytiker in eigener Praxis und in klinischer Leitungsfunktion an der Erwachsenenabteilung der Tavistock Clinic. Er absolvierte seine Ausbildung am Londoner Institute of Psychoanalysis und ist Mitglied der British Psychoanalytical Society. Für eine ausführlichere Fassung dieser Arbeit wurde er 2001 mit dem Herbert-Rosenfeld-Preis für herausragende Essays ausgezeichnet.

Jahrb. Psychoanal. 54, S. 43 – 69 © 2007 frommann-holzboog

z. B. in der Charakterbildung, im Verlauf der Entwicklung – bis zu überaus ernsthaften, manchmal ans Schizoide und selbst Schizophrene grenzenden neurotischen Störungen« (A. Freud 1987 [1966], 1841).

Es würde eine eigene Arbeit erforderlich machen, wollte ich meine Ansicht umfassend begründen, daß es nicht nur möglich, sondern sogar von Vorteil ist, einen theoretischen Bezugsrahmen zu verwenden, der sowohl die wesentlichsten Grundsätze der freudianischen oder klassischen Formel (Freud 1909, 1913, 1926, A. Freud 1966, Fenichel 1934, Nagera 1973) vertritt als auch Kleins Auffassung einschließt, nach der die zwanghafte Abwehr bei der Durcharbeitung der Konflikte der depressiven Position eine wichtige Alternative zur manischen Abwehr darstellt (Klein 1932 a, 1932 b, 1935, 1940, 1952). Im Rahmen der vorliegenden Arbeit möchte ich lediglich meine eigene Sichtweise vorstellen. Ich meine, daß ein großer Vorteil, wenn man die klassische Auffassung durch Kleins Formulierungen ergänzt, darin liegt, daß die Beschaffenheit der zwanghaften Konfigurationen nicht nur als entscheidende Folge der Regression von einer phallisch-ödipalen zu einer anal-sadistischen Organisation verstehbar wird, sondern auch unter dem Gesichtspunkt der Beziehung zwischen anal-sadistischen Fixierungen und den ihnen zugrundeliegenden psychotischen Ängsten zu betrachten ist, wie Klein sie in ihrer Theorie der beiden Positionen ausgeführt hat. Darüber hinaus ist unsere heutige Auffassung von der Pathologie der paranoid-schizoiden Position durch Arbeiten post-kleinianischer Autoren erheblich erweitert worden (Bion 1957, Rosenfeld 1950, Segal 1957, Britton 1989, Steiner 1993). Durch diese späteren Beiträge sind uns wichtige Zugänge ermöglicht worden, um zu verstehen, wie primitivere schizoide Organisationen und Prozesse die Konflikte der depressiven Position formen können und sich bei einer Zwangspathologie direkt auf das Ausmaß der anal-sadistischen Fixierungen im zweiten Lebensjahr auswirken.

An dieser Stelle möchte ich kurz die Kernpunkte meiner Auffassung der zwanghaften und der schizoiden Organisation ausführen, die ich bei der dann folgenden Falldarstellung und Diskussion anwende. Sowohl bei Freud wie bei Klein ist eine anal-sadistische Fixierung eine *notwendige* Vorbedingung für die Entwicklung einer Zwangsstörung. Ausstoßende oder retentive anale Triebabkömmlinge sind durchsetzt von sehr grausamen und sadistischen Neigungen, von denen die liebevollen Triebregungen überwältigt werden. Dieser Zustand der Triebentmischung ist unmittelbar verknüpft mit zwei zentralen Merkmalen einer

44

zwanghaften seelischen Verfassung: der endemischen Zweifelsucht und Unge-
wißheit sowie dem gnadenlosen Charakter des Über-Ichs. Insbesondere Karl
Abraham (1924) hat gezeigt, wie die zunehmende Kontrolle über die Muskulatur
und besonders die Ausscheidungsfunktionen in der analen Phase psychisch zu
einer Ausgestaltung der Phantasien über Retention und Ausstoßung führen, die
die Erfahrungen des Kindes mit seinen Objektbeziehungen stark beeinflussen.
Durch einen ähnlichen Prozeß bringt das Interesse eines Kindes an seinen Fäzes
eine Kopro-Symbolik hervor, die in der inneren Welt eines Zwangspatienten eine
entscheidende Rolle spielt. Das Ich setzt vor allem zwei Abwehrmechanismen
ein. Zum einen liegt Freuds Konzept des *symbolischen Handelns und Ungeschehenmachens* einer großen Vielfalt zwanghafter Gegenmaßnahmen zugrunde,
wie sie sich in Wasch-, Reinigungs- und Ordnungsritualen zeigen. Die von Klein
aufgeführten verschiedenen Zwangsmechanismen (1932 a, 1932 b) können als
zwanghafte Maßnahmen gesehen werden, um eine Beschädigung der Objekte in
der depressiven Position ungeschehen zu machen oder omnipotent wiedergut-
zumachen. Zum anderen errichtet ein weiterer Abwehrmechanismus, den Freud
Isolierung genannt hat – *Isolierung der Gedanken voneinander oder des Gedankens vom Affekt* – ein Berührungstabu, das die zwanghafte psychische Verfassung
und die zwanghafte Art der Beziehungsgestaltung beherrscht. Die Reichweite
dieser Abwehr wurde von Klein erweitert, als sie diese als eine spezifische Form
der Kontrolle über den elterlichen Koitus in die depressive Position einfügte,
bei der die Eltern gewaltsam getrennt werden oder ein Berührungstabu zwischen
ihnen eingeführt wird, einem weiteren Merkmal der zwanghaften Wiedergutmachung (Klein 1935).[1]
    Wenn ich hier von schizoider Abwehr spreche, beziehe ich mich genau-
genommen eher auf eine *pathologische Spaltung durch Fragmentierung* und eine
pathologische projektive Identifizierung als auf die für die Ich-Entwicklung
wichtigen Aspekte einer gesunden Spaltungsdichotomie und einer kommunikativen projektiven Identifizierung, die beide im Verlauf der kindlichen Entwicklung
durch ein containendes Objekt aufgenommen werden. Erstere sind charakteri-
siert durch einen exzessiven Haß auf die innere und äußere Realität, der sich auf

---

1   In einer früheren Arbeit habe ich die logischen Grundlagen für eine Wiederannähe-
    rung der freudianischen und kleinianischen Auffassungen im Einzelnen ausgeführt
    (Couve 2001).

45

alles erstreckt, was zu ihrer Wahrnehmung führt (Bion 1956, 37). Bion arbeitete heraus, wie verschiedene, mit der Wahrnehmung der Realität verknüpfte mentale Funktionen einem Prozeß unterzogen werden, der zu einer Spaltung in Fragmente oder einer inneren Verstümmelung führt. In einem ersten Schritt wird das Gewahrwerden grundlegender, aber unerträglicher Realitätsaspekte einem Prozeß der Verstümmelung unterzogen, der zu äußerst winzigen Fragmenten führt, so daß sowohl der Teil des Ichs, der zu einem Teil des Objekts in Verbindung steht, als auch letzterer sehr fragmentiert sind. Diese fragmentierten Teilchen werden dann gewaltsam in Objekte projiziert, wodurch eine Welt entsteht, die Bion als die Welt des *bizarren Objekts* bezeichnet hat. Pathologische schizoide Mechanismen führen zu einer großen Konfusion zwischen Selbst- und Objektanteilen. In Bions Worten: »Im Empfinden des Patienten besteht jede Partikel aus einem realen Objekt, das in einem Stück der Persönlichkeit, von der es verschlungen wurde, wie in einer Kapsel eingeschlossen ist« (Bion 1957, 80). Durch dieses gewaltsame Eindringen in das Objekt wird sowohl das Gewahrsein der Getrenntheit des Objekts als auch dieses Getrenntsein selbst auf gewaltsame und omnipotente Weise beseitigt. Ein Patient, der ausgiebig von diesen schizoiden Mechanismen Gebrauch macht, fühlt sich bedroht durch das Gefühl einer drohenden Katastrophe oder des Unheils, weder seine Objekte noch sein Ich wiederherstellen zu können. Das auf diese Weise eingeschränkte Ich fühlt sich wie in Stücke zerfallen, ist einem Gefühl der Konfusion ausgeliefert und erlebt Depersonalisations- und Derealisationsgefühle (Rosenfeld 1950, Hinshelwood 1991).

Um zu zeigen, wie sich diese beiden Konfigurationstypen im Verlauf einer Analyse beobachten ließen, möchte ich jetzt klinisches Material aus der Behandlung von Frau M. vorstellen. In der Diskussion des klinischen Materials möchte ich einige Hypothesen über die Beziehungen zwischen einer schizoiden und einer zwanghaften Organisation formulieren und ihre Relevanz aufzeigen, wenn es um das Verstehen einer schweren Zwangspathologie wie bei Frau M. geht.

Der Fall M.

Frau M., eine unverheiratete Frau mittleren Alters, war seit vier Jahren in Analyse. Seit einigen Jahren litt sie unter schweren Zwangsbefürchtungen bei der Vorstellung, mit einem Toten entweder direkt oder indirekt in Kontakt zu kommen. Diese zwanghafte Angst hatte bei der Beerdigung eines Verwandten begonnen, insbesondere als sie sah, wie der Leichnam von Familienmitgliedern, die ihm die letzte Ehre erwiesen, berührt wurde. In den folgenden Monaten hatte sich ihre Angst generalisiert, sie fürchtete jeglichen Kontakt mit Toten. Zum Beispiel fürchtete sie sich davor, Geld anzufassen, weil sie gelesen hatte, daß in der Hosentasche eines Toten Geld gefunden worden war. Ein Bekannter, der einen Trauerfall erlitten hatte, wurde zur Quelle von panikartigen Ängsten und mußte um jeden Preis gemieden werden. Da sie in ihren verzweifelten Bemühungen, gegen ihre schweren Zwangsbefürchtungen anzukämpfen, beherrscht war von Wasch- und Reinigungszwängen und dem Zwang, Dinge einzuwickeln, war ihr Leben erheblich eingeschränkt, ihre Arbeitsstelle war in Gefahr. Sie fühlte sich dieser Angst vor Toten ausgeliefert und war in einem Zustand depressiver Verzweiflung.

Frau M. war als Ersatzkind ein Jahr nach dem Tod ihres Bruders, der mit einem Jahr gestorben war, zur Welt gekommen. Nach verläßlichem Hörensagen war sie als Mädchen in einer Kultur, in der Jungen sehr viel mehr galten als Mädchen, für ihre Mutter, die sich zutiefst als Versagerin fühlte, weil sie ihren toten kleinen Jungen nicht hatte ersetzen können, eine riesige Enttäuschung. Es gibt hinreichend Gründe für die Annahme, daß ihre Mutter wahrscheinlich für mehrere Jahre in einer depressiven Verfassung war, weil sie ihren Kummer nicht hatte verarbeiten können. Wichtig war auch, daß die Familie in ein anderes Land auswanderte und Frau M. während dieser Zeit für etliche Monate von beiden Eltern getrennt war, zunächst von ihrer Mutter, später auch von ihrem Vater. Frau M. war die jüngste von fünf Geschwistern. Ihre fünf Jahre ältere Schwester starb, als Frau M. noch klein war. Für ihr Gefühl war sie mit einer Mutter aufgewachsen, die wahrscheinlich depressiv war, die sie als emotional fragil erlebte und der gegenüber sie immer eine emotionale Distanz gespürt hatte. Außerdem hatte sie das Gefühl, zu schnell groß geworden zu sein, obwohl sie zunächst nicht verstand, was dies eigentlich hieß und psychisch für sie bedeutete. Die Beziehung zu ihrem Vater war weniger problematisch. In ihrem Beruf hatte sie vieles verwirklicht und sich auf die gesünderen Identifizierungen mit ihrem Vater und seinen Wertvorstellungen verlassen können.

Sie hatte seit zwanzig Jahren mit einem Partner zusammengelebt. Ihr Zusammenbruch hatte sie einander näher gebracht. Es ist bedeutsam, daß der kulturelle Hintergrund dieses Mannes von der Bevölkerungsgruppe, der sie angehörte, mit einem Tabu belegt war. Sie hatte zielsicher einen Mann gewählt, der in ihrer eigenen Gemeinschaft geächtet war. Die Beziehung zwischen beiden war eingeschränkt geblieben, was auch dazu paßte, daß sie sich emotional nur begrenzt hatte einlassen können. Die beiden hatten keine Kinder.

Bevor ich Material aus drei Analysesitzungen ausführlich vorstelle, möchte ich einige Aspekte des psychischen Funktionierens dieser Patientin umreißen, wie ich es zum damaligen Zeitpunkt in der Analyse verstand.

Von Anfang an war klar, daß angesichts der Panik, die Tote in ihr auslösten, ihre Zwangsstörung und ihr Zusammenbruch mit einer tiefgreifenden Unfähigkeit zu psychischer Trauerarbeit zu tun haben mußten. Diese Angst vor Toten irritierte meine Patientin lange Zeit und war ihr ein Rätsel. Sie konnte nicht verstehen, wo in ihrer Persönlichkeit diese Angst ihren Ausgang genommen hatte. Bei der Beerdigung des Verwandten hatte sie sich traurig gefühlt und geweint, sie teilte den Kummer der Familie. Für lange Zeit blieb diese Angst vor Toten in ihrer Analyse diffus, rätselhaft und konnte nicht benannt werden. Es waren nicht »Gespenster«, die sie fürchtete. Es war der tote Körper und alles, was real oder in ihren Zwangsgedanken möglicherweise mit ihm in Berührung gekommen war. Ein sterbender Mensch als solcher ängstigte sie nicht. Zu dieser Zeit tauchten in ihrer Analyse verschiedene diffuse Darstellungen auf, die mir eine Ahnung vermittelten, was an einem Toten für sie so bedrohlich war. In ihren Träumen ging es um persekutorische Figuren, die keinerlei Grenzen achteten, die schamlose Vergewaltiger waren oder gewalttätige Figuren, die von einem ungezügelten Egoismus angetrieben wurden und vor nichts halt machten. Es gab auch verfolgende Figuren, die damit drohten, das Gehirn eines anderen in kleine Teile auseinanderzureißen. Andere erschreckende Figuren hatten die Gestalt einer sie eisig verdammenden sadistischen und erbarmungslosen mütterlichen Figur. Immer mehr begann ich in dieser Angst vor Toten ein bizarres Objekt zu sehen, wie es Bion beschrieben hat. In Frau M.s Welt gab es keine tatsächlich toten Körper. Ein toter menschlicher Körper war für sie von sehr lebendigen, bizarren und höchst übelwollenden und rachsüchtigen Absichten durchsetzt, die sie mit Vernichtung bedrohten.

Außerdem wurde zunehmend deutlich, in welchem Ausmaß Frau M. darauf angewiesen war, Verbindungen gewaltsam zu unterbrechen und zu lösen. Als Kind hatte sie das Gefühl gehabt, zu schnell groß zu werden. In der Analyse wurde klarer, daß dieses schnelle Großwerden auf sehr grandiosen und omnipotenten Phantasien aufbaute, mit deren Hilfe sie sowohl ihre Abhängigkeitsbedürfnisse wie auch ihre Verbindung zu ihren Eltern radikal abgebrochen und unterbunden hatte, allerdings um den Preis, damit eine innere Katastrophe heraufzubeschwören.

Während der Analyse gab es eine längere Phase, in der es Frau M. aus den unterschiedlichsten Gründen unmöglich fand, pünktlich zu ihren Sitzungen zu kommen. Sie verfiel oft in Schläfrigkeit, ohne sich dagegen wehren zu können, und verpaßte deshalb einen großen Teil ihrer Sitzungen. Dieser Rückzug in den Schlaf hatte deutlich narzißtischen Charakter, oft vermied sie auf diese Weise drastisch den Kontakt zu mir, um sich einer schmerzlichen oder konflikthaften emotionalen Realität nicht stellen zu müssen. Sie konnte auch während einer Sitzung sehr schläfrig werden. Es kam vor, daß sie bereit war, zu ihrer Sitzung aufzubrechen, sich dann aber, kurz bevor sie das Haus verlassen wollte, mit etwas anderem beschäftigte. Bei anderen Gelegenheiten überließ sie sich in Gedanken einem Zustand, über den sie später nichts aussagen konnte, in dem sie aber sehr verlangsamt war oder, statt in Richtung meiner Praxis zu gehen, einen anderen Weg einschlug. Manchmal kam sie morgens zu einer Sitzung, obwohl es ein Tag war, an dem ihre Sitzung nachmittags stattfand. Oder sie vergaß den für ihre Sitzung vereinbarten Zeitpunkt und traf eine andere Verabredung, weil ihr die mit mir völlig entschwunden war. Diese Aussetzer wirkten nicht einfach neurotisch, es waren nicht einfach Fehlleistungen, deren Zustandekommen man mit Hilfe von Assoziationen hätte zurückverfolgen können. Es waren für die Patientin höchst beunruhigende Zustände, die sie unerklärlich und verwirrend fand. Ich begann diese Aussetzer als sehr wirksame Unterbrechungen zu deuten, als eine Abwendung von mir, die einen Teil der Sitzung oder die Verbindung zu mir abtötete. Ich hatte den Eindruck, daß es vor allem dann zu dieser Abwendung kam, wenn Frau M. unter dem Einfluß einer sehr omnipotenten Phantasie oder einer Wahnvorstellung stand, die in diesem Augenblick ihre Fähigkeit, sich der Verbindung mit ihrer Analyse bewußt zu sein, zerstörte oder beeinträchtigte. Wenn in meinen Deutungen die Aufmerksamkeit für diesen destruktiveren und schizoideren Teil ihrer Persönlichkeit nachließ, nutzte sie die Situation unweigerlich aus, wie mir zunehmend klar wurde, um über mich zu triumphieren, als wäre ich der Aufgabe nicht gewachsen, mich mit ihrer ziemlich strukturierten Destruktivität auseinanderzusetzen. Umgekehrt fand sie es sehr schwierig, sich diesen sehr destruktiven Teil ihrer Persönlichkeit klarzumachen. Selbst als sie dessen Existenz zu erkennen begann, hatte sie keinen Zugang dazu. Für sie fühlte er sich an wie ein fremder und ihr weitgehend unbekannter Teil ihrer selbst.

Weil schizoide Mechanismen ihr psychisches Funktionieren so dominierten, waren auch grundlegende Aspekte ihres emotionalen Erlebens nicht repräsentiert. Zum Beispiel waren ihr im Umgang mit anderen Wut und Aggression nur schwer zugänglich. Sie neigte dazu, diese gefährlichen Emotionen zu vermeiden, indem sie zu einer selbstlosen Person wurde oder sich abwandte. Sie hatte schon in jungen Jahren vermieden zu fluchen und hielt sich selbst für ein »Unschuldslamm«. Im Verlauf der Analyse entwickelte sie den inneren Raum, ihr Erleben von Wut registrieren und nach und nach mit einer mentalen Repräsentanz verknüpfen zu können. Ihr eigener Ärger und ihre Aggression wurden ihr im Zusammenhang mit einer Trennung von ihrem Partner zugänglicher. Es war bezeichnend, daß sie davon träumte, sie spiele, sich über ihren Partner zu ärgern. Im Traum spielte sie zwei Arten von Schlangen, zuerst eine Kobra, die ihre Beute auf der Stelle tötete und blitzschnell zuschlug. Dann träumte sie von einer Boa constrictor, die ihre Beute umschlang und ihr nach und nach mit intensiver sadistischer Befriedigung die Knochen brach. Frau M. berichtete, wie sie nach dem Aufwachen aus diesem erschreckenden Traum ihn in Gedanken durchspielte und entsetzt war, daß sie zu dermaßen grausamen und sadistischen Bildern in der Lage war, diese aber gleichzeitig ihre Gefühle zutreffend wiedergaben.

In meinen Augen sind die Kobra und die Boa constrictor perfekte anale Metaphern, die für die Komplexität einer anal-sadistischen Reaktion auf eine Trennung sehr anschaulich sind. Im einen Fall wird das Objekt einem Schicksal ausgesetzt, das einem analen Tod nahekommt. Schlechte giftige Fäzes werden gewaltsam in das Objekt ausgestoßen, so daß dieses jeden Wertes beraubt wird. Es wird vergiftet und getötet, das kontaminierte Objekt wird wertlos und kann beseitigt werden. Im anderen Fall wird das Objekt nicht getötet, sondern anal umklammert und mit sadistischer Befriedigung einer Verletzung nach der anderen ausgesetzt.

Indem ich Frau M. auf diese Weise vorgestellt habe, habe ich zwei Aspekte ihrer inneren Organisation hervorgehoben, die für mich in ihrer inneren Zwangsstruktur eine besonders wichtige Rolle spielen: Zum einen geht es bei Frau M. um die sehr omnipotente Verleugnung ihrer emotionalen Realität. Ihre Fähigkeit, die Wahrnehmung von Verlust und Trennung aufzuheben, verweist darauf, daß sehr mächtige pathologische schizoide Mechanismen wirksam sind. Zum anderen zeigt die anal-sadistische Art und Weise ihres Umgangs mit einer Trennung von ihrem Objekt, wie ausschlaggebend die bei ihr bestehende anal-sadistische Organisation ist, ohne die es keine Zwangsstörung gibt.

Klinisches Material

Ich möchte jetzt klinisches Material aus den letzten drei Sitzungen in der Woche vor einer Sommerpause vorstellen.

Sitzung am Dienstag, früher Abend:

Meine Praxis befindet sich in einer Wohnung im vierten Stock eines großen Appartementblocks. Für die schwere Eingangstür zu dem Gebäude gibt es für Patienten einen elektrischen Türöffner, den ich betätige, wenn sie die Außenklingel drücken. Ich kam sieben Minuten vor dem vereinbarten Beginn der Sitzung vor dem Gebäude an. Als ich das Haus betrat, glaubte ich, meine Patientin vor einem Geschäft in der Nähe stehen zu sehen. Ich war mir aber nicht sicher, ob sie es war, und wußte auch nicht, ob sie mich gesehen hatte. Ich betrat die Eingangshalle. Als ich den Lift nahm, sah ich die Silhouette meiner Patientin durch die Milchglasscheibe der Eingangstür. In diesem Moment dachte ich, es sei meine Patientin. Als ich fast in dem Stockwerk angekommen war, in dem meine Praxis liegt, hörte ich die Klingel für mein Appartement. Es war unverkennbar die Art und Weise, in der Frau M. klingelt. Ich hatte in diesem Moment das Gefühl, mich beeilen zu müssen, um den Türöffner für sie zu betätigen. Als ich die Tür zu dem Appartement öffnete, hörte ich, wie unten die Eingangstür aufging, und überlegte, ob meine Patientin schon ins Haus gekommen war, obwohl ich kein weiteres Klingeln mehr gehört hatte. Dann hörte ich den Lift kommen und dachte, sie müßte irgendwie reingekommen sein, vielleicht als jemand anderes das Gebäude verlassen hatte. In Bruchteilen von Sekunden hatte ich bemerkenswert intensive Erlebnisse: Ich mußte mich beeilen, fühlte mich auch irritiert und auf ziemlich machtvolle Weise durch meine Patientin bedrängt und unter Druck gesetzt. Außerdem hatte ich das Gefühl, meine Irritation unterdrücken zu müssen. Ich erinnere mich, daß ich gedacht habe: »Du weißt doch noch nicht mal, ob deine Patientin dich gesehen hat, also kein Urteil jetzt und auch keine voreiligen Schlüsse.«

Ich holte Frau M. aus dem Wartezimmer. Sie legte sich auf die Couch und sagte nach einer Weile, sie fühle sich sehr merkwürdig heute. Schleppend und schläfrig sagte sie, sie fühle sich wie abgeschnitten, sie habe den ganzen Tag gegen Schlaf ankämpfen müssen. Wieder nach einer Weile sagte sie, sie habe gerade ihre Uhr zum Uhrmacher gebracht. Deswegen sei sie heute etwas zu früh da gewesen, sogar einige Minuten zu früh. Sie habe Passanten nach der Uhrzeit gefragt, um pünktlich kommen zu können. Dann sagte sie sehr hastig, sie habe Leute reden gehört, als sie das Haus betrat. Sie habe bei sich gedacht: »*O Gott! Es ist etwas passiert ... die alte Frau oben ist tot ... jetzt ist die Angst hier.*« Sie war eine Zeit lang sehr still.

Ich sagte, ich überlegte, ob sie das Gefühl hatte, ich hätte ein bißchen lange gebraucht, bevor ich sie reinließ, insbesondere wenn sie heute etwas früh dran war. Sie sagte: »*Ach nein, das machte nichts. Jemand kam aus dem Haus und ließ mich rein, aber ich hatte geklingelt, weil Sie wissen sollten, daß ich im Haus bin.*« Nach einer langen Pause sagte ich, sie sei heute ein bißchen zu früh gekommen, aber ich sei für ihre Begriffe nicht da gewesen, wo sie mich erwartet hatte. Deshalb habe sie das Haus betreten, habe Leute reden hören und bei sich gedacht, o je, im Haus ist eine Tote. Etwas mußte in ihr vorgegangen sein und zu dem Gedanken geführt haben, im Haus sei eine Tote. Sie sagte, ich würde wahrscheinlich sagen, sie habe die alte Frau umgebracht. Ich wartete.

Dann sagte sie, sie habe mich draußen gesehen. Sie habe in ein Schaufenster geguckt und gesehen, wie ich das Gebäude betreten hätte. Sie sagte, sie habe mir genug Zeit lassen wollen zum Reingehen und das dann auch getan. Aber dann sei jemand rausgekommen, so daß sie ins Haus konnte. Aber, sagte sie in einem sehr entschuldigenden Tonfall, sie habe geklingelt, damit ich wüßte, daß sie da wäre. Ich sagte, für ihre Begriffe habe sie mir genug Zeit gelassen, aber ich sei noch nicht in der Wohnung gewesen, als die Klingel geschellt habe. Vielleicht hätte ein Teil in ihr es eilig gehabt, reinzukommen. Ich würde mich fragen, ob es sie sehr irritiert hätte, als sie mich draußen sah. Sie schwieg ziemlich lange und sagte dann: »*Nicht, daß ich es gemerkt hätte. Es ist immer komisch, Sie draußen zu sehen. Aber früher hat mich so eine Situation viel mehr beunruhigt. Dieses Mal hat es mir nicht viel ausgemacht.*« Nach einer Weile sagte ich, ich würde überlegen, ob wir es vielleicht so verstehen könnten, daß sie in dem Moment, als sie mich draußen gesehen habe, sehr beunruhigt war, weil sie damit gerechnet hatte, daß ich im Haus sei und auf sie warte, statt draußen auf der Straße zu sein, erst recht so kurz vor dem Moment, an dem ich sie wegen meiner Ferien verlassen würde. Ich sagte, sie scheine sich heute der Zeit sehr bewußt zu sein und habe auf keinen Fall zu spät kommen wollen. Dann sagte ich, ich würde mich fragen, ob in diesem Moment etwas in ihr passiert sei, von dem sie gar nichts wisse, was ihr aber das Gefühl gegeben habe, im Haus sei eine Leiche. Dann fügte ich hinzu, vielleicht habe sie Mordimpulse mir gegenüber verspürt und deshalb geglaubt, ihre Gefühle hätten meinen Tod in diesem Haus herbeigeführt. Sie bejahte, ging aber nicht weiter darauf ein.

Dann fing sie an, vom Vorabend zu erzählen. Sie sei mit einem guten Freund bei einem Kollegen zum Essen gewesen. Insgesamt sei es ein schöner Abend gewesen. Aber auch dort habe sich ihre Angst vor Toten gemeldet. (Die Mutter dieses Kollegen sei vor einem Jahr gestorben, damals habe sie jeden Kontakt mit ihm vermieden.) Aber die meiste Zeit habe sie das Gefühl gehabt, ihre Angst unter Kontrolle zu haben. Als es am Abend kühler wurde, hatte ihr der Kollege einen Pulli angeboten. Sie konnte dieses Angebot nicht annehmen und fing an, ängstlich zu werden, weil sie an den Pulli und an seine tote Mutter dachte. Auf dem Heimweg hätten sie und ihr Freund über einen gemeinsamen Bekannten gesprochen. Es war dunkel. Ihr Freund sagte, dieser Bekannte höre manchmal für einen Moment irgendwelche Dinge und im nächsten Moment seien diese wieder verschwunden. Frau M. war sich unsicher, aber offensichtlich sprach ihr Freund über jemand, der halluzinierte. Meine Patientin hatte zu ihrem Freund gesagt: »Bitte hör auf damit … besonders jetzt in der Nacht. Es ist gespenstisch. Du kennst mich gut genug, um zu wissen, daß du über so etwas mit mir nicht reden solltest.« Ihr Freund hatte ironisch reagiert. Dann sprach Frau M. über eine Diskussion, die sie mit diesem Freund begonnen hatte. Es ging um einen kürzlich erschienenen wissenschaftlichen Artikel, in dem Wissenschaftler beschrieben, sie hätten irgendein Element entdeckt, ein Materieteilchen, das sogar noch schneller sei als Licht. Es müßte also nach Einsteins Theorie möglich sein, etwas wie die Umkehr der Zeit zu konzeptualisieren. Dann fuhr sie fort, damit könnten mystische Glaubensvorstellungen wie in östlichen Religionen vielleicht doch glaubhaft sein, und fügte hinzu: »Oh, welches Wort suche ich jetzt?« Sie bemühte sich eine ganze Weile. Ich sagte: »Reinkarnation?« Sie sagte: »Ja, natürlich« und wirkte irritiert, weil sie den Begriff vergessen hatte.

Ich sagte, sie wolle mir vielleicht sagen, daß in diesem Moment, den wir gerade zu verstehen versuchten, etwas ziemlich Gespenstisches in ihr passiert sei, und zwar rasend schnell, schneller als mit Lichtgeschwindigkeit, weshalb es so ängstigend sei. Das habe dazu geführt, daß sie im einen Moment sehr heftige Gefühle gehabt habe, weil ich nicht da war, wo sie mich erwartete und brauchte und dann im nächsten Moment geglaubt habe, im Haus sei eine Leiche. Ich sagte, möglicherweise hätte sie Angst, mich mit ihren Gedanken umgebracht zu haben.

Wenn es eine Reinkarnation gäbe, könnte das Leben einfach auf magische Weise weitergehen.

Sie schwieg und sagte nach einer Weile, ihre Freundin habe gestern etwas Ähnliches gesagt, es aber ganz anders ausgedrückt. Die Freundin habe überlegt, warum Analytiker nicht einen Stellvertreter als Ersatz zurücklassen, wenn sie weggehen. Ihre Freundin fand, das sei Patienten gegenüber nicht fair. Meine Patientin hatte gedacht: »*Warum eigentlich nicht? Ein Stellvertreter wäre doch eine gute Idee.*« Es war Zeit, aufzuhören. Beim Abschied gab ich ihr die monatliche Rechnung.

Die Mittwochssitzung, mitten am Vormittag:

Frau M. kam zwölf Minuten zu spät. Sie hätte am Morgen große Mühe gehabt, wach zu werden. Sie fühlte sich sehr schläfrig und wurde sehr schweigsam. Unter Anstrengung erwähnte sie, daß sie sich nach der gestrigen Sitzung wie ein Zombie gefühlt habe. Ihr Partner hatte festgestellt, sie sähe besser aus, nachdem sie etwas gegessen hatte. Nach einer längeren Pause sagte sie, sie habe unruhig geschlafen und viel geträumt, könne sich aber nur an ein kleines Traumstück erinnern:

Sie ist irgendwo, wo es Wasser gibt, vielleicht ist sie in einem Boot. Irgend etwas findet statt, ein Vortrag, oder vielleicht ist es auch eher eine Show oder so etwas in der Art. Sie ist irgendwie daran beteiligt. Aber dann verläßt sie den Raum, in dem der Vortrag oder die Show stattfindet und geht woanders hin. Sie sieht eine alte Frau. Sie weiß nicht, wer diese alte Frau ist, es könnte ihre Mutter sein, aber es ist nicht ihre Mutter. Sie weiß nicht, wer es ist. Aber dann sieht sie sich um und entdeckt auf dem Boot eine silbrige Abdeckung wie eine Linie, unter der Wasser ist. Aber eigentlich ist es gar kein Wasser, als sie genauer hinsieht. Es ist schrecklich, es ist Abwasser. Sie merkt, daß es sehr schlecht riecht, sogar ganz übel riecht. Sie denkt, diese alte Frau sollte hier nicht leben. Sie hat das Gefühl, jemand sollte sich bei den Behörden über die schrecklichen Umstände beschweren, unter denen diese Frau lebte.

Ihre Einfälle lauteten: Diese Frau könnte ihre Mutter sein, ist es aber nicht. Sie sieht anders aus, aber es ist eine ältere Person. Dann sagte sie, daß die Behörden vielleicht etwas mit ihrer Psychoanalyse zu tun hätten. Sie appelliere an die Analyse, diese Mutterfigur aus ihrem Elend zu erlösen. Sie sagte auch etwas zu dem Silber und meinte, es sei eine Art Abdeckung für das Abwasser gewesen, als sie genauer hingesehen habe. Sie verstehe nicht, um was es gehe, sagte dann aber, daß auch in früheren Träumen Wasser kontaminiert worden war, zu Abwasser wurde.

Ich sagte, meines Erachtens sei die Analyse das Boot, auf dem sie mit mir unterwegs sei. Aber im Moment gehe es vor allem um eine »Show« und zwar wegen der unmittelbar bevorstehenden Pause, in der ich allein wegfahren und sie zurücklassen würde. In ihrem Traum wolle sie mit dieser »Show« nichts zu tun haben und wende sich ab. Frau M. bejahte. Dann sagte ich, aber wenn sie sich abwende, finde sie sich an einem Platz wieder, an dem sie mit etwas Schrecklichem konfrontiert werde. Sie müsse mit schrecklichen Gefühlen leben, die ganz übel riechen. Sie fühle sich verdammt dazu, an einem Platz zu leben, der unerträglich sei, weil er voll sei mit solch dunklen Gefühlen und bösen Gedanken, die mit einem üblen Geruch behaftet sind. Sie sagte: »*Verdammt ist das richtige Wort.*« Allerdings sei es im Traum nicht sie gewesen, meinte sie. Sie verdamme die Tatsache, daß die alte Frau unter so erbärmlichen Umständen leben müsse, aber es sei nicht sie gewesen. Ich fragte, ob sie eine Idee hätte, wer die alte Frau sein könnte. Frau M. schwieg weiter. Ich sagte, vielleicht sei ich es. Angesichts der Tatsache, daß ich sie verlassen würde, wende sie sich von mir ab und verdamme mich nachdrücklich mit bösen Gedanken und verurteile mich sehr. Dann erschrecke sie, wenn ich wegen ihrer haßerfüllten Beschimpfungen zu einer verdreckten und völlig entwerteten alten Frau würde. Frau M. schwieg und sagte dann: »*Ja ... das macht Sinn. Aber diese Gefühle sind mir nicht bewußt. Alles was ich merke, ist der Geruch. Genaugenommen ist es ein Gestank. Es stimmt, niemand kann in so einem Dreck leben.*« Nach einer ziemlich langen Pause sagte sie: »*Aber ein kleines Kind würde doch bestimmt nicht so auf eine Trennung reagieren, indem es schlecht riechen würde, oder?*« Ich sagte: »Vielleicht wäre es genau das, was ein kleines Kind empfinden würde. Vielleicht hat das Kind in Ihnen das Gefühl, ich sei eine Mutter, der man nicht trauen könne, weil sie das Kind verläßt und weggeht, so daß Sie mich loswerden müssen wie ein Stück Dreck. Sie haben Angst, mich zu einem höchst elenden Leben in Dreck und Gestank verurteilt zu haben. Sie machen sich große Sorgen, daß Sie jetzt statt eines lebendigen Analytikers einen alten vor sich haben, der den Schmutz nicht überleben wird.«

Sie schwieg ziemlich lange, dann sprach sie über ihre Mutter und sagte, sie habe kürzlich über sie nachgedacht. Sie sei sehr traurig geworden und auch sehr müde, sie wisse, daß es zwischen ihr und ihrer Mutter immer noch etwas gebe, das überhaupt nicht geklärt sei. An dieser Stelle sagte ich, daß ich den Eindruck gewonnen hätte, daß es ihr immer sehr schwer gefallen sei, sich kritische Gedanken über ihre Mutter zu machen und sie zu verurteilen, weil sie fürchtete, sie damit zerstören zu können, weil sie so fragil gewesen sei. Frau M. reagierte sehr spontan und berichtete etwas bisher Unbekanntes und Wichtiges aus ihrer frühen Kindheit. Sie habe kürzlich von Freunden der Familie neue Informationen erhalten und erfahren, daß ihre ältere Schwester nicht erst gestorben sei, als sie, die Patientin, sechs Jahre alt war, sondern wahrscheinlich schon, als sie ungefähr drei war. Dann verknüpfte sie diesen Todesfall mit der Migration der Familie in ein neues Land. Sie wirkte verwirrt, als sie darüber sprach, in welchem Land sich Mutter und Vater damals aufhielten und von welchem der beiden sie während des Umzugs getrennt war. Gegen Ende der Sitzung sprach sie darüber, daß Vater und Mutter sich drei Monate Zeit für sich zu zweit genommen hätten, nachdem sie wieder zusammen waren, während ihr Bruder und sie bei Freunden untergebracht waren. Sie verknüpfte diese Trennung mit einer Erinnerung, in der sie sich angewidert von ihrer Mutter abwandte, als diese sie umarmen wollte. An dieser Stelle war die Sitzung zu Ende. Danach verbrachte Frau M. ziemlich viel Zeit im Bad mit Händewaschen, beim Weggehen ließ sie die Badezimmertür offen und das Licht an, womit sie ihre große Angst vor einer Kontamination deutlich machte.

Die Donnerstagssitzung, mitten am Vormittag:

Frau M. kam wieder zwölf Minuten zu spät. Sie überreichte mir einen Scheck, der ganz zerknittert war. Sie sagte, sie habe sich sehr schläfrig gefühlt, es sei schwer gewesen zu kommen. Nach der gestrigen Sitzung sei sie sich wie ein Zombie vorgekommen. Als sie das sagte, wirkte sie längst nicht so zögerlich wie in der vorangegangenen Sitzung. Sie habe sich am Nachmittag schlafen gelegt, danach sei alles nur schwierig gewesen. Auf dem Heimweg gestern habe sie zwei Leute vorbeigehen sehen, die sehr lebhaft wirkten, und gedacht: »*So muß es sich anfühlen, wenn man richtig wach ist.*« Dann sagte sie, immerhin sei es ihr auf dem Heimweg gestern für ein paar Augenblicke auch so gegangen. Sie war »*richtig da*«. Aber das sei dann wieder verschwunden, und dann sei sie ins Bett gegangen.

Ich sagte, gestern sei sie in unserer Sitzung auch sehr munter und lebendig geworden und habe viele Einfälle über ihre Vergangenheit gehabt und sie zusammengesetzt. Ja, das stimme, sagte sie, aber sie frage sich, warum. Vielleicht, sagte ich, weil das, worüber wir gestern sprachen, sie erreicht habe. Wenn ich hier sei und ihr helfe, bekomme sie das Gefühl, wir seien ein lebendiges Paar. Sie gab keine Antwort. Sie sprach über die Erleichterung, die sie empfunden habe, als sie realisierte, daß zwischen dem Tod ihrer beiden Geschwister vielleicht nur vier Jahre vergangen seien und nicht sieben, wie sie immer gedacht hatte. Dann erwähnte sie, wie schwierig sie es finde, sich für all die Arbeit zu bedanken, die ich im letzten Jahr mit ihr geleistet hätte, wie sie wisse. Aber sie könne keine Dankbarkeit empfinden, sagte sie, und fühle sich schrecklich deshalb. Ich ging darauf ein und griff das Bild aus ihrem Traum auf, um mit ihr darüber zu sprechen, wie sie mir heute das Silber ihres Schecks gebracht habe, unter dem ihr Gefühl verborgen sei, daß das analytische Wasser, in dem wir schwimmen würden, von ihren üblen Verurteilungen und Beschimpfungen mir gegenüber kontaminiert sei, weil ich sie wie ihre Mutter und ihr Vater verlassen und weggehen würde. Außerdem sagte ich, daß sie ihre Urteile über mich wie einen sehr üblen Geruch erlebe und angewidert sei von mir. Dies verknüpfte ich damit, daß ihr Scheck so zerknittert war. Sie antwortete, daß es ihr immer noch sehr großes Unbehagen bereite, wie sie sich mir gegenüber fühle. Daraufhin meinte ich, daß sie mir wenigstens nicht vormache, sich anders zu fühlen. Das bedeute möglicherweise, daß sie das Gefühl habe, eine Mutter, einen Analytiker zu haben, der sich nicht so leicht unterkriegen lasse und belastbar genug sei, um auf ihre Beschimpfungen und ihr Angewidertsein einzugehen.

Diskussion

Ich möchte nun anhand des Materials aus diesen drei Sitzungen zwischen der schizoiden und der zwanghaften Organisation meiner Patientin differenzieren. Außerdem möchte ich Hypothesen über bestimmte Beziehungen zwischen diesen beiden Organisationen formulieren.

Paranoide Ängste und symbolisches Ungeschehenmachen

Nach der ersten Sitzung fragte ich mich, ob ich zu weit gegangen war, als ich meiner Patientin gegenüber so direkt geworden war und ihre Angst vielleicht zu sehr geschürt hatte, insbesondere angesichts der bevorstehenden Pause. Aber sie hatte es sich zum ersten Mal erlaubt, ihre Angst vor einem Toten so direkt in das analytische Setting einzubringen. Als ich ihr deutete, sie habe mich in Gedanken umgebracht, hatte sie unmittelbar reagiert. Sie sprach über einen Studenten, der in einer psychotischen Verfassung war und halluzinierte. Das hatte sie erschreckt und war ihr gespenstisch vorgekommen, besonders weil es Nacht war. Anscheinend war ich in diesem Moment in der Sitzung der Freund, der ein gespenstisches Thema aufgebracht hatte, das in ihr eine paranoide Angst ausgelöst hatte, die mit ihrer Furcht vor der Berührung eines Toten verknüpft war. Um mit ihrer Angst fertig zu werden, hatte Frau M. sehr verkopft reagiert. Es zeigte sich nicht zum ersten Mal, daß Frau M., wenn sie sehr ängstlich wird, anfängt, über Quantenphysik zu reden. Sie war immer an solchen Themen interessiert gewesen. Allerdings hatte ich den Eindruck, daß ihr abrupter Sprung zu wissenschaftlichen Vorstellungen ein verzweifelter Versuch war, die Angst zu bewältigen, die meine Deutung in ihr ausgelöst hatte und gleichzeitig genau diese Angst zum Ausdruck brachte.

Ihr Rückgriff auf abstrakte Überlegungen wirkt wie eine Illustration der Beobachtung Freuds, daß die Angst des Zwangskranken vor der Omnipotenz seiner eigenen Gedanken seine Abhängigkeit vom Denken noch verstärkt und erklärt, warum grüblerisches Abstrahieren eine solche Anziehungskraft hat. Aber das Material, über das die Patientin sprach, war auch thematisch sehr relevant. Sie sprach über einen Artikel, der damals in der Zeitung erschienen war. Das Bild von den Lichtteilchen, die sich so schnell bewegen, daß sie die Zeit umkehren könnten, läßt sich sehr gut verwenden, um die rasend schnell mit Lichtgeschwindigkeit ablaufenden schizoiden mentalen Fragmentierungsprozesse und die gewaltsame projektive Identifizierung zu beschreiben, die dazu führen, daß man unmöglich wahrnehmen und verbalisieren kann, was sich gerade ereignet hat. Ein Prozeß dieser Art kann dazu führen, daß aus der frustrierenden Erfahrung des Übergangenwerdens und des schmerzvollen Ausgeschlossenseins ein *bizarres Objekt* wird wie die Vorstellung, im Haus befinde sich eine Leiche, die aber von mörderischer Feindseligkeit durchsetzt ist und deshalb Panik auslöst. So intellektuell Frau M. in diesem Moment war, drückte sie damit doch auch eine prototypische Zwangsphantasie aus, nämlich etwas symbolisch in die Tat umzusetzen und dann ungeschehen zu machen. Wenn ihre Gedanken mich so schnell umbringen konnten, war es gleichzeitig möglich, mit Hilfe der Quantenphysik das Geschehene rückgängig zu machen und mich mit demselben Tempo wieder lebendig werden zu lassen. Auf diese Weise war die Panik, mit einem Toten in Berührung gekommen zu sein, magisch wieder aufgehoben, oder, wie Freud es ausgedrückt hat, wie »weggeblasen«.

Ihre letzte Assoziation war eine Bestätigung für dasselbe Wunschdenken. Wenn Analytiker durch Stellvertreter ersetzt werden könnten, wenn sie weg sind, müßten sie nicht umgebracht werden, und sie müßte sich nicht in den Schlaf zurückziehen. Dann müßte sie sich nicht der Trennungssituation und der dadurch ausgelösten primitiven Feindseligkeit und dem Haß stellen und sich nicht psychisch damit auseinandersetzen. Ihr Ton war vorwurfsvoll und etwas indigniert, er implizierte, daß es eine Ebene gab, auf der sie nicht ganz einsehen konnte, warum es keinen Stellvertreter für mich geben sollte.

Pathologische projektive Identifizierung, Versagen des Containments und die Intrusion in den Analytiker

Nach Bion trägt ein Versagen des mütterlichen Containments entscheidend zur Ausbildung pathologischer schizoider Mechanismen bei (z. B. 1959). In meiner Arbeit mit Frau M. hatte ich die Hypothese entwickelt, daß ihre Mutter wahrscheinlich nicht in einer psychischen Verfassung gewesen war, in der sie die feindseligen und tödlichen Triebregungen ihres Säuglings hätte verarbeiten können. Es könnte sein, daß meine Patientin ihre emotional abwesende Mutter, die innerlich mit einem toten Kind beschäftigt war, wegen ihrer eigenen feindseligen und mörderischen Triebregungen als innerlich tot erlebt hat.

Ich möchte noch darauf eingehen, wie ich mich vor der Sitzung mit der Patientin im Lift gefühlt hatte. Meines Erachtens zeigte sich hier in meiner Gegenübertragung eine Erfahrung, die einer gewaltsamen projektiven Identifizierung entsprach. Obwohl ich mit Frau M. noch kein Wort gewechselt hatte, fühlte ich mich bedrängt und reagierte mit einem unangenehmen Gefühl der Irritation. Ich fühlte mich unter Druck gesetzt und zur Eile gedrängt, als wäre ich ertappt worden. Die Intensität meiner Reaktion beunruhigte mich, ich ermahnte mich selbst mit der rationalen Überlegung, daß ich noch nicht einmal wüßte, ob meine Patientin mich vor dem Gebäude gesehen hatte, ich also gar keinen Anlaß hätte, so massiv zu reagieren. Erst als sie sagte, sie habe beim Reinkommen die Idee gehabt, im Haus könnte ein Toter sein, gestand ich mir zu, mein Gegenübertragungserleben ernst zu nehmen und suchte nach einer Möglichkeit, es in meine

Deutungen einzubeziehen. Mein Gefühl, sehr bedrängt zu werden, hatte sich im Zusammenhang mit dem Auftreten des zentralen Symptoms meiner Patientin eingestellt, was meine Auffassung noch bekräftigte, daß ihre Angst vor der Berührung eines Toten das Ergebnis einer machtvollen und gewaltsamen Spaltung und einer projektiven Identifizierung war, die sich mit Lichtgeschwindigkeit ereignete. Das führte dazu, daß unmittelbar sich einstellende Gedanken und Gefühle über eine Mutter/einen Analytiker, die ganz massiv als nicht anwesend erlebt wurden, insbesondere angesichts der bevorstehenden Ferienpause nicht symbolisiert werden konnten. Sie wurden zu einem Ding, genauer gesagt zu einem Ding, das mit Tod gefüllt ist: einer Leiche, die sich im Gebäude befand.

Ich nehme an, daß sich Frau M. sehr provoziert fühlte, als sie mich vor dem Haus sah. Ihr Traum am nächsten Tag legt die Vermutung nahe, daß sie glaubte, ich würde eine Show veranstalten, indem ich zu einem Zeitpunkt außerhalb des Hauses war, als eine lange Unterbrechung bevorstand – also zu einer Zeit, als der kindliche Teil in ihr sich damit auseinandersetzen mußte, daß ich nicht da bin, wo sie mich erwartet und in der Tat auch braucht. In diesem Moment passierte mit ihrem Erlebnis, mich gesehen zu haben, etwas Gewaltsames. Ich wurde zum Empfänger dessen, was geschehen und in mich projiziert worden war. Möglicherweise gibt es eine Verbindung zwischen dem, was projiziert wurde, und meinem Gefühl, von meiner Patientin verurteilt, genötigt und ertappt worden zu sein. In ihrem Traum und in den beiden darauf folgenden Sitzungen spielen die Vorstellung von einem gnadenlosen Urteil und einer heftigen Verdammung eine herausragende Rolle. Diese heftige Verurteilung zeigte sich implizit auch in der Tatsache, daß ich mir vorkam wie im Klammergriff von etwas sehr Mächtigem, ähnlich vielleicht wie in der Umklammerung durch eine Boa constrictor. Ich möchte allerdings auch darauf hinweisen, daß die Art von schizoider Abwehr, die meines Erachtens der zwanghaften Angst meiner Patientin vor Toten zugrundeliegt, im Traum nicht psychisch repräsentiert wurde. Ich denke, daß in diesem Traum nur solche Traumgedanken für die Traumarbeit zugänglich waren, die für das Register der anal-sadistischen Symbolisierungen typisch sind, das die Trennungserfahrung in einem anal-sadistischen Modus strukturiert. Dagegen führte die Wirkungsweise schizoider Mechanismen zu zwei eklatanten Ergebnissen. Zum einen bewirkten sie, daß ich die Patientin intrusiv erlebte; zum anderen lösten sie die Zwangsbefürchtung aus, es sei jemand im Haus gestorben, sowie die mit einer solchen Vorstellung einhergehende Panik.

Es ist interessant, über dieses Zwangssymptom nachzudenken. Es ist allgemein anerkannt, daß eines der Kennzeichen einer zwanghaften psychischen Verfassung darin besteht, daß Gedanken und Phantasien wie vollzogene Handlungen erlebt werden, was mit der Omnipotenz des Denkens bei Zwangskranken verknüpft ist. Allerdings verlangt diese Beobachtung Freuds (1909) nach einer Erklärung. Warum findet sich die Gleichsetzung einer Phantasie mit einer Handlung eher bei zwanghaften als bei hysterischen oder phobischen Patienten, wenn man bedenkt, daß bei diesen die psychische Realität für die Entstehung ihrer Symptome eine ebenso dominante Rolle spielt? Möglicherweise könnte bei Frau M. die Erklärung darin zu suchen sein, daß die Entstehung ihrer Zwangssymptomatik von Omnipotenz durchdrungen war, weil ihr hochgradig omnipotente pathologische schizoide Prozesse zugrundelagen. Der Tote, vor dem sich Frau M. fürchtet, ist nicht nur tot. Was sie fürchtet, ist ein *bizarres Objekt,* ein Körper, der zwar tot ist, aber durchsetzt von einem höchst lebendigen und sich bösartig rächenden Haß oder mit einem erbarmungslosen, höchst sadistischen Urteil oder ausgestattet mit der Fähigkeit, sie psychisch zu zerreißen. Diese Aspekte können als Aspekte ihrer eigenen unerträglichen Trennungserfahrung verstanden werden, die einem gewaltsamen Fragmentierungsprozeß und projektiver Identifizierung unterzogen wurde. Die Angst meiner Zwangspatientin galt nicht nur ihren Gedanken und Phantasien, sondern mehr noch der omnipotenten Art und Weise, in der ihre Gedanken, Phantasien und Erfahrungen erst verstümmelt und fragmentiert und dann mit Nachdruck in ein Objekt projiziert wurden, das danach mit einem Konglomerat dieser fragmentierten Stücke oder Teilchen durchsetzt war, so daß es zu einem *Ding* wurde, das *mit Totem angefüllt* war. Vielleicht ist es das Gewaltsame und Omnipotente an einem solchen Prozeß, das aus einer Phantasie eine Tat macht.

Man könnte auch annehmen, daß die Angst vor Kontamination etwas mit dem Ausmaß der eingetretenen Fragmentierung zu tun hat. Kontamination gehört zu einer höheren Stufe des Registers der analen Symbolik und ist ein intrinsisches Merkmal der Zwangsorganisation. Frau M.s Angst vor Toten tritt oft in Form einer Angst vor Kontamination auf, die dazu führt, daß sie mit Zwangsmechanismen, z. B. einem Waschzwang, damit fertigzuwerden versucht. Aber ich denke, daß es sich bei diesen Ängsten, ausgehend von den schizoiden Mechanismen, im Grunde um primitivere Ängste vor Fragmentierung handelt. Diese schizoiden Prozesse wirken sich allerdings in einer Weise verstümmelnd auf psychische Vorgänge aus, daß die Fähigkeit zur Symbolisierung drastisch beeinträchtigt wird. Bei Frau M. kann man sehen, wie die Zwangsorganisation und das Register der analen Symbolik eine eher schizoide Ebene des Funktionierens zu organisieren versuchen und dieser in ihrem Traum eine symbolische Form zu geben versuchen. Wenn die schizoiden Prozesse in der Dienstagssitzung zu der Angst vor einem Toten in dem Gebäude führen und zu meinem intrusiven Gegenübertragungserleben, löst der Traum in derselben Nacht das beunruhigende Bild einer Mutterfigur aus, die nicht tot war, sondern verdreckt, kontaminiert und dazu verdammt, unter erbärmlichen, ungesunden Bedingungen zu leben, die sich aus den »fäkalisierten« Urteilen der Patientin und der Verdammung einer Mutter ergaben, die in einer »Show« involviert war, aus der sie ausgeschlossen war.

In einer frühen Arbeit beschreibt Hanna Segal (1954), wie ihre Patientin mit Hilfe einer phobischen Lösung ihr Fragmentierungserleben zu halten versuchte. Ihre Patientin entwickelte eine Phobie vor Menschenansammlungen aus dem Versuch heraus, so die projizierte Erfahrung einer Fragmentierung zu bündeln. Ich denke, daß bei Frau M. zu beobachten ist, wie eine Zwangsorganisation, zu der die Angst vor Kontamination und der Waschzwang gehören oder der Appell an die Behörden im Traum, die Mutter aus der schmutzigen Umgebung rauszuholen, in der sie lebt, als der zwanghafte Versuch verstanden werden kann, eine eher primitive psychische Realität, die durch Fragmentierung, Bizarres und Unbenennbarkeit gekennzeichnet ist, zu organisieren. Frau M. schien die Unterscheidung zwischen diesen beiden Ebenen intuitiv zu erfassen, als sie anmerkte, daß mit Kontamination nicht wirklich erfaßt sei, wovor sie sich fürchte.[2] Die Zwangsorganisation und das Register der analen Symbolik versuchen sozusagen mit dem auszukommen, was zur Verfügung steht. Mit Fragmentierung wird dann umgegangen, als sei sie eine Kontamination. Diese zwanghafte Lösung hat es an sich, daß sie funktioniert und gleichzeitig auch nicht. Eine fragmentierte, verwirrende und ängstigende seelische Landschaft erhält so eine plausiblere und zugänglichere Ordnung. Aber sie funktioniert gleichzeitig auch nicht, weil die zwanghafte Abwehr die zugrundeliegende Fragmentierung nicht zusammenhalten kann, so daß ständig ein »Leck« droht.

---

2 Später in der Analyse wurde klarer, daß wir es mit einer paranoiden Angst vor *tödlichem Staub* zu tun hatten, was an eine Form von Spaltung denken läßt, die eher einer *Pulverisierung* ähnelt als einer Fragmentierung.

Ausgehend von Frau M.s Fall liegt die Annahme nahe, daß es eine direkte Beziehung zwischen der Schwere einer Zwangsstörung und der Schwere der ihr zugrundeliegenden schizoiden Prozesse gibt. Um noch einmal Anna Freuds Ausführungen über das »verwirrende Spektrum der Zwangsneurosen« aufzugreifen, könnte man Frau M. als eine Patientin bezeichnen, deren schwere Zwangsstörung deutlich schizoide Züge zeigt. Die klassische Sichtweise, bei der unterstrichen wird, daß die Ätiologie einer Zwangsstörung in der Regression der phallisch-ödipalen Fixierung zur anal-sadistischen Fixierung zu sehen ist, reicht nicht aus, um diese schizoiden Merkmale zu erklären. Allerdings lassen sich viele der in der klassischen Sichtweise enthaltenen Einsichten sinnvoll in Kleins weitergehende Auffassung integrieren, daß die zwanghafte Abwehr während der kindlichen Entwicklung eine wichtige Alternative zur manischen Abwehr ist. Obwohl Klein diese These noch vor der Formulierung ihrer Theorie der paranoid-schizoiden Position aufstellte (Klein 1935, 1940), wird damit der zwanghaften Abwehr ein sehr wichtiger Status im Umgang mit primitiveren Ängsten eingeräumt. In dieser Arbeit habe ich versucht, eine Wiederannäherung an die früheren schizoiden Mechanismen zu erreichen.

Die anal-sadistische Fixierung und die zwanghafte Abwehr

Segal (1957) und Bion (1957) haben beide die Auffassung vertreten, daß ein bestimmter Erfahrungsbereich nicht zur Symbolisierung zur Verfügung steht, wenn pathologische schizoide Mechanismen wirksam sind. Der Traum, den Frau M. am Mittwoch erzählte, ist faszinierend, weil sie überhaupt einen Traum zu berichten hatte. Ich habe bereits darauf hingewiesen, daß die für die Entstehung dieses Traums zur Verfügung stehenden Traumgedanken vor allem der anal-sadistischen Fixierung meiner Patientin entstammen. Unsere unmittelbar bevorstehende Trennung, die noch dadurch erschwert wurde, daß ich außerhalb des Gebäudes am Tag zuvor eine »Show« veranstaltete, weckte Phantasien über die Ur-»Show« oder Urszene. Im Traum wandte sie sich von dieser Urszene ab, was mit einer Spaltung des Elternpaares einherging und dazu führte, daß sie insbesondere das mütterliche Objekt einer scharfen und entrüsteten moralischen Verdammung unterzog. Dieses moralische Urteil »du bist ekelhaft, du riechst, du bist schmutzig« ist eindeutig anal. Der mütterliche Verrat, der mit Macht wachgerufen worden war, als sie mich am Tag zuvor draußen gesehen hatte, führt zu einer Art von »Sphinkter-Tribunal«, bei dem die Mutterfigur dazu verdammt wird, in einem menschenunwürdigen Dreck, in dem man eigentlich nicht überleben kann, ihr Leben zu fristen. Diese Situation kann als massiver anal-sadistischer Angriff auf das Elternpaar verstanden werden.

Darüber hinaus zeigt ein wichtiger Aspekt der Rekonstruktion ihrer eigenen Kindheit, die Frau M. in dieser Sitzung herstellte, wie schmerzlich die Wiedervereinigung ihrer Eltern für sie war. Daß sie sich angewidert von der Umarmung ihrer Mutter abwandte, scheint in ihrem Erleben eine Folge der Wiedervereinigung ihrer Eltern zu sein, wegen der sie sich als Kind kläglich ausgeschlossen gefühlt hatte. Sich von einer »widerlichen« Mutter abzuwenden, erlebte sie in der Übertragung mit mir von neuem. Was wir hier sehen können, ist nicht ein manischer Raubüberfall auf den Verkehr der Eltern, sondern eher eine mit Gewalt herbeigeführte Trennung der Eltern, eine anale Entwertung ihrer Beziehung und ein gnadenloser anal-sadistischer Angriff insbesondere auf das mütterliche Objekt, das unter ungesunden Bedingungen leiden soll. Bei diesem Angriff ist auch die Verbindung zwischen der Patientin und ihrem Analytiker/ihrer Mutter, das analytische Wasser, in dem wir schwimmen, kontaminiert und in Abwasser verwandelt worden, in dem Leben und Überleben bedroht sind. Im Moment des Bezahlens war die analytische Verbindung in ein Pastiche verwandelt worden, das von außen betrachtet wie wertvolles Silbermetall wirkte, das aber eigentlich nur den darunterliegenden Schmutz überdeckte. Man denke an den sehr zerknüllten Scheck.

Angesichts des Dilemmas, daß sie ihr Objekt besudelt und dazu verdammt hat, in schrecklichem Dreck zu leben, wendet sich Frau M. an die Behörden/den Vater, der zu Hilfe kommen und ihr Objekt von dem Leiden befreien soll, das sie ihm zugefügt hat. Es war Frau M. klar, daß sich ihr Appell an die Analyse richtete. An dieser Stelle ist es wichtig, darauf hinzuweisen, daß wir an ähnlichen Träumen schon viel erarbeitet hatten, in denen eine Trennungserfahrung, beispielsweise am Wochenende, Traummaterial ausgelöst hatte, in dem Wasser oder eine Straße, die die analytische Beziehung symbolisierten, sich verfinstert hatten oder schwer kontaminiert und nicht wiederzuerkennen waren. Durch unsere Arbeit war eine sehr beunruhigende und verwirrende innere Landschaft verstehbar geworden. In ähnlicher Weise hatten meine Deutungen in dieser Sitzung bei Frau M. zu einer Erleichterung geführt. Allerdings hatte sich die Deutung des kontaminierten Zustands unserer Beziehung auch manchmal angefühlt, als ob analytische Deutungen eine Art symbolischen Ungeschehenmachens für das geworden waren, was sie in der Phantasie angerichtet hatte.

Daraus ergibt sich für mich eine technische Frage, weil das analytische Fokussieren auf dem anal-sadistischen Register, das so spürbar und unvermeidlich ist, nicht die zugrundeliegenden schizoiden Prozesse erfassen kann. Das anal-sadistische Register fäkaler Angriffe und die Kontamination können einige der Merkmale der primitiveren schizoiden Prozesse erfassen, die zu einer Fragmentierung in kleine Teile und deren Projektion in ein Objekt führen. Sowohl für das anal-sadistische wie das schizoide Register ist das Zerbrechen in kleine Teile und deren Ausstoßung kennzeichnend. Aber das Funktionieren auf einer primitiveren schizoiden Ebene kann keinen gut ausgeformten Traum hervorbringen. Es kann ein Universum schaffen, ein Universum, in dem eine Trennungserfahrung sich für meine Patientin in ein bizarres Objekt verwandelt hatte – ein sie in Panik stürzender Toter, der von ihren fragmentierten psychischen Teilchen durchsetzt war.

Abschließend möchte ich darauf hinweisen, daß die Unterscheidung zwischen Schlafen und Saubermachen auch als diesen beiden verschiedenen Organisationen zugehörig verstanden werden kann. Mir war mittlerweile vertraut, welchen Sog der Schlafzustand sowohl innerhalb wie auch außerhalb der Sitzungen auf Frau M. ausüben konnte. Schlaf bedeutet für Frau M. eine Zuflucht, einen Rückzugsort aus der Welt des Wachseins und den Gefahren, die das Wachsein mit sich bringt. Es könnte auch sein, daß ihr Schlaf die omnipotente Phantasie verkörpert, mit dem mütterlichen Raum verschmolzen zu sein oder sich in ihm zu befinden, wie dies ohnehin im Schlaf repräsentiert ist, so daß die Trennungserfahrung und die dadurch ausgelösten tödlichen Gefahren vollständig aufgehoben sind. Saubermachen ist dagegen offensichtlich die Form, in der eine zwanghafte Wiedergutmachung in der Beziehung zu dem kontaminierten Objekt stattfindet. Frau M. wäscht sich oft sofort nach der Sitzung die Hände, wie sie es auch nach der Mittwochssitzung tat. Ich habe schon darauf hingewiesen, daß auch die analytische Arbeit selbst zum Äquivalent eines Säuberungsrituales werden kann. Das Saubermachen ist der Versuch, den kontaminierten Zustand ungeschehen zu machen. Es ist offensichtlich nicht ganz so drastisch wie der narzißtische Rückzug in einen Zustand des Nichtwachseins, der Frau M. vor den primitiveren paranoiden Ängsten bewahrt, die die Berührung eines Toten in ihr auslösen.

Zusammenfassung

Der Autor vertritt in dieser Arbeit die Auffassung, daß ein theoretischer Bezugs-rahmen formuliert und mit Gewinn angewandt werden kann, der sowohl auf den zentralen Grundannahmen der klassischen Sichtweise der Zwangsstörungen beruht als auch auf den weniger bekannten frühen Ansichten Melanie Kleins über Zwangsmechanismen sowie ihrer späteren Auffassung, daß die zwanghafte Abwehr eine Alternative zur manischen Abwehr darstelle. Mit diesem erweiter-ten Konzept untersucht er die Zwangsorganisation, mit deren Hilfe eine Patien-tin mit einer schweren Zwangsstörung das ihrer Störung zugrundeliegende und durch die Auswirkungen pathologischer schizoider Mechanismen fragmentierte psychische Universum zu organisieren und mit ihm zurechtzukommen ver-suchte. Der Autor entwickelt die Hypothese, daß es einen direkten Zusammen-hang zwischen der Schwere der Zwangsstörung und dem Ausmaß der zugrunde-liegenden schizoiden Mechanismen gibt. Darüber hinaus zeigt er nicht nur die zugrundeliegende psychische Landschaft, die von Fragmentierung und bizarren Objekten beherrscht wird und in der auf drastische Weise jede Symbolisierung durch die Auswirkungen pathologischer projektiver Identifizierungen und For-men der Fragmentierung und Spaltung beeinflußt wird, sondern auch, wie durch das Register der anal-sadistischen Symbole die Symbolisierung der inneren Welt sich weiter entwickeln und an Plausibilität gewinnen kann. Dabei setzt sich der Autor mit der inhärenten Frage auseinander, wie der pathologische Kern schwe-rer Zwangsstörungen zugänglich gemacht werden kann.

Summary

Obsessional Dread of the Dead: The Relations Between Obsessional and Schizoid Organisations

In this paper the author holds the view that it is possible and advantageous to formulate a theoretical framework which relies both on the central tenets of the classical viewpoint on obsessive-compulsive disorders and also on the not-so-well-known early views of Melanie Klein on obsessional mechanisms and her later notion of the obsessional defence as an alternative to the manic defence. With this enlarged conception he proceeds to explore the way in which a patient suffering from a severe obsessive-compulsive disorder made use of an obsessional organisation to organise and to deal with an underlying fragmented psychic universe owing to the operation of pathological schizoid mechanisms. He develops the hypothesis that the severity of the obsessional disorder bears a direct relation to the severity of the underlying schizoid mechanisms. He also shows how the anal-sadistic symbolic register gives a more advanced symbolic shape and plausibility to an underlying psychic landscape dominated by fragmentation and bizarre objects and in which symbolisation has been drastically affected by the operation of pathological projective identification and forms of fragmentary splitting. In this way the author addresses the issue of the inherent difficulty of getting hold of the pathological core in severe obsessive-compulsive disorders.

Literatur

Abraham, K. (1924 [1982]): Versuch einer Entwicklungsgeschichte der Libido auf Grund der Psychoanalyse seelischer Störungen. In: *Gesammelte Schriften,* hg. von J. Cremerius, Band II, Frankfurt am Main: Fischer Taschenbuch Verlag, 32 – 102.

Alexander, F. (1948): *Fundamentals of psychoanalysis.* New York: W. W. Norton.

Bion, W. R. (1956): Development of schizophrenic thought. In: *Int. J. Psycho-Anal.* 37, 344 – 346.

— (1957): Differentiation of the psychotic from the non-psychotic personalities. In: *Int. J. Psycho-Anal.* 38, 266 – 275. Dt.: Zur Unterscheidung von psychotischen und nicht-psychotischen Persönlichkeiten, übers. von E. Vorspohl. In: E. Bott Spillius (Hg.): *Melanie Klein Heute,* Bd. 1, Stuttgart, 3. Aufl.: Klett-Cotta 2002, 75 – 99.

— (1959 [1967]): Attacks on linking. In: *Second Thoughts,* New York: Jason Aronson, 93 – 109. Dt.: Angriffe auf Verbindungen, übers. von E. Vorspohl. In: E. Bott Spillius (Hg.): *Melanie Klein Heute,* Bd. 1, Stuttgart, 3. Aufl.: Klett-Cotta 2002, 110 – 129.

Britton, R. (1989): The missing link: parental sexuality in the Oedipus complex. In J. Steiner (ed.): *The Oedipus Complex Today.* London: Karnac Books. Dt.: Die fehlende Verbindung: die Sexualität der Eltern im Ödipuskomplex, übers. von E. Vorspohl. In: J. Steiner (Hg.): *Der Ödipuskomplex in der Schule Melanie Kleins.* Stuttgart: Klett-Cotta 1998, 95 – 116.

Couve, C. (2001): Obsessional Dread of the Dead: The Relation between Obsessional and Schizoid Organisations. In: *The Bulletin of The British Psycho-Analytical Society,* vol. 36, Nov. 2001.

Fenichel, O. (1934): *Outline of clinical psychoanalysis*. London: Routledge & Kegan Paul.

Freud, A. (1966): Obsessional neurosis: A summary of psychoanalytic views presented at the Congress. In: *Int. J. Psycho-Anal.* 47, 116–122. Dt.: Psychoanalytische Theorien über Zwangsneurose. Eine Zusammenfassung. In: *Die Schriften der Anna Freud*, Bd. VI. Fischer: Frankfurt am Main, 1839–1857.

Freud, S. (1909 d): Bemerkungen über einen Fall von Zwangsneurose [»Der Rattenmann«]. In: *GW* 7, 379–463.

— (1913 i): Die Disposition zur Zwangsneurose. Ein Beitrag zum Problem der Neurosenwahl. In: *GW* 8, 441–452.

— (1926 d): Hemmung, Symptom und Angst. In: *GW* 14, 111–205.

Hinshelwood, R. (1989): *A Dictionary of Kleinian Thought*. London: Free Associations Press. Dt.: *Wörterbuch der kleinianischen Psychoanalyse*, übers. von E. Vorspohl. Stuttgart: Verlag Intern. Psychoanalyse 1993.

Klein, M. (1932 a): The relations between obsessional neurosis and the early stages of the superego. In: Dies.: *The Writings of Melanie Klein*, vol. II, eds. R. Money-Kyrle/B. Joseph/E. O'Shaughnessy/H. Segal. London: Hogarth Press 1975. Dt.: Frühstadien des Ödipuskonfliktes und der Über-Ich-Bildung, übers. von E. Vorspohl. In: Dies.: *Gesammelte Schriften*, Bd. II., hg. von R. Cycon. Stuttgart: frommann-holzboog 1997.

— (1932 b): An obsessional neurosis in a six-year old girl. In: Dies.: *The Writings of Melanie Klein*, vol. II, eds. R. Money-Kyrle/B. Joseph/E. O'Shaughnessy/H. Segal. London: Hogarth Press 1975. Dt.: Die Zwangsneurose eines sechsjährigen Mädchens, übers. von E. Vorspohl. In: Dies.: *Gesammelte Schriften*, Bd. II, hg. von R. Cycon. Stuttgart: frommann-holzboog 1997.

— (1935): A contribution to the genesis of manic-depressive states. In: Dies.: *The Writings of Melanie Klein*, vol. I, eds. R. Money-Kyrle/B. Joseph/E. O'Shaughnessy/H. Segal. London: Hogarth Press 1975. Dt.: Beitrag zur Psychogenese der manisch-depressiven Zustände, übers. von E. Vorspohl. In: Dies.: *Gesammelte Schriften*, Bd. I, 2, hg. von R. Cycon. Stuttgart: frommann-holzboog 1996.

— (1940): Mourning and its relation to manic-depressive states. In: Dies.: *The Writings of Melanie Klein*, vol. I, eds. R. Money-Kyrle/B. Joseph/E. O'Shaughnessy/H. Segal. London: Hogarth Press 1975. Dt.: Die Trauer und ihre Beziehung zu manisch-depressiven Zuständen, übers. von E. Vorspohl. In: Dies.: *Gesammelte Schriften*, Bd. I, 2, hg. von R. Cycon. Stuttgart: frommann-holzboog 1996.

— (1952 b): Some theoretical conclusions regarding the emotional life of the infant. In: Dies.: *The Writings of Melanie Klein*, vol. III, eds. R. Money-Kyrle/B. Joseph/E. O'Shaughnessy/H. Segal. London: Hogarth Press 1975. Dt.: Theoretische Betrachtungen über das Gefühlsleben des Säuglings, übers. von E. Vorspohl. In: Dies.: *Gesammelte Schriften*, Bd. III, hg. von R. Cycon. Stuttgart: frommann-holzboog 2000, 105–156.

— (1957): Envy and gratitude. In: Dies.: *The Writings of Melanie Klein*, vol. III, eds. R. Money-Kyrle/B. Joseph/E. O'Shaughnessy/H. Segal. London: Hogarth Press 1975. Dt.: Neid und Dankbarkeit. Eine Untersuchung unbewußter Quellen, übers. von E. Vorspohl. In: Dies.: *Gesammelte Schriften*, Bd. III, hg. von R. Cycon. Stuttgart: frommann-holzboog 2000, 279–368.

Nagera, H. (1976): *Obsessional neuroses*. New York: Jason Aronson.

Rosenfeld, H. (1950): Notes on the psychopathology of confusional states in chronic schizophrenia. In: *Int. J. Psycho-Anal.* 31, 132–137. In: Ders.: *Psychotic States: A Psycho-Analytical Approach*. London: Hogarth Press 1965. Dt.: Zur Psychopathologie von Verwirrtheitszuständen bei chronisch Schizophrenen, übers. von C. Kahleys-Neumann. In: Ders.: *Zur Psychoanalyse psychotischer Zustände*. Frankfurt am Main: Suhrkamp 1981, 58–71.

Segal, H. (1954): Schizoid Mechanisms underlying phobia formation. In: *Int. J. Psycho-Anal.* Reprinted in: *The Work of Hanna Segal*. London: Free Associations Books and Maresfields Library 1986.

— (1957): Notes on symbol-formation. In: E. B. Spillius (ed.): *Melanie Klein Today*, vol. 1, London: Routledge 1988. Dt.: Bemerkungen zur Symbolbildung, übers. von E. Vorspohl. In: E. B. Spillius (Hg.): *Melanie Klein Heute*, Bd. 1, München/Wien: Verlag Internationale Psychoanalyse 1990.

Steiner, J. (1993): *Psychic Retreats*. London: Routledge. Dt.: *Orte des seelischen Rückzugs. Pathologische Organisationen bei psychotischen, neurotischen und Borderline-Patienten*, übers. von H. Weiß. Stuttgart: Klett-Cotta 1998.

Cyril Couve, 2e Queen Elizabeth's Walk, London N16 OHX, England,
CCouve@tavi-port.nhs.uk

Aus dem Englischen von Antje Vaihinger, Sellnberg 8, 35396 Gießen,
AntjeVaihinger@aol.com

2007 · ca. 320 Seiten · Broschur
EUR (D) 36,– · SFr 63,–
ISBN 3-89806-550-2

2006 · 329 Seiten · Broschur
EUR (D) 32,– · SFr 55,–
ISBN 3-89806-431-X

William C. Bullitt und Sigmund Freud zeigen in dieser Biografie des US-Präsidenten Thomas W. Wilson in bestechender Klarheit die tief greifende Störung Wilsons und die Auswirkungen seiner inneren Konflikte auf eines der wichtigsten Kapitel der jüngeren Geschichte. Die Analyse fokussiert die wichtigsten Aspekte seines Lebens und seiner Karriere als Politiker. Einen zentralen Stellenwert nimmt dabei Wilsons folgenreiche Verhandlungsführung in Versailles ein, die einen Grundstein für den 2. Weltkrieg legte.

Das Werk beruht auf Berichten von Weggefährten, Zeitzeugen und Bullit selbst sowie auf Freuds Beobachtungen und Analysen. Diese psychoanalytische Studie über Wilsons Leben wirft neues Licht auf die Persönlichkeit des Mannes, der versuchte, »eine sichere Welt für die Demokratie zu schaffen« – und daran scheiterte.

W. R. D. Fairbairn (1889–1964) gehört zu den Begründern und ist Pionier der modernen Objektbeziehungstheorie. Das vorliegende Buch dokumentiert den aktuell wachsenden Einflusses Fairbairns auf heutige psychoanalytische Ansätze: es versammelt Vorträge der ersten internationalen Fairbairn-Tagung in Deutschland 2005.

Die Schwerpunkte hierbei sind Biografie und Werk, Rezeption seines Ansatzes durch Melanie Klein und John D. Sutherland, Weiterentwicklungen seiner Objektbeziehungstheorie in der modernen Psychoanalyse sowie Klinische Anwendungen u. a. in der Transplantationsmedizin und der Paar- und Familientherapie. Beispiele für die an Fairbairns Persönlichkeitsverständnis orientierten Untersuchungen zu Theater, Film und Malerei runden das Gesamtbild ab.

P🔲V Goethestr. 29 · 35390 Gießen
Psychosozial-Verlag

Wir haben Ihr Interesse geweckt?
Sie erhalten unsere Bücher in jeder Buchhandlung oder direkt unter www.psychosozial-verlag.de

Wenn sich nichts ändern darf – theoretische und technische Aspekte in der Analyse einer Zwangsneurotikerin

*Hermann Erb**

In dieser Arbeit möchte ich mich mit spezifischen Schwierigkeiten in der Analyse einer von Zwängen tyrannisierten Patientin auseinandersetzen. Ausgangspunkt meiner Überlegungen war dabei vor allem eine unangenehme Form der Gegenübertragungserfahrung, die, wie ich glaube, zwar häufig im Zusammenhang mit Zwangsneurotikern erwähnt wird, deren näherer Untersuchung sich aber erhebliche Widerstände entgegenstellen.

Freud beschreibt in seiner berühmten Krankengeschichte des Rattenmannes, wie dieser, nachdem er ihm in der ersten Stunde reichhaltiges Material über seine infantile Sexualität offenbart hatte, in der zweiten Stunde die Episode von der Waffenübung schildert, in deren Verlauf seine große Zwangsbefürchtung aufgetaucht war. Als er nun bis zur Beschreibung der »orientalischen Strafe« gekommen ist, unterbricht er sich, steht auf und bittet Freud, ihm die Schilderung der Details zu erlassen. Freud besteht auf der Mitteilung, bietet ihm aber an, ihn durch Erraten zu unterstützen.[1]

Diese Stunde ist in der Literatur in extenso diskutiert worden. Mich beschäftigte an dieser Szene besonders, wie hier sehr subtil und äußerst machtvoll eine

* Hermann Erb, Psychoanalytiker in eigener Praxis, Mitglied der Deutschen Psychoanalytischen Vereinigung (Zweig der IPV).
1 Eickhoff (1996, 112) hat darauf hingewiesen, daß man dies als ein Agieren von Allwissenheit betrachten kann.

besondere Art der Objektbeziehung hergestellt wird, der man, wenn irgend möglich, entrinnen möchte, ihr aber gerade dadurch verfällt. So beteuert Freud in der genannten Situation zunächst, daß er »selbst gar keine Neigung zur Grausamkeit habe, ihn gewiß nicht gerne quälen wolle« – eine Reaktion, aus der man ablesen kann, daß er sich der Grausamkeit bezichtigt und gleichzeitig zu ihr genötigt fühlt, diese aber nicht als eigene Regung gelten lassen will.[2] Er beruft sich auf die Grundregel, auf die er den Patienten in der vorangegangenen Stunde verpflichtet hat, und fügt an, er könne ihm nichts schenken, worüber er keine Verfügung habe. Ebensogut könne der Patient ihn bitten, ihm zwei Kometen zu schenken.

Eine Formulierung ihrer Patientin verwendend hat Claudia Frank diese Art der Intervention »Seitwärtsgehen« genannt und aufgezeigt, wie sehr sie die Unmöglichkeit anzeigt, über die aktuell wirksame Übertragungssituation nachzudenken. Statt dessen scheint ein solcher Umgang eine Möglichkeit zu eröffnen, dem, was man in erster Annäherung als Enactment einer sadomasochistischen Verstrickung bezeichnen könnte, zu entkommen.

Tatsächlich aber entkommt man dem nicht, sondern wird – wie schon aus der Szene mit dem Rattenmann ersichtlich – gerade auf diese Weise in eine besondere Position gebracht, in der Freud »verführt wurde, nicht nur die Rolle des grausamen Hauptmanns, der die Geschichte erzählte, [einzunehmen,] sondern auch die der Ratten, die in den Körper des Opfers eindrangen«, wie es Kanzer (1952, 183) interpretiert hat. Er führt diese Sicht nicht näher aus, sie bezieht sich aber wohl darauf, daß Freud einerseits intrusiv auf der Preisgabe des Verschwiegenen beharrt, es aber andererseits auch übernimmt, den Satz des Rattenmannes zu vollenden und sozusagen in dessen Haut zu schlüpfen.

Im Anschluß an diese Fallgeschichte hat sich eine lange Diskussion über die »richtige Technik« bei Zwangsneurosen entwickelt (siehe Frank 2007).[3] Freud

---

2   Anderthalb Jahrzehnte später hat er eine solche Antwort zum Ausgangspunkt seiner kleinen genialen Arbeit über *Die Verneinung* (1925 h) gemacht.

3   Auch Kanzer (1952) diskutiert seine Befunde vorwiegend unter der Fragestellung der »richtigen Technik«. Er stellt fest, daß schon die Verpflichtung auf die Grundregel sich dazu eigne, vom Patienten unbewußt als ein gewaltsames Eindringen in sein Seelenleben aufgefaßt zu werden, was bereits in der ersten Stunde mit dem Rattenmann in dessen Befürchtung angeklungen war, seine Eltern könnten seine Gedanken lesen. Daß diese Dynamik spätestens jetzt die Übertragung beherrscht hat, zeigt sich am

hat zehn Jahre später die Erfolgsaussichten bei »schweren Fällen von Zwangshandlungen, […] deren Analyse immer in Gefahr ist, sehr viel zutage zu fördern
und nichts zu ändern,« wesentlich skeptischer beurteilt und als »richtige Technik« empfohlen, »abzuwarten, bis die Kur selbst zum Zwang geworden ist, und
dann mit diesem Gegenzwang den Krankheitszwang gewaltsam zu unterdrük-
ken« (1919a [1918], 192). Jetzt empfiehlt er also gewaltsame Unterdrückung als
Verfahren – ein technischer Vorschlag, der verwundert, verzichtet er damit doch
implizit auf die Einsicht als Movens der therapeutischen Veränderung.[4]

Mich interessiert hier zunächst nicht so sehr die »richtige Technik« – darauf
werde ich später zurückkommen –, sondern die Frage, in welche Art der Beziehung der Analytiker da verwickelt wird, was es so schwer macht, über sie nachzudenken und woher der manchmal überwältigende Impuls rührt, irgend etwas
zu tun, um sich aus dieser zu befreien. Und darüber hinaus: wie wird diese Situation hergestellt?

Um Ihnen einen näheren Eindruck zu geben, von welcher Situation ich spreche, will ich Ihnen beschreiben, wie sich – mit geringen Variationen – der Anfang vieler Stunden mit meiner Patientin gestaltet:

Sie kommt ein paar Minuten zu früh und geht zur Toilette. Dann begrüßt sie
mich freundlich, manchmal fast freudig, was dann aber auf dem Weg zur Couch
jäh abbricht. (Nachdem ich ihr diese Abfolge einmal beschrieben hatte, ist ihre
Begrüßung wesentlich unwirscher und reservierter geworden.) Sie legt sich und
schweigt etliche Minuten, bevor sie sehr zögerlich zu sprechen beginnt, wobei
sie meist vermittelt, daß sie sich unwohl fühlt und sich jetzt zum Reden genötigt
sieht. Zudem müsse sie über lauter unangenehme Dinge reden, wo ihr einziges
Interesse doch dahin gehe, daß es nicht so unangenehm sein sollte. Wenn sie
dann doch zu sprechen beginnt, erfahre ich als erstes, daß in der Zwischenzeit
ganz viele verschiedene Gedanken, Einfälle und Gefühle in ihr waren, über die
sie aber nicht sprechen wollte, weil sie es als eine bösartige, von außen kommende Attacke empfand, daß ihr gerade »das« jetzt einfalle, damit sie darüber

Schluß der zweiten Stunde daran, daß der Rattenmann Freud mehrfach mit »Herr
Hauptmann« anspricht.

4   C. Frank (2007) kommt zu der Auffassung, dies ergebe allerdings Sinn, wenn man es
    als Hinweis auf die Kräfte liest, von denen man sich in der Gegenübertragung bedroht
    sieht, von denen man befürchtet überwältigt zu werden und denen mit Verstehen nicht
    beizukommen ist – also auf Ausläufer des Todestriebs.

sprechen müsse, und das sei ja vielleicht nur dazu geeignet, um sie von etwas anderem, Wesentlicherem abzuhalten. Von diesem anderen, »Wesentlicheren« erfahre ich allerdings ebenfalls nichts. Jetzt seien all diese Gedanken auch schon wieder vorbei, eigentlich sei es zu spät. Häufig läßt sie auch verlauten, ich wüßte doch, womit sie jetzt beschäftigt sei. Warum es also nochmals aussprechen? Gelegentlich läßt sie eine Bemerkung fallen, die auf abstrakte Weise etwas zusammenzufassen scheint – eine Situation, die Fenichel in seiner Neurosenlehre so beschrieben hat: »Es ist, als gebe der Patient dem Analytiker ein gewissenhaftes, aber unvollständiges Inhaltsverzeichnis oder Titelangaben seiner Erlebnisse, statt diese wirklich zur Sprache zu bringen« (1997 [1945], 165). Oft unterbricht sie sich mitten im Satz, manchmal schon nach zwei Worten, um wieder in Schweigen zu verfallen oder den begonnenen Gedanken mit einem »es ist doch immer das Gleiche« oder »es ist doch sinnlos, immer über dasselbe zu reden« wieder abzutun. Dabei entstehen quälend lange Pausen, in denen ich damit beschäftigt bin, ob ich mit einer Fortsetzung ihres Satzes oder ihres Gedankens rechnen kann oder wo sie sich sonst jetzt befinden mag. Auch drängt sich mir oft unwillkürlich die Frage auf, ob ich durch eine Bemerkung oder eine Rückfrage irgend etwas »machen« könnte, was sie veranlassen würde, mir mehr von dem Verschwiegenen mitzuteilen.

Wie Sie sich vielleicht vorstellen können, bringt mich das in eine Verfassung, in der ich angefüllt bin mit einer quälenden Neugier, Näheres über das zu erfahren, was mir da in vielfältiger Weise angedeutet, angekündigt und gleichzeitig vorenthalten wird.

Asseyer (2002) hat sich dieser typischen Übertragungs-Gegenübertragungssituation angenähert, indem er schon im Titel seiner Arbeit konstatiert, es handle sich um das Ausschließen eines anderen. Er identifiziert die Gegenbesetzung als zentrales Element der zwangsneurotischen Abwehr und führt aus, daß dies in Freuds Denken bereits im Tabu der Berührung (1912–13 a) angelegt war, also dem Versuch, den Kontakt mit etwas todbringend Gefährlichem zu vermeiden. Er kommt zu der Feststellung, daß »zwanghafte Abwehrmechanismen eine spezifische Form, Beziehung zu vermeiden oder mit ihr auf eine paradoxe Weise umzugehen, konstituieren« (2002, 1293), und ergänzt wenig später: »Auch wenn die Beziehung eine extrem enge oder sogar adhäsive Form annimmt – eine solche Konstellation ist vollkommen typisch –, kann sie nichtsdestoweniger dazu verwendet werden, den anderen auszuschließen und ihn in verschiedener Weise

74

zu entwerten und/oder zu negieren.« (ebd.) Im weiteren beschreibt er die Situation, die sich in der Übertragungs-Gegenübertragungsbeziehung ergibt, in welcher der Patient »gewalttätige Gefühle von Enttäuschung und Zorn im Analytiker hervorruft«, die »in einer Atmosphäre von Lähmung und Gefühllosigkeit aufkommen« und zu »überraschenden Gegenübertragungsreaktionen führen« können (1295). Er benennt an dieser Stelle die projektive Identifizierung als den vorherrschenden Abwehrmechanismus und verweist auf die besondere Schwierigkeit, daß die Kommunikation durch den Konkretismus des Erlebens behindert ist – also durch ein Versagen der Symbolisierung, was sich in symbolischen Gleichsetzungen zeigt.

Asseyer ordnet diese Phänomene zunächst unter Bezug auf Mahlers Separations- und Individuationsphase als einen Versuch ein, Autonomie zu gewinnen, indem die Primärobjekte – vor allem die Mutter – aus dem psychischen Innenraum ausgeschlossen werden. Im weiteren (1296 f.) sieht er aber, ein Konzept von Target und Fonagy aufgreifend, eine Fixierung auf ein Stadium, in dem noch nicht zwischen dem »pretend mode« und dem »psychic equivalence mode« unterschieden werden kann, und lokalisiert damit die Störung in einer sehr viel späteren Entwicklungsphase.[5]

Die klinischen Erfahrungen, die Asseyer hier beschreibt, scheinen mir am ehesten verstehbar, wenn man mit Hilfe des Konzepts der projektiven Identifizierung denken kann, daß ein extrem qualvoller Zustand projiziert wird, der von dem Gefühl geprägt ist, auf bösartige und grausame Weise ausgeschlossen zu sein und es mit einer unerträglichen, gewalttätig-intrusiven Neugier zu tun zu haben.

Dies führt zurück zu Freuds Hinweis auf das »frühzeitige Auftreten und die vorzeitige Verdrängung des sexuellen Schau- und Wißtriebes« (1909 d, 460), »meist durch die Ankunft eines kleinen Geschwisterchens geweckt« (ebd., 428 Anm.) als regelhaftes Element in der Geschichte der Zwangsneurotiker. Abraham fügt an: »In anderen Fällen verwandelt sich die verdrängte Schaulust in einen unproduktiven Wissensdrang, der sich nicht den realen Phänomenen zu-

---

5 Hier taucht etwas von der Kontroverse über die zeitliche Einordnung der Psychopathologie auf, die m. E. davon geprägt ist, daß die Regression von der phallischen auf die anal-sadistische Entwicklungsstufe allein die psychosenahen Phänomene nicht hinreichend erklären kann (siehe auch C. Couve in diesem Band).

wendet« (1913, 261). Wodurch dies zustandekommt, ist m. E. in einer weiteren Feststellung Freuds angedeutet: »Besonders vom Wißtrieb gewinnt man häufig den Eindruck, als ob er im Mechanismus der Zwangsneurose den Sadismus geradezu ersetzen könnte« (Freud 1913 i, 450).

Melanie Klein hat diesen Satz in der *Psychoanalyse des Kindes* aufgegriffen und den Gedanken dahingehend weiterentwickelt, daß »das erste Objekt des Wißtriebes der Mutterleib ist, der zuerst als Objekt der oralen Befriedigung und bald auch als Schauplatz des elterlichen Koitus empfunden wird« (1932, 224). Sie schreibt, der »Wißtrieb [gehe] an seiner Quelle eine Verbindung mit dem in seiner Höchstblüte stehenden Sadismus[6] ein, der die Innigkeit dieser Verbindung und auch die durch den Wißtrieb ausgelösten Schuldgefühle verständlicher werden läßt« (ebd.).

Diese Erkenntnis hatte sie vor allem aus der Analyse der zwangsneurotischen Erna gewonnen, der längsten Behandlung während ihrer Berliner Zeit, die nach Einschätzung von Claudia Frank (1999, 273) »die größte Anforderung an ihr analytisches Containment« stellte. In den Behandlungsnotizen (ebd., 292) ist festgehalten, daß der Zug, den Erna in der Anfangsszene der ersten Stunde auf Klein zufahren läßt, auf die Genitalgegend zielt, ein Detail, das in den veröffentlichten Versionen unter den Tisch fällt. Erst mit dieser Information kann man sich ein annäherndes Bild von der überwältigenden emotionalen Qualität dieser Szene machen. Erna zeigt also schon im ersten Moment unverhohlen die Intrusivität ihrer Neugier und im nicht nur gespielten Versuch, Melanie Kleins Nase abzubeißen, auch die gierig-vernichtende Attacke gegen die Potenz der Analytikerin. Der »Augensalat«, den sie später aus Papierschnitzeln fabriziert, wiederum ein Objekt oraler Einverleibung, enthüllt nicht nur, daß sich der Angriff gegen die Wahrnehmungsfähigkeit der Analytikerin richtet, sondern auch, daß das Ergebnis dieses Angriffs fragmentierte und furchterregende, auch mit Resten

---

6 Auch wenn sie die Vorstellung, auf die sie hier Bezug nimmt, nämlich der Ödipuskomplex setze – stimuliert durch die Entwöhnung – in der Mitte des ersten Lebensjahres zu einem Zeitpunkt ein, wenn der Sadismus in seiner Höchstblüte stehe, später dahingehend korrigiert, daß es mit dem Auftauchen der depressiven Position gerade das Erstarken der libidinösen Impulse und der Wiedergutmachungsbestrebungen ist, die diesen Entwicklungsschritt vorantreiben, so bleibt doch die Beobachtung der engen Verbindung (oder müßte man besser sagen: Konfusion) zwischen Wißtrieb und Sadismus bei der Zwangsneurose sicherlich gültig.

von Wahrnehmungsfähigkeit ausgestattete Gebilde sind[7], die wegen ihrer Bedrohlichkeit mit gewaltsamen Mitteln beherrscht und wieder unter Kontrolle gebracht werden müssen.

Wie Sie bei der Lektüre bemerken werden, beschreibt Klein hier die Konflikte in ihrer kleinen Patientin, ohne darüber Auskunft zu geben, wie sie in ihrer Gegenübertragung damit zu kämpfen hatte.[8] Allerdings ist sichtbar, daß massive projektive Prozesse am Werk sind, die z. B. die schwarzen Papierschnitzel zu bedrohlichen Elementen werden lassen, die dann von Erna – hier vor allem manisch – bekämpft werden müssen.

Lassen Sie mich an dieser Stelle meine theoretischen Überlegungen unterbrechen und von meiner Patientin berichten.

Fallmaterial

»Wenn ich mich heute fragen würde, was ich hier in den Stunden seither erreicht habe – was wir in den Stunden seither erreicht haben –, dann könnte ich bestenfalls sagen, daß ich vielleicht ohne die Stunden schon völlig durchgeknallt wäre.«

Das sagte mir die Patientin nach sieben Jahren ihrer vierstündigen Analyse. In gewisser Weise mußte ich ihr zustimmen. Tatsächlich schien sich an der Symptomatik von Frau A., an der Lebensführung, die ihr diese erlaubte, und auch an der Situation in der Analyse in dieser Zeit fast nichts verändert zu haben. Die Behandlung hatte anscheinend lediglich geholfen, ein prekäres Gleichgewicht aufrechtzuerhalten, und sie war zu einem festen Bestandteil ihres Lebens geworden.

Gleichzeitig läßt der Satz eine Andeutung ihres inneren Kampfes erkennen: Ihre Formulierung beschreibt den Stand der Dinge zunächst als ihre persönliche Leistung, bevor sie, sich korrigierend, mich mit einschließt und etwas von einer Anerkennung hören läßt, die Analyse habe sie vielleicht vor einem psychotischen Zusammenbruch bewahrt, wobei dies in einem gequälten und ein bißchen pflichtschuldigen Ton geschah. Sein eigenartiges Gewicht aber bekam er dadurch, daß er am Ende einer Montagsstunde gesagt wurde, der letzten vor mei-

---

7   Bizarre Objekte, wie Bion sie später bezeichnen wird und gegen die sich die analen
    Abwehrmaßnahmen richten (Couve 2007).

8   Wie C. Frank (1999, 296) zeigt, läßt sich dies in den Behandlungsnotizen u. a. daraus
    erschließen, daß sie die Interaktion des Naseabbeißens immer wieder erwähnt.

nen Sommerferien, in der sie mir – wie üblich unterbrochen von quälend langen Pausen – von ihren vergeblichen Versuchen berichtet hatte, ihre direkte Vorgesetzte an ihrem neuen Arbeitsplatz zu erreichen, um den sie sich nach langem Zögern schließlich doch beworben hatte und den sie an diesem Montag antreten sollte. Wie Sie sich denken können, hatte ich dies als einen, wenn auch kleinen, äußeren Erfolg der Analyse betrachtet, insbesondere, da es ein zukunftsträchtigerer Arbeitsplatz sei, wie sie mir erklärt hatte. Seit sie jedoch die Zusage erhalten hatte, war in den Stunden überwiegend davon die Rede, was für eine absolut verrückte und hirnrissige Idee es gewesen sei, sich so etwas zuzumuten und womöglich sogar zuzutrauen! Es werde sie nur in noch größere Qualen stürzen, und sie werde unausweichlich scheitern. Dabei war nicht zu überhören – und sie bestätigte eine entsprechende Deutung –, daß sie mich als den eigentlichen Urheber und Verfechter dieser verrückten Idee sah, als denjenigen, der sie verleitet hatte, sich in eine verhängnisvolle Situation zu begeben, und der jetzt tatenlos zusah, wie sie in ihr Unglück stürzte.

Am bemerkenswertesten fand ich aber im Nachhinein, daß ich zwar in der Stunde zunächst noch ihre Anerkennung gehört hatte, der pflichtschuldige Ton diese aber bereits im Hören so unterminierte, daß ich im weiteren Verlauf vor allem mit Zweifeln zu tun hatte, ob die Fortsetzung der Analyse überhaupt von irgendeinem Wert sei, und mir diese Mitteilung erst beim Notieren der Stunde wieder in Erinnerung kam. Vollends entgangen war mir über ihrem zerrissenen Bericht, wie sehr sie vermutlich die Situation ihres Wochenendes (und der bevorstehenden Ferienunterbrechung) beschrieben hatte, wo sie unbewußt mit rastlosen Überlegungen darüber beschäftigt gewesen sein mag, wie sie mich erreichen könnte, ohne das Gefühl haben zu müssen, mich zu stören (wie ihre Vorgesetzte). Sie hatte mir ihr Scheitern in diesen Bemühungen plastisch beschrieben. Statt dessen war ich selber in eine Verfassung geraten, in der ich daran scheiterte, die Partikel, die sie mir übermittelt hatte, zusammenzufügen.

Frau A. war mir aus einer psychiatrischen Klinik überwiesen worden, wo sie ein halbes Jahr lang stationär behandelt worden war. Während eines Auslandsaufenthaltes war sie in einen offenbar schwer zu beschreibenden Angstzustand geraten und unmittelbar nach ihrer überstürzten Rückkehr stationär aufgenommen worden. Die überweisende Kollegin hatte mir Frau A. als ihre begabteste Patientin angekündigt. Auf meine skeptische Rückfrage in bezug auf die Schwere der Psychopathologie und die Indikationsstellung gab sie ihrer Überzeugung

Ausdruck, daß die Patientin sicherlich sehr von einer Psychoanalyse profitieren werde. Trotz meiner Vorbehalte und der sich dann auftuenden Schwierigkeiten fand ich mich im Verlauf der Vorgespräche ebenfalls überzeugt, der Patientin helfen zu können.

Im Erstgespräch, zu dem sie zwanzig Minuten zu spät gekommen war, teilte mir Frau A. mit, sie leide vor allem unter zwei Arten von Zwängen: Zum einen höre sie innerlich praktisch ununterbrochen Lieder, zum anderen habe sie »Gegengedanken«. Erklärend fügte sie hinzu, wenn sie zum Beispiel den Satz höre »das Haus ist rot«, dann tauche in ihrem Kopf sofort der Satz auf »das Auto ist gelb«. Das habe alles begonnen, als sie mit 13 Jahren in einer Französischstunde plötzlich den Gedanken gehabt habe, wie es wohl wäre, wenn sie immer Musik hören würde. Unmittelbar danach habe es angefangen und seither nicht mehr aufgehört. In ihrer Erzählung klang dabei etwas von Bewunderung für den Französischlehrer an, was sie allerdings später, als ich versuchte, darauf Bezug zu nehmen, aufs heftigste dementierte. Sie betonte, sie habe ihn gehaßt, er sei »blöd« gewesen. Zur Erläuterung erzählte sie von seiner Methode, Vokabeln abzuhören, bei der alle aufstehen mußten, und jeder, der ein Wort nicht wußte, mußte sich wieder setzen. Sie war meist die Zweitbeste. Lediglich, daß er fachlich ganz ausgezeichnet gewesen sei, räumte sie ein.

An einem Wochenende in der Klinik seien all die Zwänge plötzlich verschwunden gewesen. Das war die Hölle, und sie hatte Angst, verrückt zu werden.

Später ergänzte sie, es gebe noch einen dritten Zwang: sie höre innerlich Schimpfwörter, insbesondere in Anwesenheit der Menschen, die für sie wichtig seien. Ihren Vater liebe sie sehr, vielleicht zu sehr, und möglicherweise hänge alles damit zusammen. Bei einem Volksfest in einem Bierzelt bemerkte sie plötzlich, daß ihre Eltern auch da waren und sie gesehen hatten. Sofort ließ sie die Zigarette fallen, die sie gerade angezündet hatte, weil es ihr eine absolut unerträgliche Vorstellung war, so von ihm gesehen zu werden.

In der Analyse rückte ein vierter »Zwang« ganz ins Zentrum, den sie bis dahin nicht erwähnt hatte und der seither viele Stunden völlig beherrscht, nämlich daß sie voller Angst darauf warte, daß in ihrem Bauch entsetzlich laute und peinliche Bauchgeräusche entstünden. Diese Bauchgeräusche seien absolut unerträglich für die anderen, vor allem aber für sie selber, und sie fühle sich vollkommen vernichtet, wenn es ihr nicht gelinge, das Lautwerden dieser Geräusche zu verhindern. Gleichzeitig wisse sie natürlich, daß genau das absolut unmöglich sei. Dann müsse sie zumindest alles tun, um zu verhindern, daß jemand diese Geräusche hören könnte. Nach und nach erfuhr ich, daß sie sich sicher ist, daß diese Bauchgeräusche durch »böse Gedanken« hervorgerufen würden, und zwar so unmittelbar und gewiß, daß es sie immer wieder fassungslos mache. Dabei müßte es ihr doch lediglich gelingen, diese »bösen Gedanken« zu verhindern, dann träten die Geräusche auch nicht auf.

Soweit die Symptomatik mit ihrer Vorgeschichte, die – vor allem, da die Patientin sich zu Anfang sehr bemühte, die Zwänge möglichst detailliert zu beschreiben – Anlaß zu mannigfachen Überlegungen gab, welche unbewußten Vorstellungen sich in ihnen zeigten. Insbesondere die Lieder, deren Text sie gelegentlich preisgab, schienen alle viel Bedeutung zu enthalten, was mich verleitete, fast in einer Art Entdeckerrausch Deutungen zu geben, die sich auf den Inhalt bezogen, denen sie teilweise auch zustimmen konnte. Erst nach und nach wurde deutlich, daß das keinerlei Wirkung hatte, was sich besonders dann zeigte, wenn ich später versuchte, mich auf diese Deutungen zu beziehen. Teilweise anerkannte die Patientin noch deren Richtigkeit in einer neutralen, unbeteiligten Weise, was aber keinerlei emotionales Gewicht mehr besaß. Häufiger aber ignorierte sie solche Bezugnahmen vollständig oder bestritt überhaupt jede Bedeutung. Besonders ausgeprägt war das in Hinsicht auf die Bauchgeräusche, wo sie fast jeden meiner Deutungsversuche damit beantwortete, daß sie erklärte, sie könne in diesen keine Bedeutung erkennen, und selbst wenn das irgendwie zutreffen sollte, so sei das für sie völlig unerheblich, denn die Geräusche seien eben so laut, daß sie nicht zu ertragen seien – niemand würde ertragen können, solche Geräusche zu haben. Mit Bedeutung habe das nichts zu tun. Dies schloß auch die von ihr selber ins Spiel gebrachten »bösen Gedanken« mit ein, die ich oben erwähnt habe.

In einer ähnlich konkretistischen Weise behandelte sie die Elemente des Settings als reine Tatsachen und bestritt, daß sie irgendwie von Belang seien. Wann immer ich versuchte, auf die Rahmenbedingungen der Analyse Bezug zu nehmen und dies mit Gedanken oder Vorstellungen von ihr in Verbindung zu bringen, erklärte sie, es sei vollkommen nutzlos, sich mit diesen Dingen zu beschäftigen. Es sei ja richtig, unbestreitbar seien es Tatsachen, über die zu reden sich aber nicht lohne, weil sie sich ja nicht änderten. Insofern hätten sie auch mit Gefühlen gar nichts zu tun. Nur selten gelang es mir, eine Situation aufzugreifen, die unzweifelhaft eine heftige emotionale Reaktion in ihr hervorgerufen hatte.

Einmal hatte ich zum Beispiel ihr erstes Klingeln nicht gehört, und sie wartete lange Minuten, bevor sie ein zweites Mal klingelte. Nach und nach konnte in dieser Stunde ihre Fassungslosigkeit, sich versetzt zu sehen, der heftige Drang, mit Gewalt einzudringen, und ihr besonders langes Warten als Reaktionsbildung gegen diesen Impuls aufgedeckt werden. Sie ließ mich aber wissen, daß sie sich aufgrund dieses Vorkommnisses vor allem genötigt fühlte, über Dinge zu reden, über die sie nicht reden wolle, und das schloß mit ein, daß sie annahm, ich führte solche Situationen mit Absicht herbei, um sie zu zwingen, darüber zu reden, sie also zu manipulieren (und sie damit in hämischer Weise zur Wahrnehmung der Urszene zu zwingen). In gleicher Weise fühle sie sich häufig von ihren Zwängen »gezwungen«, über diese zu reden, was in ihr äußersten Unmut hervorrufe und sie – wie sie mir schließlich verriet – oft veranlasse, erst recht nicht über sie zu sprechen, was die Zwänge aber in der Regel noch schlimmer werden lasse.

Manchmal erklärte sie nach langem Schweigen, in den letzten Minuten hätte sie es mit dem Gefühl zu tun gehabt, sie müsse jetzt auf der Couch liegend darauf warten und horchen, wie »es« sich entwickle, womit in der Regel ihre Bauchgeräusche gemeint sind. Gelegentlich fügte sie hinzu, dabei habe sie denken müssen, sie verdiene es nicht anders und müsse jetzt eben erleiden, wie schlimm es werde und wie zerstört sie sich dadurch fühlen werde.

Tatsächlich werde ich auf diese Weise meinerseits dazu verdammt, warten zu müssen, »wie es sich entwickelt«. Nur mit ihren knappen Andeutungen versorgt werde ich zum Zaungast eines inneren Verkehrs, von dem ich weitgehend ausgeschlossen bleibe. Ich bin also einer fremdartigen Urszene ausgesetzt, in der ich nie genau weiß, was passiert, mich angefüllt fühle mit einer Empfindung quälender Neugier und großer Frustration, in der ich allerdings eines mit ziemlicher Bestimmtheit sagen kann, nämlich daß es kein guter, gelingender Verkehr ist, der da stattfindet. Dies verstärkt in mir noch den Impuls zu intervenieren, um aktiv etwas zutage zu fördern – als handle es sich um Exkremente – und diese Art des inneren Verkehrs zu unterbrechen, womit ich aber gleichzeitig dem anwachsenden inneren Druck in mir nachgäbe und meinerseits intrusiv würde. Damit bin ich, wie ich glaube, in der Position der Patientin angekommen, einem bösen Spiel ausgeliefert, ohnmächtig und unwissend gemacht und deshalb geneigt, mich dieser Gefühle durch meine Redehandlungen wieder zu entledigen, sie also zurückzuprojizieren. Hier liegt m. E. die Quelle für die »überraschenden Gegenübertragungsreaktionen«, von denen Asseyer (2002, 1295) spricht.

Zur Diagnose – Fortsetzung der theoretischen Überlegungen

Im Verlauf der Behandlung hat mich immer wieder die Frage der Diagnose beschäftigt und damit auch die Frage der Indikationsstellung, stellt sich die Symptomatik doch je nach Situation ganz unterschiedlich dar. So steht manchmal die Angst vor den Zwängen (die ja überwiegend in Zwangsgedanken bestehen) ganz im Vordergrund, und es fehlen die bei Zwangsneurotikern so auffälligen Zwangshandlungen, so daß man eher an eine Phobie denken könnte. Dann wieder erscheinen diese Zwänge so sehr als konkrete, von außen kommende und das Innenleben bedrohende Figuren von offenkundig wahnhafter Qualität, daß ich geneigt bin, sie für eine Paranoikerin zu halten. Getrieben sind solche Überlegungen allerdings vor allem von der quälenden Frage, ob man hoffen kann, diese seelischen Phänomene durch Deutung und Einsicht modifizieren zu können.

Dies führte mich zurück zum Fortgang der theoretischen Diskussion: so spricht bereits Freud im Rattenmann von den »Delirien« (1909 d, 440), »gleichsam Mischlinge zwischen beiden Denkungsarten, sie nehmen gewisse Voraussetzungen des Zwanges, den sie bekämpfen, in sich auf und stellen sich (mit den Mitteln der Vernunft) auf den Boden des krankhaften Denkens«. Später diskutiert er den auffälligen Glauben an die »Allmacht der Gedanken«. Er schreibt »Die Versuchung, diese Idee für einen Wahn zu erklären, welcher das Maß der Zwangsneurose überschreitet, ist gewiß nicht gering« (450), legt diesen Einwand aber mit dem schnellen Argument beiseite, daß es sich um eine Überzeugung handle, die alle Zwangsneurotiker teilten.

Anna Freud wies auf dem Internationalen Psychoanalytischen Kongreß in Amsterdam 1965 darauf hin, »daß es sich um eine spezifische Konstellation des Seelenlebens handelt, die in verschiedenen Schweregraden auftritt und von ichgerechten und beinahe normalen Formen […] bis zu überaus ernsthaften, manchmal ans Schizoide und selbst Schizophrene grenzenden neurotischen Störungen reicht« (1987 [1966], 1840 f.). Dann greift sie eine Feststellung Freuds aus den »Bemerkungen über einen Fall von Zwangsneurose« auf, in der er sich darüber verwundert, wie schwer die Zwangsneurose zu verstehen sei, wo doch der dabei beteiligte Denkprozeß unserem bewußten Denken so nahe sei und der rätselhafte Sprung vom Seelischen ins Körperliche fehle, dem wir bei der Hysterie begegnen, und erweitert sie um die Vermutung aus einem der Kongreßbeiträge, daß die Zwangsneurose nicht trotz, sondern wegen ihrer Verwendung der normalen Denkprozesse so schwer zu durchschauen ist: indem sie diese Prozesse pathologisch mißbraucht, bemächtigt sie sich des Mediums der Kommunikation selbst und beraubt uns der Fähigkeit, uns mit dem Patienten und den Irrwegen seines Denkens und Argumentierens zu identifizieren. (ebd., 1840)

Nach meiner Auffassung spricht sie damit die auffällige Denkstörung an, die man bei den Patienten beobachtet, die aber auch den Analytiker bei der Analyse von Zwangspatienten erfaßt und gegen die er sich nach Kräften zu wehren versucht.[9]

Verschiedene Autoren haben darauf hingewiesen, in welchem Ausmaß das Denken in der Zwangsneurose beeinträchtigt ist, sich vernünftig gibt, während es magisch und omnipotent ist, sich als wirkliches Denken ausgibt, aber, wie Ignes Sodré schreibt, »tatsächlich aus einer Serie mentaler Handlungen besteht, die böse, verwirrende und intrusive Vorstellungen oder Gedanken kontrollieren sollen, die die Psyche besetzen« (1994, 380 f.). Sie bezieht sich auf Bions *Theorie des Denkens*, wo er schreibt: »Das Denken muß entstehen, um die Gedanken zu bewältigen«, und später ausführt, daß in psychotischen Zuständen das, was ein Gedanke sein sollte, »zu einem schlechten Objekt [werde], ununterscheidbar von einem Ding an sich und nur wert, ausgeschieden zu werden« (Bion 1962, 226 f.). Sie fährt fort:

Ich bin der Auffassung, daß in schweren Zwangszuständen, obwohl das Individuum nicht psychotisch ist und einen gewissen Kontakt zur Realität aufrechterhält, ein Teil der Persönlichkeit in so machtvolle Abwehrmanöver verstrickt ist, daß eine Denkstörung auftritt, bei der das Denken gegenüber den Gedanken wirkungslos wird. (Sodré 1994, 381)

Sie verfolgt damit implizit einen Gedanken Melanie Kleins weiter, die bereits 1927 bei der Behandlung der zwangsneurotischen Erna die Ansicht äußerte, daß

9 So hatte Freud in einem Zusatz von 1923 zum Rattenmann erklärt, die ganze Begebenheit von der Rückzahlung des ausgelegten Geldes sei vielleicht erst zu verstehen, wenn man sich die räumlichen Verhältnisse anhand einer kleinen Karte vergegenwärtigen könne (1909 d, 452). Die Herausgeber der Studienausgabe wiederum sahen sich zu dem Hinweis genötigt, daß die seit 1924 in allen Ausgaben abgedruckte Kartenskizze »in keiner Weise mit einigen der im Fallbericht erwähnten Details überein-[stimmt]«, so daß sie eine korrigierte Version geben (S. A., Bd. 7, 76 f.).

»die Zwangsneurose eine Paranoia verbarg« (1927a, 243 Anm.) und 1940 formulierte, »daß die zwangsneurotischen Mechanismen meinen Beobachtungen zufolge sowohl eine Abwehr paranoider Ängste darstellen als auch eine Methode, diese Ängste zu modifizieren« (1940, 172).

Dies ist m. E. eine der Gedankenlinien, die Cyril Couve (2007) aufgreift und weiterführt. In seiner Arbeit unterscheidet er zwischen der schizoiden und der zwangsneurotischen Abwehr, wobei er darlegt, daß letztere eingesetzt wird, um mit der Situation zurechtzukommen, die durch pathologische Fragmentierung und pathologische projektive Identifizierung entstanden ist. Nach Bions 1956 zuerst geäußertem Gedanken führt exzessiver Haß auf die innere und äußere Realität zu einer kleinteiligen Spaltung und zur gewaltsamen Projektion der so entstandenen Partikel. Er schreibt: »In der Phantasie des Patienten führen die ausgestoßenen Ichpartikel eine unabhängige und unkontrollierte Existenz; sie enthalten entweder die äußeren Objekte in sich oder sind selbst in den Objekten enthalten« (Bion 1957, 80). Das Ergebnis dieses Vorgangs sind bizarre Objekte, die zu Depersonalisations- und Derealisationsgefühlen führen und einen extrem bedrohlichen Charakter annehmen können. (Das kennzeichnete wohl die Erfahrung meiner Patientin an dem Wochenende in der Klinik, wo die Zwänge weg waren und sie fürchtete, verrückt zu werden.)

Anders aber als beim Psychotiker ist in der Zwangsneurose die Realitätswahrnehmung nicht so stark beschädigt, sie bleibt weitgehend erhalten und die bizarren Objekte werden mit zwanghaften Mitteln bekämpft, so daß die von Freud beschriebenen »Delirien«, »Mischlinge zwischen beiden Denkungsarten« (s. o.) entstehen. (Als solche Mischlinge muß man m. E. die Anstrengungen meiner Patientin, die Bauchgeräusche oder die Lieder unter Kontrolle zu halten, betrachten.) Auch gibt es ein vages Bewußtsein von der eigenen Verantwortlichkeit, was die einsetzenden analen Abwehrmaßnahmen färbt und zu deren »vernünftigem« Aussehen beiträgt.

Es ist gerade die scheinbare Nähe zum »normalen« Denken, die es dem Analytiker nahelegt, sich auf die Ebene der bewußten Überlegungen zu begeben und dem Patienten zum Beispiel auseinanderzusetzen, auf welchen Vorstellungen seine Symptombildungen beruhen, so wie Freud es auch gegenüber dem Rattenmann unternimmt. Ihm ist aber die von Sodré beschriebene Wirkungslosigkeit des Denkens gegen die »bizarren« Gedanken nicht entgangen, denn er betont in einer Fußnote, es sei niemals die Absicht solcher Diskussionen, Überzeugung hervorzurufen. Sie sollen nur die verdrängten Komplexe ins Bewußtsein einführen, den Streit um sie auf dem Boden bewußter Seelentätigkeit anfachen und das Auftauchen neuen Materials aus dem Unbewußten erleichtern. (1909 d, 404 f.)

In meinen Ohren klingt das wie eine Mahnung an sich selber, nicht einer Illusion zu verfallen, die ihn in der Sitzung erfaßt haben mag. Vermutlich gehört es zu den wiederkehrenden Erfahrungen in der Behandlung von Zwangsneurotikern, daß man sich trotz besseren Wissens im Argumentieren und Überzeugenwollen wiederfindet. Ich glaube, daß in diesen Momenten etwas von dem verzweifelten Kampf gegen eine übermächtige, Zusammenhänge zerreißende, tödliche Kraft zu spüren ist, von der man fürchtet, sie werde auch die eigene Denkfähigkeit zerstören.

Insgesamt ist die Analyse meiner Patientin von einem quälenden Kontrast beherrscht: einerseits habe ich den Eindruck einer begabten und zu Hoffnung Anlaß gebenden Patientin (vgl. die Auskunft der überweisenden Kollegin und auch meinen eigenen Eindruck in den Vorgesprächen), erlebe dann aber, daß diese Hoffnung im Ansatz unterminiert und zunichte gemacht wird. Wenn sie nicht in zähes Schweigen verfällt, sondern Mitteilungen macht, fühle ich mich zunächst oft belebt und zu Überlegungen angeregt, was dann häufig in ein Gefühl mündet, von einer Vielzahl von Gedankenpartikeln überflutet zu sein, die zusammenzufügen mir unmöglich ist. Teilweise liegt das am Ausmaß der Zersplitterung, teilweise an der Unerträglichkeit der mitgeteilten Vorstellungen (die häufig bizarr oder unerhört sadistisch sind), teilweise daran, daß sie ihren Sinn erst aus dem Zusammenhang mit unausgesprochenen und mir im Moment nicht verfügbaren Fakten oder Empfindungen gewinnen.

Diese Qual kam vor einigen Monaten besonders drastisch zum Ausdruck, als sie von einem Film erzählte, in dem ein Mann eine seltsame Vorliebe für extrem dünne Frauen hatte, weshalb zunächst keine richtig zu sein schien. Die schließlich Erwählte wurde von ihm zunächst »ganz harmlos« zu einer Diät verführt, die sich zu einer Hungerkur entwickelte und in einen zunehmenden Terror mündete, in dem die Frau mit wachsender Gewalt von jedem Essen abgehalten wurde.

Dieser Film scheint mir die innere Situation der Patientin zu beschreiben, die dem Terror eines unter dem Deckmantel der Liebe mit Neid und Haß aufgeladenen Objekts ausgesetzt ist, dessen verführerisch-drohende Gewalt Rosenfeld (1971, 311) als eine Mafia-artige narzißtische Struktur beschrieben hat und das

85

die Funktion eines »ich-zerstörenden Über-Ichs« erfüllt. Bion weist darauf hin, daß die Angst vor einem solchen ganzen Objekt den Psychotiker hindere, sich der depressiven Position zu stellen (1959, 126 f.). Meine Patientin scheint zwischen der Scylla der bizarren Objekte (ihre »Zwänge«) und der Charybdis des ich-zerstörenden Über-Ichs gefangen.

In der Übertragung fühle ich mich häufig in eine Position gebracht, in der ich mich ermutigt fühle, auf eine fruchtbare Begegnung hoffen zu können. Solcherart einem begierigen Zustand ausgeliefert (gleichzeitig eine machtvolle projektive Identifizierung ihrer Sehnsucht) werde ich dann wie die Frau im Film einer extrem grausamen, restriktiven Kontrolle unterworfen, deren Hauptzweck meine sadistische Auszehrung zu sein scheint (und die hilflosen gereizten Versuche, sich dem zu entziehen, von denen die Patientin aus dem Film erzählte, kommen mir aus meiner Gegenübertragung sehr bekannt vor).

Dies ist, so denke ich inzwischen, Ergebnis der gewaltsamen Projektion des inneren Zustandes, in dem sich die Patientin selbst oft befindet, die angesichts der Brust (der Begegnung mit einem Analytiker, der ihr vielleicht etwas geben könnte) vor allem deren schmerzhaft-unerträgliche Einschränkungen empfindet (die Begrenztheit der Stunden, das Liegen auf der Couch, die Unterbrechungen). Man könnte sagen, sie empfindet in erster Linie die Kontamination durch die Urszene, die eine völlige Verfügbarkeit der Brust verhindert, was augenblicklich zu einer vernichtenden Reaktion führt. Die daraus entstehenden Fragmente, die man als zersplitterte und zerstörte, deshalb eklig gewordene Bestandteile der Urszene verstehen kann, gleichzeitig aber auch Elemente ihrer selbst beinhalten, verfolgen sie als Bauchgeräusche oder Lieder, tauchen als Schwitzen oder Rotwerden auf. Sie sind nicht so sehr nach draußen projiziert, obwohl sie als von außen kommend empfunden werden, sondern im eigenen Körper lokalisiert, so daß sie selber gleichzeitig eine quasi vergewaltigte Beteiligte in dieser bizarren Urszene geworden ist. Im nächsten Moment ist sie nur noch damit beschäftigt, wie sie die haßerfüllt-peinigenden und peinlichen Partikel in sich unter Kontrolle halten kann, was sie völlig in Anspruch nimmt. Dabei ist sie terrorisiert von einem inneren Objekt, das extrem neidisch auf die Vorstellung einer gelingenden Urszene reagiert und eine befriedigende Baby-Brust-Verbindung als solche empfindet. Deshalb muß diese – auch in der Übertragung – verhindert werden (die Frau, die am Essen gehindert wird; ich, der ich unmittelbarer etwas von ihr hören könnte), was mit einer sadistisch-perversen Befriedigung verbunden ist.

Durch diese Behandlung werde ich aber zu dem gequälten, ausgezehrten und mit Gier angefüllten Objekt, dessen Rache man fürchten und gegen das man sich schützen muß. Ich werde gefürchtet als einer, der seinerseits eindringen und sich all dessen bemächtigen will, was ihm vorenthalten wird, der aber vor allem beherrscht ist von dem Haß gegen das Ausgeschlossensein, was ein mächtiger Grund ist, ihn fernzuhalten und mit allen (vorwiegend analen) Mitteln zu kontrollieren, also durch Zurückhalten von Einfällen und Mitteilungen.

Ich möchte Ihnen jetzt von einer Stunde berichten, die einiges von diesen Vorgängen erkennen läßt, gleichzeitig aber dadurch hervorsticht, daß sie ungewöhnlich kooperativ verläuft, was, wie ich denke, das Ergebnis einer sich seit einigen Monaten abzeichnenden Entwicklung ist.

Es handelt sich um eine Dienstagstunde, zehn Tage vor meinem zweiwöchigen Pfingsturlaub. Am Montag hatte sie extreme Mühe gehabt anzufangen und dies nur unter spürbarem Widerwillen getan, dabei, wie ich meinte, halb auf eine Ermunterung meinerseits wartend. Dann hatte sie von ihrem kleinen Neffen Georg erzählt, der erstmals mit ihr Federball gespielt hatte, und davon, daß es ihr ein befremdlicher Gedanke schien, von anderen vielleicht für die Mutter gehalten zu werden. Ich hatte gedeutet, sie finde es ähnlich befremdlich, wenn sie den Eindruck von mir gewinne, daß ich noch Hoffnung habe. Dem hatte sie zugestimmt: dann müßte ich irgendwie verrückt sein, hatte aber schließlich hinzugefügt, daß sie darauf angewiesen sei, daß ich trotzdem noch so etwas wie Hoffnung habe.

Stundenmaterial

Sie schweigt einige Zeit (wie üblich). Nach etwa drei Minuten:

P.: (*zögerlich*) Ich war mit meinen Gedanken jetzt ganz bei gestern. – *Pause* – Bei der Arbeit war … – *Pause* – Wenn man nach 14 Tagen erstmals wieder … – *Pause* – Ich hab' mich so merkwürdig gefühlt. Fremd. Weiß gar nicht, wie das ist … – *Pause* – Natürlich hatte ich wieder zu kämpfen … – *Pause* – Es geht überhaupt nichts … Ada ist auch nicht da, sie ist zwei Wochen in der anderen Schicht und dann ist sie zwei Wochen im Urlaub. Ich fühle mich dann so krank. Auf der einen Seite bin ich froh. Weil wenn sie da ist, dann ist es wirklich anstrengend; ich bin eigentlich froh, wenn sie weg ist. Dann muß ich schon nicht reden. Auf der anderen Seite habe ich zu den anderen eigentlich gar keinen Kontakt. Fühle mich fremd. Wenn ich die Maria anschaue, die redet eigentlich mit jedem. Die hat Kontakte in der ganzen Abteilung. Ich sage eigentlich bloß etwas, wenn ich gefragt werde. Da bin ich auch froh, daß ich nicht so oft etwas sagen muß, weil es doch jedes Mal ein Kampf für mich ist. Die halten mich deshalb wahrscheinlich für seltsam. Ich kann auch gar nicht reden. Will eigentlich auch gar nicht. Andere sind in der Lage, eine Geschichte zusammenhängend zu erzählen. Die haben sogar Spaß daran, Anekdoten zu erzählen. Denen gelingt es auch ohne Probleme, alles zu erzählen, was notwendig ist, um die Geschichte zu verstehen. Da fühle ich mich so behindert. Ich habe auch gar keine Lust zu reden. So daß ich nur etwas sage, wenn jemand mich anspricht. – Pause – Da war dann auch mein Chef. Das ist zwar blöd, ich finde ihn ja ätzend. Aber manchmal doch auch ganz nett (*sie versucht, rasch darüber hinwegzugehen*), weil, er sitzt dann dabei und ist irgendwie auch interessiert. Aber ich bin außerstande, auch nur ein paar nette freundliche Worte mit ihm zu wechseln.

Aus Erfahrung weiß ich, daß Versuche, die kurz aufblitzende und dann übergangene libidinöse Regung anzusprechen, ihren sofortigen und heftigen Widerspruch hervorrufen und auch ein Nachsetzen die Situation lediglich zu einer Art Streitgespräch verkommen läßt. Zudem hatte sie in Partikeln etliches angesprochen, was mir einen unmittelbaren Bezug zur Übertragungssituation zu haben schien. Das versuche ich aufzugreifen.

A.: Sie fühlen sich sehr fremd und alleine, wenn Sie, wie gestern, nach einer Unterbrechung wieder hierher kommen. Sie würden am liebsten gar nichts sagen, oder eben nur dann, wenn Sie gefragt werden. Sie haben wohl das Gefühl, daß ich es daran gestern habe missen lassen. Und das alles ist besonders schwierig, wenn Sie zudem noch im Kopf haben, daß bald auch schon die Pfingstferien anstehen, wo ich dann weg bin.

P.: *(wirkt sehr irritiert)* Das hatte ich jetzt gar nicht im Kopf. *(Sie zögert, schweigt und wirkt verwirrt und unwillig.)* Die Termine weiß ich gar nicht. – Pause – Das muß ich erst nachschauen. Das mit Ihrem Urlaub – das hatte ich jetzt gar nicht gedacht. Eigentlich bin ich dann immer auch ganz froh.

Ich dachte, ich hätte den Zusammenhang zu rasch und unvermittelt hergestellt und versuche noch weitere Verbindungen zu ziehen.

A.: Das macht Ihnen jetzt zu schaffen. Auf der einen Seite sind Sie immer ganz froh, wenn ich weg bin, es entlastet Sie von einem Gefühl, so sehr auf mich fixiert zu sein. Dann aber merken Sie irgendwann auch, daß Ihnen etwas fehlt.

P.: *Sie verstummt und schweigt mindestens 10 Minuten. Schließlich setzt sie wie von vorne an*: Jetzt geht mir in letzter Zeit dauernd noch ein Lied durch den Kopf. – *Pause* – Ein Kinderlied. *Sie holt aus*: Georg hatte am Freitag in der Schule ein Vorsingen. Ich habe das ja erst am Freitag abend erfahren, als ich nach Hause gekommen bin. Georg war noch wach – er war da von Freitag abend bis Sonntag abend. Da hat er es erzählt. Ich hab dann gefragt, wer denn da alles eingeladen war – denn das hat mich schon richtig aufgeregt –, ich wußte natürlich gar nichts davon, aber ich bin ja auch immer nur am Wochenende da. Aber ich wollte doch wissen – aber da meldet sich die Susanne ja nie! Das könnte mich schon wieder aufregen! Ich wollte auf jeden Fall wissen, weil meine Eltern offensichtlich auch nichts davon wußten. Er sagte dann, ja eigentlich alle, seine Eltern und Opa und Oma und überhaupt. Ich habe dann zu ihm gesagt, er sei doch eine Nulpe, warum er dann niemandem Bescheid gegeben habe. Opa und Oma, wenn sie Zeit gehabt hätten, wären sicher gern gekommen. Aber es ist einfach typisch für die Susanne, daß die immer nur telefoniert, wenn sie etwas braucht, und ansonsten bei so einer Gelegenheit keinen Finger rührt und nicht anruft, wenn es darum geht, daß Georg mal im Mittelpunkt stehen würde und das würde ihm doch mal gefallen, wenn Opa und Oma dazu kämen. Aber da kümmert sich die Susanne nicht darum! (*Voller Empörung und Abscheu.*) Georg hat dann aber alles erzählt und auch einige Kostproben gegeben – beim 5. Mal ist es dann schon ein bißchen viel und ich hab ihm auch gesagt, daß ich das Lied jetzt langsam kenne. Es waren ein paar italienische Lieder darunter und englische und eines, das ging dann um den »Kookaburra« – und da habe ich gefragt, ob er denn auch weiß, was das bedeutet. Manche Bedeutungen wußte er dann, aber das habe die Lehrerin nicht übersetzt. Thomas war dabei und der hat dann erklärt, »Kookaburra« sei der Name der australischen Aborigines für einen Vogel – der lacht, auch im Lied heißt es dann immer »hahaha« (*sie macht es ein bißchen nach, bricht aber sofort wieder ab*) und der englische Name heißt »laughing Jack«. Auf jeden Fall habe ich das jetzt immer gehört und es ist schon … wie da jetzt ein schönes Kinderlied zu einer Qual wird … *(Sie verstummt und verfällt in Schweigen.)*

Während ihres Schweigens war mir klar geworden, daß ich ihre Irritation unzureichend aufgenommen hatte und sie mehr damit zu tun hatte, daß ich etwas eingeführt hatte, was ihr nicht bewußt gewesen war. So hatte ich ihre Erzählung vor allem als einen Versuch gehört, davon etwas mitzuteilen. Ihre kurze, sofort abgebrochene Imitation des Lachens hatte für mein Gefühl Häme hören lassen.

A.: Sie hören da offenbar eine Art von hämischem Lachen. Sie waren vorher so irritiert über meinen Hinweis auf die bevorstehenden Pfingstferien, die überhaupt nicht in Ihren Gedanken waren. Sie müssen mich so gehört haben, daß ich da irgendwie mit Häme darüber spreche, als verhöhne ich Sie damit.

P.: Ja. Wenn ich ehrlich sein soll – merkwürdig. Irgendwie habe ich schon das Gefühl gehabt, aber das ist vielleicht ein zu starkes Wort – daß da schon so etwas wie Häme war, irgendwie – meine Unterlegenheit. *(Sie scheint völlig verwundert darüber zu sein, daß sie mir gegenüber solche Vorstellungen hat.)*

A.: Anscheinend hören Sie da wirklich ein hämisches Lachen. Und das muß heißen, daß wenn ich die Ferien anspreche, Sie das Gefühl haben, ich weide mich heimlich daran, daß Ihnen in der Zeit etwas fehlen wird.

P.: Irgendwie daß Sie überlegen sind.

A.: Damit bin ich einer, der sich überhaupt nicht darum kümmert, was für Sie schön sein könnte, sondern ganz egoistisch nur seine eigenen Ferien im Sinn hat, wo er Sie loshaben will – so wie die Susanne, die den Georg abgibt – und sich nicht mehr darum schert, was Ihnen denn wirklich gut tun könnte.

P.: Werner hat ganz sicher keine Lust gehabt, dahin zu gehen und war sicher bloß völlig gelangweilt.

Kommentar

Ungewöhnlich an diesem Stundenanfang ist, daß jede Bezugnahme auf ihre Zwänge fehlt. Lediglich die zögerliche und zerrissene Sprechweise gibt einen Hinweis auf ihren zerrissenen inneren Zustand. Dabei stellt ihr erster Satz eine direkte Verbindung zur Montagsstunde her, die zwiespältig verlaufen war. Nach dem zähen Anfang war sie schließlich überrascht gewesen, als eine Mutter gesehen werden zu können. Meine Übertragungsdeutung hatte wohl einen richtigen Punkt getroffen, sie aber wegen der Heftigkeit ihrer libidinösen Wünsche mir gegenüber sicher auch verstört, was in dem rasch übergangenen Hinweis auf den Chef wieder auftaucht. Insgesamt wirkt sie aber kohärenter als sonst oft, was dazu beigetragen haben mag, daß ich etwas forscher war. Ich glaubte, in ihrem Material, in dem sie sehr unmittelbar über ihre Erfahrung bei einer Wiederbegegnung spricht, so viel halbbewußtes Wissen über meinen bevorstehenden

Urlaub zu hören, daß ich in meiner Deutung nicht nur ihre unmittelbare Reaktion auf die heutige Wiederbegegnung aufgriff, sondern eine Verbindung zur Vorstunde und zum Urlaub herstellte.

Sie reagiert, als hätte sie einen Schlag bekommen, was mich in Anbetracht der inhaltlichen Bezüge überrascht. Erst später konnte ich sehen, daß ich die Urszene in Form meines Urlaubs für ihr Gefühl gewaltsam in die Stunde gebracht hatte. In meiner zweiten Intervention setze ich diese Linie fort, deute ihre »Fixierung« und ihre unerträgliche Sehnsucht, woraufhin sie verstummt.

Erneut ist es ungewöhnlich – und wie ich glaube, Folge der in letzter Zeit besser gewordenen Verständigung zwischen uns, des gelungenen Kontakts am Ende der Montagsstunde und wohl dem Gefühl, auch an dieser Stelle nicht ganz unverstanden zu sein –, daß sie sich nicht zurückzieht, sondern nach langer Pause sogar fähig ist, eine zusammenhängende Geschichte zu erzählen. Über Susanne läßt sie mich wissen, wie vernachlässigend sie mich in diesem Moment empfunden hat, als einen, der nur dann etwas sagt, wenn es seine eigenen Belange betrifft (Urlaub), und der gleichgültig und unbeteiligt bleibt, wenn sie im Mittelpunkt stehen könnte.

In ihrer Erzählung taucht dann ein kindlicher Anteil auf, der auf die erlebte Abwesenheit des Objekts mit einem Lied in endloser Wiederholung antwortet und so penetrant darauf hinweist, wie unerträglich das war (und damit etwas von der Genese der Liedzwänge verrät). Dieser läßt sich aber vom jetzt wieder anwesenden Objekt stoppen, und es ist möglich, mit ihm in eine Kommunikation über den Inhalt des endlos wiederholten Liedes einzutreten. Die Patientin betont jedoch, in ihr gehe es nicht so gutartig zu, es werde sich nicht so einfach stoppen lassen, obwohl sie tatsächlich gutartig reagiert hatte, indem sie wieder angefangen hatte zu reden. Als ich meinerseits die Häme ansprechen kann, die sie meiner Deutung entnommen hat, wird sie noch kooperativer; in dem Augenblick fühlt sie sich offenbar hinreichend verstanden.

Als ich am Schluß deute, wie sehr sie sich durch mich vernachlässigt gefühlt hatte, äußert sie (anhand von Werner) die Vermutung, ich sei nur pflichtgemäß interessiert, hätte in Wirklichkeit keine Lust und sei eigentlich gelangweilt. Mir scheint das eine direkte Reaktion auf das hereinbrechende Stundenende, das für sie ein Beweis meines Desinteresses ist.

Wie man aus diesem Schluß schon ahnen kann, ging es im weiteren durchaus nicht immer so konstruktiv weiter, wie diese Stunde vermuten lassen könnte, obwohl sich für mein Gefühl eine allmähliche Änderung abzeichnet.

Die Unveränderlichkeit der zwangsneurotischen Symptomatik erscheint mir nach dem bisher Gesagten in einem neuen Licht. Jede Symptombesserung setzte die Patientin unweigerlich wieder jener schrecklichen Situation aus, die sie aus ihrem Klinikaufenthalt beschrieben hatte, als die Zwänge verschwunden waren und sie fürchtete, verrückt zu werden. Insofern »darf« sich auch nichts ändern. Was in der Analyse jedoch möglich erscheint, ist wie im Schatten der Zwänge ein besseres Verständnis der zugrundeliegenden inneren Situation zu gewinnen.

Dies führt zurück auf die Frage der »richtigen Technik«. Nach meinem Dafürhalten muß sie die gesamte Situation berücksichtigen, und das heißt bei meiner Patientin zunächst die psychische Bedeutung der oben beschriebenen Anfangssituationen, den hochaufgeladenen Wiederbegegnungen mit dem Objekt und den daraus erwachsenden Folgen. Über eine weite Strecke der Analyse erfuhr ich von dieser allerdings fast ausschließlich durch meine Erfahrung in der Gegenübertragung, und das heißt, vor allem durch die Tortur, der ich in dieser ausgesetzt war. Versuche, dieser Erfahrung zu entgehen, z. B. durch Fragen oder durch den Versuch, etwas zu »wissen« über die Bedeutung der Symptome, erwiesen sich als unwirksam oder schädlich. Manchmal folgte eine kurze Phase unterwürfiger Kooperation, häufiger ein verärgerter oder beleidigter Rückzug. Wahrscheinlich empfand die Patientin solche Situationen zu Recht als ein Versuch der Reprojektion genau der unerträglichen Gefühle, von denen sie sich Erleichterung erhofft hatte. Erst als ich mühsam gelernt hatte, etwas mehr von diesen mal quälenden und unsäglich frustrierenden, mal schier verrückt machenden Empfindungen zu tolerieren, konnte sie etwas offener werden.

Das bedeutet m. E., daß es sich um Erfahrungen auf einer Ebene handelt, in der Kommunikation fast ausschließlich auf dem Weg der projektiven Identifizierung möglich ist. Deutungen müssen also berücksichtigen, daß der Adressat sich in einer Verfassung befindet, in der z. B. eine umfassendere zeitliche Orientierung unmöglich ist und Bezugnahmen auf Elemente außerhalb der unmittelbaren Erfahrung in der Stunde den Charakter einer gewaltsamen Einführung einer Urszene annehmen. Wenn sie allerdings die qualvollen Erfahrungen der Patientin in der Stunde treffend beschreiben, scheinen sie einen Weg zu langsamer Veränderung zu eröffnen.

Zusammenfassung

Ich habe versucht, einer, wie ich glaube, typischen Übertragungs-Gegenüber-tragungssituation in der Analyse einer zwanghaften Patientin nachzugehen und ihre Wurzeln aufzufinden. Diese sehe ich vor allem in den Folgen einer überwältigenden und fragmentierenden (psychotischen) inneren Attacke angesichts der Wahrnehmung der Urszene und der mißlingenden analen Beherrschung der daraus entstandenen bizarren Objekte. Dabei sind machtvolle projektive Prozesse am Werk, die den Analytiker in eine ähnliche Verfassung bringen und die Gefahr einer fortgesetzten sadomasochistischen Verstrickung in sich tragen. Die Deutungstechnik muß nach meiner Auffassung berücksichtigen, daß der angesprochene primitive Persönlichkeitsanteil zu einer weiteren zeitlichen Orientierung nicht fähig ist, und das unmittelbare Erleben in der Stunde aufzunehmen versuchen.

Summary

When Nothing Is Allowed to Change – Theoretical and Technical Aspects in the Analysis of an Obsessional Patient

I have tried to investigate into a typical transference-countertransference situation in the analysis of an obsessional patient. The roots can be found, I believe, in the consequences of an overwhelming and fragmenting (psychotic) inner attack caused by the awareness of the primal scene, and the failing anal control of the resulting bizarre objects. Powerful projective processes are at work which submit the analyst to a similar state of mind and contain the risk of a continuous sado-masochistic collusion. In my opinion, the technique of interpretation has to take into consideration that the addressed primitive part of the personality is incapable of a wider orientation in time and, therefore, one must address the immediate experience of the patient in the session.

Literatur

Abraham, K. (1913): Über Einschränkungen und Umwandlungen der Schaulust bei den Psychoneurotikern nebst Bemerkungen über analoge Erscheinungen in der Völkerpsychologie. In: *Gesammelte Schriften*. Bd. II, hg. von J. Cremerius. Frankfurt am Main: Fischer 1982, 226 – 284.

Asseyer, H. (2002): The exclusion of the other. A clinical contribution to an object-relations theory of obsessional defence. In: *Int. J. Psychoanal.* 83, 1291 – 1309.

Bion, W. R. (1956): Development of schizophrenic thought. In: *Int. J. Psychoanal.* 37, 344 – 346.

— (1957): Differentiation of the psychotic from the non-psychotic personalities. In: *Int. J. Psychoanal.* 38, 266 – 275. Dt.: Zur Unterscheidung von psychotischen und nicht-psychotischen Persönlichkeiten, übers. von E. Vorspohl. In: E. B. Spillius (Hg.): *Melanie Klein Heute*. Bd. 1. München: Verlag Internationale Psychoanalyse, 1990, 75 – 99.

— (1959): Attacks on linking. In: *Int. J. Psychoanal.* 40, 308 – 315. Dt.: Angriffe auf Verbindungen, übers. von E. Vorspohl. In: E. B. Spillius (Hg.): *Melanie Klein Heute*. Bd. 1. München: Verlag Internationale Psychoanalyse, 1990, 110 – 129.

— (1962): A Theory of thinking. In: *Int. J. Psychoanal.* 43, 306 – 310. Dt.: Eine Theorie des Denkens, übers. von E. Vorspohl. In: E. B. Spillius (Hg.): *Melanie Klein Heute*. Bd. 1. München: Verlag Internationale Psychoanalyse, 1990, 225 – 235.

Couve, C. (2007): Zwanghafte Angst vor Toten: Die Beziehung zwischen zwanghafter und schizoider Organisation. In diesem Band, 43 – 69.

Eickhoff, F.-W. (1996): Über magische Allmachtsphantasien bei Zwangsneurotikern. Zum Beitrag von Karl Abraham. In: *Psychoanalyse heute und vor 70 Jahren,* hg. von H. Weiß / H. Lang. Tübingen: edition diskord, 109 – 125.

Fenichel, O. (1997 [1945]): *Psychoanalytische Neurosenlehre*. Bd. 2. Gießen: Psychosozial-Verlag.

Frank, C. (1999): *Melanie Kleins erste Kinderanalysen – die Entdeckung des Kindes als Objekt sui generis von Heilen und Forschen*. Stuttgart-Bad Cannstatt: frommann-holzboog.

— (2007): Seitwärts-Gehen. Zum Abbruch der Analyse einer Zwangskranken nach Symptomfreiheit. In diesem Band, 11 – 41.

Freud, A. (1966): Obsessional neurosis: A summary of psycho-analytic views as presented at the congress. In: *Int. J. Psychoanal.* 47, 116 – 122. Dt.: Psychoanalytische Theorien über Zwangsneurose. Eine Zusammenfassung. In: *Die Schriften der Anna Freud*. Bd. VI. München: Kindler, 1987, 1839 – 1857.

Freud, S. (1909 d): Bemerkungen über einen Fall von Zwangsneurose. In: *GW 7*, 379 – 463.

— (1912 – 13 a): Totem und Tabu. In: *GW 9*.

— (1913 i): Die Disposition zur Zwangsneurose. In: *GW* 8, 442 – 452.

— (1918 b [1914]): Aus der Geschichte einer infantilen Neurose. In: *GW* 12, 27 – 157.

— (1819 a [1918]): Wege der psychoanalytischen Therapie. In: *GW* 12, 183 – 194.

— (1925 h): Die Verneinung. In: *GW* 14, 11 – 15.

Kanzer, M. (1952): The transference neurosis of the Rat Man. In: *Psychoanal. Q.* 21, 181 – 189.

Klein, M. (1927 a): Symposium zur Kinderanalyse. In: *Gesammelte Schriften.* Bd. I,1, hg. von R. Cycon. Stuttgart-Bad Cannstatt: frommann-holzboog, 1995, 211 – 256.

— (1932): Die Psychoanalyse des Kindes. *Gesammelte Schriften.* Bd. II, hg. von R. Cycon. Stuttgart-Bad Cannstatt: frommann-holzboog, 1997.

— (1940): Die Trauer und ihre Beziehung zu manisch-depressiven Zuständen. In: *Gesammelte Schriften.* Bd. I,2, hg. von R. Cycon. Stuttgart-Bad Cannstatt: frommann-holzboog, 1996, 159 – 199.

Rosenfeld, H. (1971): A clinical approach to the psychoanalytical theory of the life and death instincts: an investigation into the aggressive aspects of narcissism. In: *Int. J. Psychoanal.* 52, 169 – 178. Dt.: Beitrag zur psychoanalytischen Theorie des Lebens- und Todestriebes aus klinischer Sicht: eine Untersuchung der aggressiven Aspekte des Narzißmus, übers. von L. Köhler. In: E. B. Spillius (Hg.): *Melanie Klein Heute.* Bd. 1. München: Verlag Internationale Psychoanalyse, 1990, 299 – 319.

Sodré, I. (1994): Obsessional certainty versus obsessional doubt: From two to three. In: *Psychoanal. Inq.* 14, 379 – 392.

Hermann Erb, Honoldweg 6, 70193 Stuttgart, HermannErb@t-online.de

Der Ausschluß des anderen

Ein kasuistischer Beitrag zu einer Objektbeziehungstheorie zwanghafter Abwehr

Hans Asseyer *

I. Einleitung

Diese Studie befaßt sich mit der Struktur und Beziehungsdynamik zwanghafter Abwehr, wie sie sich in ausgeprägter Form in der Behandlung eines schwer gestörten Patienten darstellte, der eine starke Abschottung und Einkapselung seiner Persönlichkeit aufwies. Seine Pathologie bewegte sich offensichtlich im Grenzbereich zur Psychose, wobei sich aber m. E. aufzeigen läßt, daß die psychotisch anmutenden Phänomene eher Ausdruck einer Entwicklungshemmung waren und nicht so sehr Anzeichen für die Gefahr einer psychotischen Regression und Desintegration, die im Verlauf der vierstündig durchgeführten Behandlung auch zu keinem Zeitpunkt gegeben war.

Mit dem Thema des Zwangs ist ein Bereich angesprochen, der nach meinem Eindruck gerne übergangen und in seiner Eigenart und Bedeutung nicht genügend gewürdigt wird. Zwangsstörungen scheinen ein Stiefkind der psychoanalytischen Forschung zu sein, obwohl die von Freud herausgearbeitete dia-

---

* Hans Asseyer (1950–2002), Dr. med., Facharzt für Psychiatrie und Psychotherapie, Lehranalytiker der DPV (Zweig der IPA), arbeitete 13 Jahre in eigener Praxis in Karlsruhe. Veröffentlichungen zu »Objektverlust und psychotische Regression« (1991) und »The Exclusion of the Other« (2002).

gnostische Kategorie der »Zwangsneurose« im Verlauf der Theorieentwicklung eine große Rolle gespielt hat. In Freuds Schriften ist sie die wohl am häufigsten behandelte seelische Störung (Freud 1973). Darüber hinaus hat er sie oft in einen kulturtheoretischen Zusammenhang gestellt (Freud 1907 b, 1912 – 1913 a, 1927 c, 1930 a). Im Frühwerk von Melanie Klein, das an Abrahams grundlegende Studien anknüpft (Abraham 1920, 1923, 1924), kommt ihr ebenfalls noch ein wichtiger Stellenwert zu (Klein 1932), während sie in den späteren Arbeiten an Bedeutung verliert (vgl. Hinshelwood 1989). Seit dem IPV-Kongreß von 1965 über die Zwangsneurose hat die Beschäftigung mit diesem Thema sehr nachgelassen, das in der gegenwärtigen Diskussion als eigenständige Störungsform nur noch wenig Beachtung findet.

Ich kann in diesem Rahmen nicht näher auf die Gründe für diese Vernachlässigung eingehen, die möglicherweise mit der Tatsache korrespondieren, daß die Häufigkeit von Zwangsstörungen lange Zeit stark unterschätzt wurde, wie neuere epidemiologische Studien (Sasson et al. 1997) gezeigt haben. Auch wenn sich der therapeutische Zugang als schwierig erweist (vgl. Amitai 1977), bleibt die Psychoanalyse hier gefordert, ihre Zuständigkeit und Kompetenz unter Beweis zu stellen. Die Zwangsneurose hat auch in theoretischer Hinsicht dieses geringe Interesse nicht verdient, weil ihren Mechanismen eine Relevanz zukommt, die über den Bereich hinausgeht, in dem sie klinisch als Diagnose in Erscheinung tritt. Diese Mechanismen sind eng mit der Ich-Entwicklung verknüpft, sowohl in Bezug auf seine Funktionen als auch im Hinblick auf die Entfaltung des Ich-Gefühls. Dem entspricht ihr ubiquitäres Auftreten in einem breiten Spektrum von leichten neurotischen bis zu schweren Charakterstörungen und Psychosen.

Im folgenden möchte ich zunächst vor einem entwicklungspsychologischen Hintergrund und im Hinblick auf die Gestaltung des Übertragungs-/Gegenübertragungsgeschehens eine Reihe von allgemeinen theoretischen Überlegungen skizzieren, um ein differenzierteres Verständnis der spezifischen Beziehungsstörung zu gewinnen. Anschließend sollen einige grundlegende therapeutische Entwicklungsschritte aus dem Behandlungsverlauf dargestellt werden, um die Relevanz der aufgeführten Gesichtspunkte zu verdeutlichen.

II. Theoretische Überlegungen

a) Die Entwicklung des Berührungstabus

In ihrer Zusammenfassung auf dem oben erwähnten Kongreß über die Zwangsneurose listet Anna Freud eine lange Reihe von Abwehrmechanismen auf, die bei dieser Störung wirksam werden; sie nennt: Verleugnung, Verdrängung, Regression, Reaktionsbildung, Isolierung, Ungeschehenmachen, magisches Denken, Zweifel, Unentschlossenheit, Intellektualisierung, Rationalisierung – und fügt hinzu, daß sich ihr Einsatz, abgesehen von der Regression, auf das Denken konzentriert. Das äußere klinische Bild sieht sie hauptsächlich durch drei Faktoren bestimmt:

> durch die Reaktionsbildungen, die den Eindruck von Stabilität und Unveränderlichkeit hervorrufen; durch die Intensität der Gegenbesetzungen, die einen ständigen inneren Aufwand erfordern; und durch die Überfülle von Intellektualisierungen, d. h. durch den Versuch, Triebenergie im Denken nach dem Sekundärprozeß zu binden. (Anna Freud 1980, 1841)

In dieser Aufstellung möchte ich »Gegenbesetzung« als zentralen Begriff hervorheben, dem auch die beiden anderen Faktoren subsumiert werden können. Er bezieht sich auf Ich-Aktivitäten, die das Auftauchen verdrängter Wünsche und Impulse verhindern sollen; sein besonderer Stellenwert zeigt sich aber darüber hinaus in der großen Bedeutung, die die Bildung von Gegensätzen und das Gegeneinanderausspielen von Gegensätzen für diese psychische Organisation hat.

Freud hat in den Nachträgen zu *Hemmung, Symptom und Angst* (Freud 1926 d) eine Unterscheidung getroffen 1. zwischen einer inneren Gegenbesetzung, die sich direkt gegen den Trieb wendet und 2. einer nach außen gerichteten Gegenbesetzung, die die Aktivierung von Triebregungen durch Vermeidung »gefährlicher Wahrnehmungen« (ebd., 191) zu verhindern sucht – wofür er den Begriff »Skotomisation« (ebd., 191) aufgreift. Erstere sei besonders für die Zwangsneurose kennzeichnend, während die zweite Form eher der Eigenart der Hysterie entspreche. Diese von Freud vorgenommene Differenzierung verdeutlicht, daß die Gegenbesetzung für den Zwangsneurotiker eine tiefe und immer präsente Kluft zwischen innerer und äußerer Realität bedeutet, während es der für die Hysterie typische Mechanismus zustandebringt, äußere und innere Realität in eine, wenn auch nur vorübergehende und illusionäre Übereinstimmung zu bringen. Die letztgenannte Tendenz hat zur Folge, daß der Analytiker von vornherein viel stärker in die inneren Beziehungsmuster des Patienten verstrickt wird, während es für den zwanghaften Patienten zunächst charakteristischer zu sein scheint, daß er jede Verwicklung zu vermeiden trachtet und sich abschottet.

Betrachten wir zwanghafte Abwehrmechanismen unter dem Blickwinkel zwischenmenschlicher Kommunikation, so stellen sie sich als ein spezifischer Modus dar, Beziehung zu vermeiden oder auf paradoxe Weise mit ihr umzugehen. Er zeichnet sich dadurch aus, daß die konkrete äußere Beziehung dazu eingesetzt wird, einer inneren, emotionalen Beziehung auszuweichen. Die zwanghafte Abwehr rückt die Überbesetzung von Denkvorgängen, verbunden mit einer Fixierung an die äußere, sachliche Realität, zwischen das Selbst und das Objekt. Sie kann das Selbst mit einer habituellen konkretistischen Schale umschließen, die keinen Zugang mehr zur inneren Welt zu erlauben scheint. Von verschiedenen Autoren (Tustin 1981, Ogden 1989) sind Parallelen zu autistischen Funktionsweisen hervorgehoben worden. So wie das autistische Objekt dazu verwendet wird, Kontakt zu vermeiden, kann auch das Denken dazu benutzt werden, Verständigung und Austausch zu blockieren.

Diese Auffassung ist in gewisser Hinsicht von Freud vorbereitet worden, indem er das Berührungstabu als auffälligstes Charakteristikum der Störung herausgestellt hat (Freud 1912–1913a). Es bezieht sich nicht nur auf direkte Körperberührung, sondern auch im übertragenen Sinne auf gedankliche Berührungen, schließt also ein Assoziationsverbot mit ein. In der Einleitung zur Krankengeschichte des Rattenmannes verwundert er sich darüber, daß das Verständnis einer Zwangsneurose so schwierig sei. Eigentlich sollte die Einfühlung doch leichter gelingen als z. B. in die Hysterie, weil die Sprache der Zwangsneurose »dem Ausdruck unseres bewußten Denkens verwandter ist als der hysterische« (Freud 1909 d, 382). Anna Freud hat dem entgegengehalten,

daß die Zwangsneurose nicht trotz, sondern wegen ihrer Verwendung der normalen Denkprozesse so schwer zu durchschauen ist: indem sie diese Prozesse pathologisch mißbraucht, bemächtigt sie sich des Mediums der Kommunikation selbst und beraubt uns der Fähigkeit, uns mit dem Patienten und den Irrwegen seines Denkens und Argumentierens zu identifizieren. (a. a. O., 1840)

Dieses Zitat verdeutlicht den paradoxen Einsatz von Kommunikationsmitteln, um Kommunikation zu verhindern. Die Abwehr verhindert Nähe und Verständigung, sie richtet sich gegen die lebendige, gefühlte Gegenwart des anderen. Auch wenn sich die Beziehung äußerlich eng oder sogar klebrig gestalten mag – eine solche Konstellation ist durchaus typisch – so kann sie doch dazu benutzt werden, den anderen auszuschließen, zu entwerten bzw. auf verschiedene Weise zu negieren.

Dieses Verhalten findet eine Entsprechung in der Beziehung zu den Primärobjekten in der anal-sadistischen Phase. Freud hat 1913 erstmals von dem klinischen Bild der Zwangsneurose auf die Existenz dieser prägenitalen Stufe der Libidoorganisation geschlossen. Sie steht entwicklungspsychologisch in enger Verbindung mit den Loslösungs- und Individuationsprozessen, die Mahler (1975) beschrieben hat. Auf dieser Stufe versucht das Kind, mit Hilfe allmählich zunehmender kognitiver und motorischer Fähigkeiten einen Zustand von Hilflosigkeit und Ausgeliefertsein zu überwinden, durch aktive Steuerung und Kontrolle Autonomie zu gewinnen, und es tritt in eine charakteristische Opposition zu seinen Primärobjekten. Durch die Möglichkeiten, über die es verfügen lernt, insbesondere auch die anale und urethrale Sphinkterkontrolle, macht es deutlicher die Erfahrung von Ich-Grenzen und von einem abgeschlossenen inneren Raum, über den es nach dem Vorbild der Defäkation aktiv verfügt, in welchem es Objekte bewahren und aus dem es sie verstoßen kann. Shengold (1985) mißt diesen körperbezogenen Prozessen eine solche zentrale Bedeutung bei, daß er die psychische Geburt i. S. Mahlers in einer metaphorischen Sicht als eine »anale Geburt« begreift.

Unter dem Aspekt der Libidoorganisation, also der Art und Weise, wie das Kind mit seinen Liebesobjekten umgeht, haben Freud und Abraham für diese Stufe typische polare Gegensätze herausgestellt, insbesondere den Konflikt zwischen Narzißmus und Objektliebe und die starke Ambivalenz von Liebe und Haß. Abraham (1924) hat die Grenze zwischen Neurose und Psychose in dieser Phase festgemacht, indem er sie in zwei Abschnitte unterteilte. Nach seiner Auffassung überwiegen auf der früheren Stufe die objektzerstörenden, ausstoßenden Impulse, während auf der späteren die objektfreundlichen, bewahrenden Regungen die Oberhand behalten. Eine Fixierung auf der früheren Stufe hat die tiefe Regression der Melancholie zur Folge, die sich bis auf ein oral-sadistisches Niveau fortsetzt. Dagegen lokalisiert er den Fixierungspunkt der Zwangsneurose in der späteren Subphase, in der die Beziehung zum Objekt aufrechterhalten wird.

Der Kompromiß, der die zwanghafte Abwehr kennzeichnet, weist meiner Ansicht nach eine Reihe von Besonderheiten auf, die ich im folgenden darlegen und erörtern möchte und später anhand meines Fallmaterials versuchen werde zu belegen.

Das Erreichen relativer Autonomie und Ich-Abgrenzung im Verlauf der analen Phase wird um den Preis einer Abschottung erkauft, die den Beginn des Berührungstabus darstellt. Sie schränkt die affektive Kommunikation ein und verhindert für die weitere Entwicklung notwendige Austauschprozesse auf der Basis projektiver und introjektiver Identifizierungen. Diese Abschottung läßt sich als das Ergebnis einer vorzeitigen und überzogenen Autonomieanstrengung auffassen. Sie geht mit dem Bemühen einher, die Primärobjekte, insbesondere die Mutter, aus dem psychischen Binnenraum zu verbannen, während gleichzeitig an der äußeren Beziehung in kontrollierender Weise festgehalten wird. Das Kind versucht, sich auf diese Weise von einer Beziehung zu distanzieren, die mit quälenden ambivalenten Gefühlen von Haß, Liebe und Frustration verbunden ist. Der Ausschluß richtet sich gegen eine Mutter, die regressive Wünsche auslösen könnte, die mit großer Angst vor Verschmelzung und Auflösung einhergehen und als Identitätsverlust erlebt werden. Er bezieht sich auch auf die Mutter, die mit dem Vater verbunden ist, also auf alle Formen ödipaler Konflikte.

Als Folge dieser Ausgrenzung wird der Austausch zwischen äußerem Objekt und innerer Objektrepräsentanz aufgehoben und die Entwicklung zu reiferen Beziehungsmustern gehemmt. Die Mutter fällt in ihrer Vermittlungsfunktion zwischen innerem Erleben und äußerer Realität fort. An die Stelle ihres regulierenden Einflusses tritt der Versuch, auf omnipotente magische und konkretistische Weise, wie es diesem frühen Entwicklungsniveau entspricht, mit Hilfe des Denkens die innere wie die äußere Wirklichkeit zu kontrollieren und zu manipulieren. Die Selbstachtung wird an das Gelingen dieser Operationen geknüpft. Ein Versagen kann als unverzeihlicher »Fehler« angerechnet werden und katastrophale Bedeutung bekommen. Wie Grunberger in seinen Ausführungen zur analen Objektbeziehung (1960) und zur Zwangsneurose (1966) dargestellt hat, tritt die libidinöse Besetzung des Objekts ganz zugunsten der narzißtischen Besetzung von Kontrollfunktionen zurück.

Diese Entwicklung geht mit einer ausgeprägten Polarisierung und Aufspaltung zwischen dem Erleben des psychischen Binnenraumes und der Außenwelt einher, zwischen denen keine Harmonie und Einheit mehr möglich wird. Da

Phantasien die Verbindung zur Mutter herstellen, d. h. den Wunsch nach ihr zum Ausdruck bringen, aber auch die destruktiven Impulse gegen sie, die ungeschehen gemacht werden sollen, wird die Phantasietätigkeit abgespalten. In ihrer narzißtischen Isolierung kann sie ein Eigenleben fortführen, in dem omnipotentes und magisches Denken und Fühlen vorherrschen und Abhängigkeit verleugnet werden kann. Dieser Binnenraum wird sorgfältig gegen eine Umgebung abgeschirmt, die scheinbar rationalen Maßstäben von Anpassung und Kontrolle unterworfen wird, welche aber, wie beschrieben, narzißtisch hochgradig überbesetzt sind und ihren Ursprung in magischem und konkretistischem Erleben haben.

Diese Aufspaltung dient wesentlich dazu, mit der ausgeprägten Gefühlsambivalenz fertig zu werden und Verwicklungen mit realen Objekten zu vermeiden. Das Kind vergewissert sich nach außen hin, daß »alles in Ordnung ist«, und versucht an der Illusion festzuhalten, daß nichts zerstört und verloren ist, weil sich im Grunde nichts verändert hat in der äußeren Beziehung. Da diese Abschottung nicht durchgehalten werden kann, kommt es in Versagungs- oder Verführungssituationen zu Konflikten, die einen um so massiveren Einsatz projektiver Identifizierungen zur Folge haben, je stärker sich das Identitätsgefühl auf den Ausschluß wesentlicher Anteile der psychischen Realität gründet, die nicht ins Selbst integriert wurden.

Für das Verständnis der Beziehungsdynamik, die sich im Behandlungsverlauf herstellt, erscheint mir eine weitere Überlegung wichtig. Das Bestreben, die Mutter aus dem inneren Raum zu verbannen, erfolgt auf einer kognitiven Stufe, auf der sie als äußeres Objekt gleichzeitig noch als allwissend und allgegenwärtig empfunden wird. So können Ängste vor Strafe und Vergeltung auftreten, aber auch die Phantasie, die Mutter könnte in den intrapsychischen Raum eindringen, um den ursprünglichen Zustand wieder herzustellen. Gegen diese als bedrohlich erlebte Verführung versucht sich das Kind zu schützen. Inneres und äußeres Geschehen werden also streng getrennt und die Objektbeziehung dementsprechend in ein inneres und ein äußeres Objekt aufgespalten.

b) Die Gestaltung der Übertragungs-/Gegenübertragungsbeziehung

Diese Abwehrkonstellation prägt das Übertragungs-/Gegenübertragungsgeschehen. Da das äußere Objekt nicht mit dem inneren in Berührung kommen darf, sind Verständnis und Empathie gefährlich und müssen mit allen Mitteln abgewehrt werden. Der Analytiker soll sich eben nicht einfühlen können. Wenn er eine Deutung gibt, wird dadurch ein äußeres Faktum gesetzt, an das sich die Aufmerksamkeit und das Denken des Patienten festhaftet. Auch wenn die Deutung richtig sein mag, kann der Patient so damit umgehen, daß er das Gesagte nicht als Widerspiegelung seines inneren Erlebens aufnimmt, sondern als Ersatz dafür. Er erscheint wie jemand, der seine eigene Kerze ausgehen läßt, wenn er in der Dunkelheit ein anderes Licht aus der Ferne auf sich zukommen sieht – um ein Bild von Kafka aufzugreifen. Dadurch entsteht im Analytiker Unlust, etwas zu sagen, und überhaupt ein Widerwille gegen Worte. Der Patient vermeidet, sich zu erkennen zu geben, sich zu identifizieren. Es soll kein Bild von ihm entstehen – im Gegensatz zur hysterischen Abwehr, durch die versucht wird, ein bestimmtes Bild vorzutäuschen. Im Unterschied zum hysterischen Patienten liebt der Zwangsneurotiker keine Zuschauer. Er versucht darum typischerweise zu vermitteln, »daß nichts ist«. Der innere Schauplatz scheint leer zu bleiben und das Geschehen auf Schauplätze außerhalb der analytischen Situation verlagert.

Auch wenn das Verhalten oberflächlich den Eindruck von Anpassung und Unterwerfung vermittelt, so ist die Beziehung doch im Grunde durch Verweigerung und Abschottung bestimmt. Daraus ergibt sich ein charakteristisches Gegenübertragungsgefühl. Da das Sprechen dazu dient, Kontakt zu vermeiden, reagiert der Analytiker mit Müdigkeit, Gequältsein und Ärger. Der Diskurs kann durch eine ausgeprägte Isolierungstendenz so aufgesplittert sein, daß keine Zusammenhänge deutlich werden. Mein Patient stellte wiederholt fest, er sei heute wieder so »faserig«. Mir erging es häufig so, daß ich in der Stunde nichts verstand; aber wenn ich hinterher protokollierte, erschienen mir die Zusammenhänge klar ersichtlich. Es lag alles in der Stunde beieinander, aber ich konnte die Verbindung nicht herstellen. Infolge der emotionalen Abschottung war seine innere Beteiligung in der Stunde oft schwer einschätzbar. So überraschte er mich mit der sachlich klingenden Feststellung, er habe jetzt Tränen in den Augen. Wir hatten über Angst und Alleinsein am Wochenende gesprochen; aber ich hatte überhaupt nicht mitvollzogen, daß er seine innere Distanz, die er allen Themen gegenüber aufrechterhalten konnte, aufgegeben hatte.

Unter solchen Bedingungen ist es schwer, die Signale aufzunehmen, die die Kontaktsuche des Patienten anzeigen. Die Kommunikation ist brüchig, und der Analytiker muß mit wesentlich weniger emotional signifikanten Daten auskommen als sonst. Es fehlt an dramatischen Zuspitzungen und Verdichtungen.

Die leisen Töne herrschen vor, und oft droht die unbewußte Mitteilung unter Rationalisierungen und der Induktion negativer Gegenübertragungsgefühle verlorenzugehen. Wenn sich der Patient auf fast unmerkliche Weise zunehmend mit dem Analytiker verwickelt und projektive Identifizierung einsetzt, transportiert er ein wiederkehrendes quälendes Gefühl von Nichtbeziehung, Unbefriedigtsein und fehlender Anerkennung. Er erzeugt im Analytiker schließlich heftige Gefühle von Enttäuschung und Wut, die zu überraschenden Gegenübertragungsreaktionen führen können, weil sie in einer Atmosphäre auftreten, die durch Lähmung und Anästhesie gekennzeichnet ist. Dies ist besonders dann der Fall, wenn der Patient nach guten Stunden den Kontakt wieder abzubrechen scheint und dahin zurückkehrt, mit Worten eine zähe, klebrige und undurchdringliche Oberfläche zu schaffen, die jede Hoffnung auf Worte, die etwas mitteilen, Austausch ermöglichen und einen inneren Raum erschließen können, erstickt. Indem er verleugnet, was abläuft, und beteuert, »daß nichts ist«, bestätigt er gerade den quälerischen Charakter der Situation.

Beziehung konstelliert sich innerhalb und außerhalb der Übertragung nach zwei Grundmustern, in denen der Patient projektiv seine innere Situation darstellt. Sie konfiguriert sich zum einen um den Ausschluß des inneren Objekts und zum anderen um die Angst vor dem äußeren Objekt. Dementsprechend ist die Beziehung entweder frustrierend, das Objekt abwesend und nicht verfügbar – oder aber verfolgend und eindringend. So erlebte mein Patient die Mutter als emotional nicht erreichbar, den Vater dagegen als aufdringlich und brutal. Die Freundin nahm abwechselnd beide Positionen ein, indem sie ihn einerseits sexuell auf Distanz hielt, andererseits eingehende Befragungen mit ihm anstellte, die seine früheren Besuche bei Prostituierten betrafen. Dagegen hatte er vom Vater in der Adoleszenz das Gefühl, daß er ihm Mädchen aufdrängen wollte, also auf manipulative und fast gewalttätige Weise versuchte, das Begehren quasi wieder in sein Recht einzusetzen. Auch der Analytiker wird als Eindringling gefürchtet, daher möglichst in einer neutralen Stellung fixiert oder als jemand belächelt, der dem Patienten etwas einreden möchte. In der anderen Position erscheint er zunächst in der Version des »falschen« bzw. nicht geeigneten Objekts, weil er z. B. das falsche Geschlecht hat oder weil er eben Analytiker ist und kein persönlicher Freund. Alle diese Konstellationen sind Variationen der einen intrapsychischen Gegebenheit, daß das begehrte Objekt abwesend ist und statt dessen immer etwas Sekundäres erscheint, das sich von außen aufdrängt, also nicht mehr das Ursprüngliche ist, sondern Entfremdung bedeutet und daher keine Identifizierung ermöglicht.

c) Das konkretistische Erleben in der Behandlungssituation

Ein wesentliches strukturelles Hemmnis in der Behandlung stellt der Konkretismus dar, weil durch ihn die Fähigkeit, sich mit der intrapsychischen Realität auseinanderzusetzen, stark eingeschränkt ist. Meine Überlegungen zur Aufspaltung zwischen innerer und äußerer Realität, d. h. auch zwischen Primär- und Sekundärprozeß, Phantasie und Realität, Subjektivität und Objektivität führen dahin, einen Konkretismus der sachlichen Oberfläche von dem Konkretismus der symbolischen Gleichsetzung zu unterscheiden, wie er von Hanna Segal (1957) beschrieben worden ist. Sie hat dazu das bekannte Beispiel von dem Schizophrenen angeführt, der nicht mehr Geige spielte, weil er nicht öffentlich masturbieren wollte. Diese Form des konkretistischen Denkens nimmt nach ihrer Auffassung primitive Gleichsetzungen auf paranoid-schizoidem Niveau vor, in denen entweder aufgrund einer Entwicklungshemmung oder als Folge regressiver Vorgänge nicht zwischen Symbol und Symbolisiertem unterschieden wird. Gegen solche unkontrollierbaren Äußerungen subjektiven Erlebens richtet sich die zwanghafte Abwehr, indem sie sich auf einen Konkretismus der sachlichen Oberfläche zurückzieht. Er spiegelt die Tendenz wider, das Selbst als Urheber von Gefühlen und Phantasien zu verleugnen und statt dessen an einer eindeutig bestimmbaren Realität und einer von allem Subjektiven quasi gereinigten Sichtweise festzuhalten. Diese Form nimmt keine symbolischen Gleichungen auf, sondern versucht, sie als Abkömmlinge einer irritierenden und bedrohlichen inneren Realität auszuschließen.

Zwanghafte Patienten begegnen dem analytischen Unterfangen oft mit großer Angst, weil Gedanken über sich selbst eine Wirklichkeit herzustellen scheinen, die keine Distanzierung oder Relativierung mehr erlaubt: das Ich wird als Ganzes infiziert und identifiziert. Sie scheinen, was ihr Verhältnis zur psychischen Realität betrifft, auf einem Entwicklungsniveau fixiert zu sein, auf dem Kinder noch nicht zwischen ihren Gedanken und der Wirklichkeit unterscheiden, sondern sie gleichsetzen: Gedanken sind für sie Kopien der Realität. Target und Fonagy (1996) haben von diesem Funktionsmodus, den sie als »psychic equivalence mode« bezeichnen, einen »pretend mode« abgegrenzt (was nur unbefriedigend mit »Als-ob-Modus« übersetzt werden kann). Er bezieht sich auf die zuerst im Spiel erworbene Fähigkeit, so zu tun als ob, also verschiedene Positionen einzunehmen und sich mit unterschiedlichen Personen zu identifizieren, wodurch das Kind auch lernt, eine »theory of mind« zu entwickeln. Beide Funktionsweisen werden normalerweise im vierten und fünften Lebensjahr integriert. Das Kind gewinnt im Verlauf dieser Entwicklung die Fähigkeit, seine Gedanken und Gefühle als Repräsentanzen wahrzunehmen und über sie zu reflektieren. Die Psychoanalyse, schreiben die Autoren,

> kann eine einzigartige Chance für seelische Veränderung bieten, indem sie eine Situation herstellt, in der ein Individuum die Konkretheit des psychischen Gleichsetzungsmodus in seinem Gefühlsleben wiedererleben kann, zusammen mit der imaginativen Freiheit und klaren Abgrenzung von der äußeren Realität, die der Als-ob-Modus ermöglicht. (a. a. O., 470, Übersetzung vom Autor)

Solange der zwanghafte Patient in seinem konkretistischen Denken gefangen ist, hat er noch wenig Spielraum, einerseits Phantasien und Gefühle in der Übertragungssituation zuzulassen, andererseits aber auch wieder so viel Abstand zu gewinnen, um sie in der Stunde zu verarbeiten und zu Einsichten zu gelangen. Es fällt ihm schwer, seine Wahrnehmungen und seine Erlebnisweise in Frage zu stellen und verschiedene Blickwinkel zu integrieren. So kann es ein großes Problem für ihn sein, die abstinente Grundhaltung des Analytikers zu verstehen und zu akzeptieren, auch wenn sie flexibel und freundlich gehandhabt wird, und sie nicht in einer tieferen Schicht seines Erlebens mit Gleichgültigkeit, Ablehnung oder einem feindseligen Ausschluß gleichzusetzen. Er kann sich nicht vorstellen, daß Berührung in der analytischen Situation nicht direkt erfolgt, sondern in der Übertragung möglich wird.

Die Fixierung des Selbst- und Beziehungsgefühls an die konkrete Situation – die einer Regression auf ein Niveau frühkindlicher Situationstheorien entspricht (vgl. Moser/von Zeppelin 1996) – geht mit der Tendenz einher, Situationen zu manipulieren und dadurch so zu verändern, daß Unerwünschtes zum Verschwinden gebracht wird. In der Logik dieser magischen Erlebnisweise darf der Patient z. B. nicht zugeben, daß er Angst hat und sich auf den Analytiker angewiesen fühlt, weil ihm dies als ein Akt der Unterwerfung erscheint. Darüber zu sprechen schafft erst die Abhängigkeit, die es doch zu vermeiden gilt. Auf der anderen Seite kann diese Sicht dazu führen, daß die analytische Situation für ihn *nur* eine Als-ob-Situation ist, in ihm also den Eindruck des Unechten erzeugt. Dazu gehören Befürchtungen, daß der Analytiker seinerseits versucht, den Patienten zu manipulieren, indem er z. B. Situationen arrangiert, um etwas bei ihm zu provozieren. Ein besonders markantes Beispiel dieser Art ergab sich, als mein Patient zu Beginn einer Stunde eine große Heuschrecke auf der Gardine erblickte und meinte, ich hätte dort eine Attrappe plaziert, um sozusagen ein Schreckgespenst an die Wand zu malen, weil es die letzte Stunde vor den Ferien war und er Angst vor der Trennung haben würde.

III. Kasuistik

Im folgenden sollen einige Stationen der analytischen Behandlung nachgezeichnet werden, um zu zeigen, wie sich die Berührung zwischen dem Patienten und mir in der Übertragung und Gegenübertragung allmählich herstellte. Der Schwerpunkt der Darstellung liegt auf den strukturellen Entwicklungsschritten, die erst die Voraussetzungen dafür schufen, daß der Patient sich mit den triebhaften Seiten seines Erlebens auseinandersetzen konnte. Es sollen drei Stadien verdeutlicht werden:

1. eine wahnhafte, konkretistische Funktionsweise;
2. der Versuch, Realität und Phantasie zu spalten – das ist die eigentliche zwanghafte Abwehr – und
3. die Anfänge einer Symbolisierungsfähigkeit, d. h. einer Integration von Phantasie und Realität.

Anschließend werde ich in einer kurzen Zusammenfassung versuchen, einige Eindrücke aus dem weiteren Verlauf zu vermitteln.

a) Symptomatik und Biographie

Der bei Behandlungsbeginn knapp 30jährige Naturwissenschaftler litt unter zahlreichen Kontrollzwängen, am ausgeprägtesten beim Zubettgehen, unter starken Berührungsängsten, die zeitweise einen Waschzwang zur Folge hatten, und vielfältigen Vermeidungshaltungen. Er klagte darüber, daß er sozial isoliert sei, nur seinen Beruf habe und fast kein Privatleben. Im Laufe der Zeit wurde seine Arbeitshemmung deutlich, die ihn lange daran hinderte, seine Dissertation abzuschließen. Die Zwänge bestanden in wechselnder Ausprägung seit der Latenz.

Ich möchte zwei Phantasien herausgreifen, die in dieser Zeit eine wichtige Rolle spielten und die er schon im Erstinterview ansprach. Er sagte, er habe seine Eltern zweigeteilt, in gute und böse. Die guten Eltern waren seine richtigen Eltern, die sich um ihn gekümmert haben. Die bösen haben ihn allein gelassen; sie gehörten einer Organisation an, einer Art Babysitter-Club, trugen dort Uniformen und waren lauter graue Leute ohne bestimmte Persönlichkeit. Außerdem hatte er die Vorstellung, daß die Mutter ihm Salbe ins Bett schmiert, die dann in ihn einzieht, wodurch er seine Identität verliert und nicht mehr Herr seiner selbst ist.

Die erste Phantasie ist Ausdruck einer Spaltung und veranschaulicht die zwanghafte Bearbeitung seiner paranoiden Ängste, indem die bösen Objekte durch Uniformierung, Entindividualisierung und Reihenbildung modifiziert werden. Die andere Phantasie zeigt seinen Umgang mit regressiven Zuständen und Bedürfnissen, wie sie typischerweise beim Zubettgehen und Einschlafen aktiviert werden. Sie werden als Gefahr für die eigene Autonomie erlebt und lösen Verfolgungsängste aus, in denen die Mutter als bedrohliche Verführerin erscheint. Das Zwangsritual vor dem Zubettgehen richtet sich gegen diese regressiven Wünsche. Es dient aber auch dazu, wie der Patient formulierte, »den Tag abzustreifen wie einen Kokon«. Alles, was an Konflikten und Ängsten während des Tages aktualisiert wurde, soll zurückgelassen werden. Ein wesentlicher Bestandteil des Zwangsrituals bestand in der wiederholten Kontrolle, ob auch wirklich alles verschlossen und abgedreht ist: der Wasserhahn, der Herd, die Tür, das Licht. Während der Analyse zentrierten sich die Kontrollen um die als Übertragungsphantasie aufzufassende Vorstellung, daß jemand in seine Wohnung eindringen könnte. Als er eines Nachts aus einem Verfolgungstraum aufwachte, war sein erster Gedanke: »Ich habe gestern Abend nicht genügend kontrolliert!« Er hatte das Gefühl, daß etwas im Zimmer ist, und den Impuls, erneut zu kontrollieren.

Ein wichtiges Kennzeichen der Zwänge, das in seinem Erleben die ständigen Wiederholungen auslöste, bestand darin, daß er nicht glaubte, was er sah. Er kontrollierte z. B. den Herd, aber dann überfielen ihn auf einmal Zweifel, ob er richtig gesehen hatte. Während der Analyse, in der er sich auch im Hinblick auf seine Symptomatik mit mir verwickelte, stellte er fest, daß ich in die Kontrollzwänge und die begleitenden Denkvorgänge eindrang. Er dachte z. B.: »Wenn ich jetzt glaube, daß der Wasserhahn verschlossen ist, tue ich es dann für ihn (also für den Analytiker) oder für mich.« Tut er es für den Analytiker, muß er den Vorgang ungeschehen machen und wiederholen. Tut er es für sich selbst, ist der

Analytiker trotzdem als Denkalternative anwesend gewesen, wodurch die Kontrollhandlung auch wieder ungültig wird. Es war sein Bestreben, mich aus allen diesen Vorgängen auszuschließen.

»Meine Eltern wissen sehr wenig von mir«, war ein Satz aus dem Erstinterview, der sich mir einprägte. Die Eltern waren noch sehr jung, als sie heirateten und drei Jungen bekamen, von denen der Patient der mittlere ist. Während der Analyse erinnerte er sich an Mitleidsgefühle mit seiner Mutter, die auf so vieles verzichten mußte und wenig Abwechslung und Freude hatte. In der Kindheit kam es zu heftigen Konflikten und Auseinandersetzungen mit dem Vater, der auf den am Boden liegenden Knaben einprügelte, um ihm zu zeigen, wer der Stärkere ist. Wenn er abends allein im Bett lag, überfielen ihn starke Ängste. Er rief nach der Mutter, aber es kam der Vater und wollte ihn beruhigen. Die Mutter blieb zurückhaltend und passiv. Sie habe die Familie zuverlässig versorgt; aber er konnte sich nicht daran erinnern, daß sie ihn mal in den Arm genommen habe. Im Gegensatz dazu forderte der Vater körperliche Zuwendung ein, was dem Patienten, als er älter wurde, sehr unangenehm war. Er wollte ihn auf Distanz halten und konnte ihm die harten Strafen nicht verzeihen.

Mit dem drei Jahre älteren Bruder verband er aus der Kindheit Situationen, die den Eindruck großer Nähe machten, wenn sie z. B. gemeinsam in der Badewanne saßen. In der Pubertät wurde der bis dahin bewunderte Bruder drogenabhängig und beanspruchte seitdem die ganze Aufmerksamkeit der Eltern für sich. Der Patient fühlte sich nun von ihm gequält und bedroht. Der Bruder schlug ihn im Schlaf ins Gesicht, hielt ihm den Kopf unter Wasser und nahm ihm seine Sachen weg. Alles was Wert hatte, war gefährdet. Im Verlauf der Analyse bekam der Patient wiederholt Anzeigen wegen Schwarzfahrens, weil der Bruder, wenn er erwischt wurde, dessen Personalien angab. Auf diese Weise schien er ihm auch seine Identität rauben zu wollen, worüber der Patient jedes Mal verwirrt und unsicher war, wie er denn seine eigene Identität und Unschuld beweisen sollte. Er war immer von dem Gedanken beherrscht gewesen, nicht so zu werden wie sein älterer Bruder. Mit dem sechs Jahre jüngeren Bruder schien sich das Verhältnis harmonischer entwickelt zu haben. Er litt ebenfalls, wie auch die Mutter, unter Kontrollzwängen.

Mit dem Aufkommen der Sexualität fühlte sich der Patient während der Pubertät und Adoleszenz sehr unsicher und rasch beschämt. Aus dieser Zeit berichtete er eine Schlüsselszene. Er wurde in der Klasse vom Lehrer aufgerufen

und reagierte nicht. Daraufhin rief ein Mädchen: »Der kleine Dicke da!« Er antwortete: »Der kleine Dicke mit dem Stummelschwänzchen!« Die ganze Klasse
lachte. Dieser von ihm als »Versprecher« bezeichnete Vorfall, bei dem er sich
dem Spott der Öffentlichkeit preisgegeben sah und der in der Analyse immer
wieder zur Sprache kam, sei der Anlaß gewesen, daß er sich fortan zurückzog.
Er »entdeckte« seine Mutter »als Frau«, wie er formulierte und masturbierte
eine Zeit lang in ihren Kleidern vor dem Spiegel. Er habe Mann und Frau gleichzeitig sein wollen, um sich alles selbst geben zu können. Beim Vater hatte er
das Gefühl, daß er versuche, ihn mit bestimmten Mädchen zu verkuppeln. Mit
16 Jahren hatte er eine Freundin, seitdem nur sporadisch intime Beziehungen
zu Frauen. Als er mit 19 Jahren von zu Hause auszog, fühlte er sich erleichtert;
er sei in die Rationalität geflohen.

Es ist deutlich, wie sehr sich der Patient durch Identitätsverlust und Identi-
tätsdiffusion bedroht fühlte. Häufig benutzte er während der Analyse Ausdrücke
wie »Identität untergraben« oder »Angriff auf mein Ich«. Sie spiegelten seine
ständige Angst wider, daß etwas in ihn eindringen und von ihm Besitz ergreifen
könnte. Dem lagen massive, pathogene projektive Identifizierungen zugrunde,
durch die er Selbstanteile in andere verlagerte, von sich ausgrenzte und sich ab-
schottete. Besonders eindrücklich zeigte sich dies im Verhältnis zum älteren
Bruder, dem gegenüber er eine Art Anti-Identität entwickelte. Entscheidend ist,
daß der Versuch, sich abzugrenzen, der Konfusion zu entgehen, die Form der
Ausgrenzung hatte. Dadurch war kein Austausch und keine Entwicklung mehr
möglich. Die äußeren Beziehungen verarmten. Der Patient zog sich in eine
narzißtische Phantasiewelt zurück, wo er sich, wie er selbst sagte, die Erfolgs-
erlebnisse holte, die ihm in der Realität versagt blieben. Die Abschottung war
aber unsicher, weil das Unterscheidungsvermögen zwischen innen und außen
geschwächt war. So traten immer wieder wahnhafte Beziehungsideen und Gedanken von einer Weltverschwörung auf. Er hatte den Eindruck, daß andere
etwas verabreden und arrangieren, um auf sein Leben Einfluß zu nehmen.

b) Drei Stationen im Behandlungsverlauf

1.

Mit dem Beginn der Analyse ließ sich der Patient auf eine feste Partnerschaft ein,
an der er bis zum Ende der Behandlung festhielt. Er schilderte seine Freundin als

außerordentlich rigide, sexual- und männerfeindlich. Diese Triangulierung war offensichtlich notwendig, um sich in der Analyse vor allzu großer Nähe zu schützen und die in der Übertragung aufkommenden Beziehungswünsche aufzufangen, deren Erfüllung er durch seine Wahl gleichzeitig unmöglich zu machen schien.

Bereits in der ersten Stunde stellte er fest, daß ihm die jetzige räumliche Anordnung, also das Liegen ohne Sichtkontakt eigentlich eher entspreche, weil es jetzt so sei wie sonst, wenn er alleine seinen Gedanken nachgehe. Er hatte also die analytische Situation mit einem inneren Raum identifiziert und mich gleichzeitig zum Verschwinden gebracht. Auch später betonte er noch oft, daß er mich in der Stunde ganz vergessen könne. Gleichzeitig wurde meine Allgegenwart in der äußeren Welt bei verschiedenen Gelegenheiten deutlich, wenn er z. B. die Phantasie äußerte, ich hätte mit seinem Chef vereinbart, daß sein Arbeitsvertrag verlängert werde.

Was geschah aber, wenn der innere Schauplatz nicht leer blieb, sondern in der Übertragungssituation Wünsche auftauchten? Dies war z. B. der Fall, als der Patient in der Stunde den »Gedanken« (natürlich keinen Wunsch!) hatte, die neue Hose, die er gerade trage, könnte mir gefallen. Er empfand diesen Gedanken als »Anschlag«, denn er könnte bedeuten, daß er homosexuell sei, und das hieße, daß alles, was bisher war, nicht mehr gelten würde. Ein solcher Gedanke wurde von ihm wie eine Infektion erlebt, die sich in ihm auszubreiten und seinen Innenraum in Besitz zu nehmen drohte, scheinbar ohne die Möglichkeit, den Gedanken zu verarbeiten, zu relativieren, und sich ins Verhältnis dazu zu setzen. Er wehrte diesen »Anschlag« dadurch ab, daß er mir in der nächsten Stunde berichtete, seine Freundin habe ihm gesagt, daß sein Äußeres ihr gefalle. Er stellte selbst eine Verbindung zu seinem Einfall aus der letzten Stunde her und fügte hinzu, er habe jetzt gedacht, ich hätte mit seiner Freundin verabredet, daß sie so etwas zu ihm sage. Das wecke natürlich sein Mißtrauen, weil es bedeuten würde, daß sie es nur aus therapeutischen Gründen tue.

Der Patient hatte auf diese Weise seinen inneren Schauplatz wieder leergeräumt und statt dessen einen äußeren Sachverhalt hergestellt. Die ganze Angelegenheit – das, was ein Wunsch hätte werden können – wurde so als Manipulation eines äußeren, omnipotenten Objekts behandelt. Ich sagte ihm in der Stunde, daß ich auch einen Zusammenhang sehen würde, aber keinen äußeren, sondern einen inneren, und deutete ihm, er habe vielleicht den Wunsch, daß ich mich ihm nicht nur aus therapeutischen Gründen zuwende; aber dann erhebe sich für ihn der

Einwand, das könnte homosexuell sein. Der Patient schien sich durch diese Deutung entlastet zu fühlen. Er baute sich eine Brücke, um seine Wünsche besser zulassen zu können, indem er die Frage formulierte: Was würde man denn von einem Dreijährigen sagen, der die Aufmerksamkeit des Vaters haben und von ihm geliebt werden möchte? – Trotzdem blieben solche Stunden in der ersten Zeit der Analyse völlig isoliert und schienen dem Mechanismus des Ungeschehenmachens anheim zu fallen. Übertragungsphantasien behielten eine bedrohliche Qualität, weil sie sehr konkret und unmittelbar erlebt wurden.

Die Unfähigkeit, die eigenen Wünsche zuzulassen, und die Notwendigkeit, sie projektiv auszustoßen, führten zu einem gemeinsamen Agieren mit der Freundin, in dem Öffentlichkeit eine besondere Rolle spielte. Auf dem Nebenübertragungsschauplatz der Partnerschaft wurden Nähe und Sexualität auf z. T. groteske Weise vermieden. Der Patient mußte seiner Freundin gegenüber zugeben, daß er früher ab und zu bei Prostituierten (also bei »öffentlichen Frauen«) gewesen war. Dieses Geständnis zog detaillierte Befragungen und langwierige Verhöre von ihrer Seite nach sich, die sich nach Art eines Zwangsmechanismus in quälerischer Weise in die Beziehung einnisteten. Sie konnte das Vergehen des Freundes nicht für sich behalten, sondern mußte Eltern und Freundinnen erzählen, daß er – nach ihrem Verständnis – auf solche Weise Frauen mißbraucht hatte. Sie war schließlich kurz davor, eine Zeitungsanzeige aufzugeben, um eine Selbsthilfegruppe für Frauen zu gründen, denen es mit ihrem Partner ebenso ergangen war. Auf diese Weise schien das Paar die Flucht aus der Intimität in die Öffentlichkeit anzutreten.

2.

Im Verlauf des dritten Analysejahres konnten seine drängenden Wünsche nach Nähe auch in der Behandlungssituation deutlicher zum Ausdruck kommen. Sie kleideten sich in sexuell gefärbte Phantasien und Träume, in denen wir uns berührten, wobei die Geschlechtsidentität vertauscht oder verschleiert war. Er träumte nur von der Analysesituation selbst, als müßte er sich sogar im Traum verbieten wahrzunehmen, daß ich auch außerhalb dieser Situation existierte. Alles schien zu diffundieren und zwischen dem Erleben im Traum, in Wachphantasien und in der Analysestunde keine klare Abgrenzung mehr zu bestehen. Diese Phantasien waren verführerisch, bedrängend und hatten eine paranoide Qualität. Sie schienen von ihm so erlebt zu werden, als würde auch ich ihm Salbe auf die Couch schmieren. Er hatte das Gefühl, daß dieses »Bettgeflüster«, wie er es nannte, seine Identität untergräbt und eigentlich in die Beziehung zu seiner Freundin gehört. Es war so, als würde ich in seinen inneren Raum eindringen und diesen besetzen.

Diese Phantasien, die keine wirkliche Nähe zwischen uns herstellten, waren auch der Versuch, etwas anderes zu verdecken. Die Tatsache, daß wir zwei getrennte Personen sind, erhielt in dieser Zeit ein größeres Gewicht. Er konnte in den Stunden zulassen, daß er sich wohl fühlte. Er spürte sein Verlangen nach Gesprächen und Austausch; aber außerhalb der Stunde kamen Einsamkeitsgefühle auf, die ihm auch in Träumen begegneten. Er reagierte mit verstärkten Versuchen, mich innerlich und in der Stunde auszuschließen, um schmerzhafte Trennungsgefühle zu vermeiden. Seine Phantasien nahmen wieder feindseligen Charakter an, und es wurde deutlich, daß ich nicht mehr mit ihnen in Berührung kommen sollte – und zwar in der doppelten Bedeutung, daß er nicht mehr über das sprechen wollte, was in ihm vorging, und ich darin auch nicht mehr vorkommen sollte.

Als er mich vor Beginn einer Stunde auf der Straße plötzlich vor sich gehen sah, war ihm dies peinlich, weil er sich gerade ausmalte, wie man einem Vergewaltiger das Handwerk legen könnte, von dem ihm seine Freundin aus der Zeitung berichtet hatte. Vor einer der nächsten Stunden kam es wieder zu einer Begegnung auf der Straße und diesmal auch zu einem Blickkontakt, wobei er mir zulächelte. Zu Beginn dieser Stunde stellt er zufrieden fest, daß ich ihn diesmal gesehen habe, und ermahnt sich gleichzeitig, daß er dem vielleicht zu große Bedeutung beimesse. Ganz im Gegensatz zu diesem Auftakt, der zum Ausdruck bringt, wie sehr er auf mich bezogen ist, versucht er mich im weiteren Verlauf wieder konsequent auszuschließen. Zuerst berichtet er mir auf humorvolle Weise, wie er vorgestern nach der letzten Stunde schmerzhaft mit der Realität konfrontiert wurde. Er war gerade in seine Tagträume versunken gewesen und hatte die Umwelt völlig vergessen, als er über seine Schuhe stolperte, die da im Weg lagen, und sich eine Zerrung zuzog. Aber er erzählt mir nichts von den Phantasien, die ihn so absorbiert hatten, sondern verliert sich in zähflüssigen und langatmigen Überlegungen, daß er vielleicht doch noch zum Orthopäden gehen sollte. Dann fällt ihm eine Fernsehsendung über einen Autisten ein, die ihn sehr beeindruckt habe. Schließlich stellt er wieder, wie so oft, fest, daß er mit der Analyse nicht ewig weitermachen könne.

114

Während er redet, werde ich immer ungeduldiger und wütender, dadurch aber auch gelähmt und handlungsunfähig. Schließlich spreche ich den Teil der Realität an, von dem ich glaube, daß er ihn auszublenden versucht, aber sich schmerzhaft an ihm stößt, nämlich die gestrige Stunde, die wegen eines Feiertages ausgefallen ist. Er lacht amüsiert, weil ich dem Bedeutung beimesse, und fährt ausweichend fort, daß er die Realität ausblende, aber dann auch wieder die Phantasie. Das sei ein wechselseitiger Entzug. Ich deute ihm, daß das Fehlen der gestrigen Stunde so ein Entzug für ihn war und er mir deshalb heute seine Phantasien vorenthalte. Ihm fällt dazu der Liebesentzug durch seine Eltern ein, die früher tagelang nicht mit ihm gesprochen haben. Dann denkt er an seine Freundin, mit der er gestern zusammen war. Ihm war bewußt gewesen, daß er jetzt eigentlich Stunde hatte. Hinterher habe er gedacht, daß sie kalt sei. Als ich ihm deute, daß er vielleicht auch mich als kalt erlebt habe, wehrt er ab: »Das sind einfach die Gegebenheiten. Ich weiß gar nicht, ob Sie das überhaupt dürfen, am Feiertag arbeiten.« – Ich sage: »Statt dessen haben Sie sich selbst verletzt.« – »Ja, das war wie eine Strafe, als würde ich zur Ordnung gerufen.« – Er fährt dann fort zu schildern, wie es ist, wenn er mühsam versucht, sich von seinen Phantasien loszureißen. Ich frage: »Und die Realität wird dann zum Zwang?« – »Ja«, antwortet er, »ich muß mich dann zwingen«.

Diese Stunde stand unter dem Vorzeichen, daß er sich vorher meiner Zuwendung versichert hatte. In der Stunde ging es um verschiedene Prozesse des Trennens und Ausgrenzens. Seine Gefühle, von denen er sich zunächst durch eine spöttische Haltung zu distanzieren versuchte, waren hochambivalent, voller Wut und Sehnsucht. Wesentlich erscheint mir die Feststellung, daß der Versuch, sich von mir abzugrenzen – bei gleichzeitig bestehender Abhängigkeit und großem Sicherheitsbedürfnis – auf Kosten einer inneren Spaltung erfolgte, indem er versuchte, seine Phantasien, die die innere Verbindung zu mir herstellten, auszustoßen. Außerdem mußte er unsere Beziehung vor dem destruktiven Anteil dieser Phantasien schützen und sie auch deshalb abschotten. Mit seiner Verletzung bestrafte er sich sowohl für seine Beziehungswünsche als auch dafür, daß seine Phantasien so aggressiv waren. Er wollte mir das Handwerk legen und mich aus seinem inneren Raum verstoßen. Es wird deutlich, wie durch die Abspaltung der Phantasietätigkeit die Realität verarmt und sich auf den Zwang äußerer Abläufe reduziert. Ich glaube, die Stunde spiegelt wider, was in der frühkindlichen Entwicklung geschehen kann, wenn das Kind versucht, schmerzhafte Trennungsgefühle zu vermeiden – ob sie nun durch eine äußerlich oder nur innerlich abwesende gleichgültige, unzugängliche Mutter ausgelöst werden. Indem das Kind die Mutter in dieser Weise ausgrenzt, spaltet es gleichzeitig seine Beziehungsfähigkeit ab. Die Ich-Funktionen werden in einem perversen Sinne »autonom«, d. h. sie dienen nicht mehr dazu, Beziehung herzustellen, sondern sie zu vermeiden.

3.

Ich komme jetzt zu einem Analyseabschnitt ein halbes Jahr später, um darzustellen, wie sich diese Beziehungskonstellation mit einer innerlich abwesenden, gleichgültigen Mutter in der Übertragung wiederholte. Der Patient konnte inzwischen besser zulassen, daß er auf die Analyse angewiesen war. Während er lange Zeit auf provozierende Weise verleugnete, daß es irgend einen anderen Grund für die Behandlung geben könnte als seine Zwangskontrollen, formulierte er jetzt die Befürchtung, daß er sich nicht weiterentwickeln würde, wenn er hier aufhörte. Er stellte fest, wieviel Kraft er für nutzlose Dinge vergeudete. Ihm wurde bewußt, auf welche Weise er andere Menschen auf Distanz hielt und wie schwer es ihm fiel, etwas anzunehmen. Er habe eigentlich eine viel effektivere Art sich abzuschirmen als seine Freundin, die eine harte Schale und einen verletzlichen Kern habe. Er selbst sei wie ein Gummiball. Eine Schale könne zerbrechen, aber er weiche zurück, werde nicht verletzt, und hinterher sei alles so wie vorher. Schon in der Vorpubertät habe er sich vorgenommen, keine Gefühle zu zeigen. Das sei »sein Heldentum« gewesen. Er habe insgeheim geglaubt, daß andere ihn dafür bewundern. Dadurch habe er sich aber den Weg verbaut, um Hilfe bitten zu können.

Der Patient hatte seine Promotion abgeschlossen und war dabei, sich eine neue Stelle zu suchen. Über einen langen Zeitraum hatte er mit seinen Bewerbungen keinen Erfolg und entwickelte große Angst, keine geeignete Arbeit mehr zu finden. Er litt verstärkt unter der ablehnenden Haltung seiner Freundin, die sich sehr reserviert äußerte, wenn es um Gedanken an eine gemeinsame Zukunft ging. Seine Haltung war durch eine versteckte Selbstentwertung und Selbstbestrafung geprägt. Auch mich entwertete er, indem er mir mit einer gewissen Häme vorhielt, daß ich ja nicht an seine Stelle treten und seine Probleme für ihn lösen könnte. Er zog sich zurück und konzentrierte sich ganz auf äußere Verrichtungen. Alles wurde zum Muß. Manchmal machte er einen fast erbärmlichen

Eindruck, und ich merkte, daß Gefühle von Verachtung in mir aufstiegen. Er sprach über einen Kollegen, mit dem er seit Jahren in einem Zimmer saß und über dessen unfreundliches Verhalten er sich schon früher beklagt hatte. Jetzt kam Empörung auf: Wie der mit ihm umgeht! Mit einem Erstaunen, in dem so etwas wie eine neue Einsicht aufdämmerte, stellte er fest, daß dieser Kollege ihn wohl ablehne – also nicht nur einfach unfreundlich sei, sondern ihn persönlich damit meine.

In der ersten der beiden Stunden, auf die ich näher eingehen möchte, beschäftigt er sich mit der Haltung seiner Freundin, die ständig etwas an ihm auszusetzen habe. Er entspreche einfach nicht ihren Erwartungen. Im Verlauf der Stunde versucht er das traurige Gefühl, mit dem er gekommen war, wieder loszuwerden, indem er sich wie so oft mit den Gründen für ihre Ablehnung auseinandersetzt. Es ist deutlich spürbar, daß er sich verzweifelt an diesen Gründen festhält, weil ihn das entlastet: Dann lehnt sie nicht ihn selbst ab. Wie in vorangegangenen Stunden klagt er darüber, daß er sich im Kreise drehe und nichts Neues zu bieten habe. Es wird ein angestrengtes Bemühen spürbar, immer etwas sagen und in Gang halten zu müssen, als könnte hier ein Stillstand eintreten. Dieser Eindruck verbindet sich bei mir mit der Phantasie, daß der Patient befürchtet und zu vermeiden sucht, daß deutlich werden könnte, daß gar nichts da ist, alles nur Schein ist und ich mich gar nicht interessiere. Nachdem ich seine Rechtfertigungsversuche gegenüber seiner Freundin angesprochen und ihn an seinen unfreundlichen Kollegen erinnert habe, deute ich ihm, daß er vielleicht auch bei mir eine solche ablehnende Haltung vermute. Während des Sprechens habe ich zunächst das Gefühl, ihm nichts Neues zu bieten, und wenig Hoffnung, ihn zu erreichen. Wie so häufig verneint er spontan meine Deutung. Dann formuliert er aber stockend die Befürchtung, daß hier eine Situation eintreten könnte, in der wir nur noch übers Wetter sprechen.

Zu Beginn der nächsten Stunde teilt er mir mit, daß es ihm heute besser gehe. Nachdem er, wie so oft, einen kurzen Zustandsbericht abgegeben hat, was seine Arbeit, die häusliche Situation und den Stand seiner Bewerbungen angeht, kommt er auf die gestrige Stunde zurück: »Gestern, da war so ein kurzer Moment: Ich lieg' hier ... jetzt liege ich ja auch wieder hier ... also, ich lieg' hier und merke, ich lieg' hier. Ich war erst in der Zeit durcheinander. Ich dachte, es ist abends, aber es war ja mittags. Da war so eine Erwartung, daß ich bestraft werde. Aber dann habe ich gedacht: Ach nein, es ist okay, ich muß nichts befürchten.«

Es war sehr eindrücklich, wie der Patient ein Gefühl von Gegenwärtigkeit und Dasein schilderte, und damit zum Ausdruck brachte, daß er sich angenommen fühlte. Als er dann versucht, mir zu erklären, warum und an welcher Stelle es ihm so ergangen sei, unterliegt er einer grotesken Sprechhemmung, muß er unter Zurufen und Ermahnungen an sich selbst immer wieder von neuem ansetzen, bis er schließlich meine Deutung aufgreift. Er vergegenwärtigt sich noch einmal seine gestern durch diese Deutung ausgelöste Phantasie, daß er daliegt und redet, und ich denke vielleicht an etwas anderes, zum Beispiel an den nächsten Patienten, der interessanter ist. Im weiteren Verlauf der Stunde versucht er sich dann wieder dagegen abzugrenzen, daß diese Phantasie, daß ich mich nicht interessiere, auch wirklich seine Befürchtung sei. Ihm kommt der Einwand, daß das ja ganz schlecht wäre, denn dann versuche er sich vielleicht interessant zu *machen*. Und dann wäre er so wie sein Bruder!

An dieser Stelle zeigte sich wieder der magische Identifizierungsmechanismus, der durch Berührung in Gang gesetzt und wie eine Infektion erlebt wird. Die Assoziationskette führte ihn zum Bruder und affizierte sein ganzes Ich. Gegen solche Verbindungen wurden ständig Vorbehalte errichtet, die meist verborgen blieben: eine Phantasie ist noch keine Befürchtung, so wie ein Gedanke noch kein Wunsch ist. Darum war immer wieder eine Verständigung darüber erforderlich, wie weit er eigentlich innerlich mitgegangen war.

Der Patient sagte, daß durch meine Deutung eine Phantasie bei ihm hervorgerufen worden sei. Diese Deutung, der eine Phantasie zugrundelag, die er bei *mir* induziert hatte, bezog sich auf seine Angst vor Ablehnung und die Befürchtung, daß er mir nicht genug geben könne, um mein Interesse zu wecken. Es ergab sich eine Übereinstimmung, die von ihm unmittelbar erlebt wurde. In der damit einhergehenden Angst vor Bestrafung kam sein defensiver und destruktiver Narzißmus zur Geltung, der sein Über-Ich und sein Ich-Ideal beherrschte und ihm verbot, Kontakt aufzunehmen. Seine Macht zeigte sich auch in der minutenlang anhaltenden Sprechhemmung, als er über die Verbindung sprechen wollte, die zwischen uns entstanden war. Die Art der Berührung war eine andere als die in seinen früheren Berührungsphantasien beschworene. Jetzt war die Phantasie nicht nur bedrohlich, sondern auch hilfreich, indem sie eine wesentliche Perspektive auf die Übertragungssituation freigab, die bearbeitet werden konnte.

Ich möchte das intensive Gegenwärtigkeitsgefühl, das der Patient schilderte, mit dem in Beziehung setzen, was Bion in seiner Theorie des Denkens als »realisation« bezeichnet und was als Realisierung oder Realerlebnis übersetzt wird (Bion 1962). Es heißt dort, daß durch das Zusammentreffen einer Präkonzeption mit einer Realisierung eine Konzeption entsteht. Als Prototyp dient die angeborene Erwartung des Säuglings von einer Brust und die Berührung mit der wirklichen Brust. Wenn die Versagung für den Säugling zu groß ist und nicht ausgehalten werden kann, wird der Wahrnehmung des Realerlebnisses ausgewichen. Dadurch ist die Entwicklung des Denkens beeinträchtigt. Das Versagungsgefühl, aus dem der Gedanke der abwesenden Brust entstehen könnte, wird auf einer konkretistischen Ebene wie ein böses inneres Objekt behandelt und ausgestoßen. Die Versagung verwandelt sich also in Haß, der sich gegen den Wahrnehmungs- und Denkapparat richtet und auf diese Weise die Verbindung mit der Realität, mit Zeit und Raum zerstört.

Diese Theorie geht davon aus, daß unser Verhältnis zur Realität von Anfang an im Prisma einer mentalen und emotionalen Stellungnahme gebrochen ist, wie auf Berührung geantwortet wird. Auf die Analysesituation bezogen entspricht die Präkonzeption der allgemeinen Verfassung und Stimmung des Patienten, mit der er in die Stunde kommt, und den sich daraus ergebenden Einfällen; das Realerlebnis ist die Deutung, die angenommen oder der ausgewichen werden kann; und als Konzeption ist die ausgestaltete Übertragungsphantasie aufzufassen, die in der dargestellten Stunde durch die Deutung ausgelöst wurde. Mit diesem Vergleich versuche ich die symbolische Ebene anzusprechen, die die unmittelbare und direkte Wirkung ermöglichte und die in jeder Berührung zum Tragen kommen muß.

c) Aus dem weiteren Verlauf

Ich komme abschließend noch einmal auf meinen Patienten zurück. Die zuletzt dargestellten Stunden markierten keine deutliche Zäsur, sie signalisierten aber einen sich allmählich entwickelnden strukturellen Fortschritt, der in der Folgezeit deutlicher sichtbar wurde. Angemerkt sei, daß der Patient in dieser Zeit auch mit seinen Bewerbungen Erfolg hatte und eine angemessene Arbeitsstelle fand.

Zunächst äußerte sich sein Wunsch, die analytische Situation in Besitz zu nehmen und sich zu eigen zu machen, noch einmal trotzig in konkretistischer Weise. Sein Bemächtigungstrieb schien gegen die Notwendigkeit der Symbolisierung und Verbalisierung rebellieren zu wollen. Wiederholt demonstrierte er seine Sprechhemmung in abgeschwächter Form in den Stunden. Einmal beklagte er sich darüber, daß er bei seiner Arbeit so viele Berichte schreiben müsse; er hätte Germanistik studieren sollen. Diese Haltung kulminierte in einer Stunde, in der er anfangs über seine Neigung sprach, sich zu beschimpfen und zu schlagen, wenn er nicht so funktionierte, wie er sich das vorstellte. Ähnlich verfahre er auch mit seinen Sachen, mit denen er dann so umgehe, als hätten sie einen eigenen Willen, der sich gegen ihn richte. Plötzlich bekam er ein Zucken in den Oberarmen, das ihn – und mich – sehr irritierte, so daß er schließlich die Arme fest verschränkte und an seinen Körper preßte. Ihm kamen Einfälle von Packen und Schlagen, auch daß er mich schlagen könnte. Trotz dieser scheinbar aggressiven Zuspitzung hatte ich den Eindruck, daß seine Gefühle ambivalent waren, daß Liebe und Haß sich vermischten und nicht deutlich unterschieden waren.

Es dauerte noch einmal einige Monate, bis er sich traute, auf eine andere Weise die direkte Auseinandersetzung mit mir zu suchen. Erstmals kündigte er einen Urlaub mit seiner Freundin außerhalb der Analyseferien an. Solange ich den Patienten kannte, hatte er keine einzige Urlaubsreise unternommen. Der Spannungszustand, in den er dadurch geriet, ob ich ihm wohl genauso brutal zeigen würde wie der Vater, wer hier der Stärkere ist, war m. E. der Auslöser für einen Alptraum, in dem er die Analyse offenbar mit einem unterirdischen Gewölbe und Verlies gleichsetzte und mich mit einem ihn verfolgenden Diktator und Kerkermeister. Lange Zeit spielte im Zusammenhang mit dem Urlaubskonflikt seine Überzeugung eine wichtige Rolle, daß es in Beziehungen immer einen Gewinner und einen Verlierer geben müsse. Der Traum führte zu einer Auseinandersetzung mit seinen eigenen sadistischen Impulsen, die er in ausufernden Rache- und Vergeltungsphantasien auszuleben pflegte. Später traten Phantasien auf, mich und meine Sachen zu beschmutzen – und nicht mehr nur passiv das Opfer von Beschmutzung zu sein. Erstmals konnte er daraufhin das Handtuch auf der Praxistoilette benutzen. Seine Assoziationen machten deutlich, wie sehr er den Kontakt mit Körperausscheidungen auch mit Vorstellungen von Nähe und Zuneigung verband. Ganz allmählich lernte er, angstfreier über seine Sexualität zu sprechen, die mit Triumph- und Unterwerfungsphantasien und ebenso mit Ängsten vor Auflösung und einem inneren Auslaufen verknüpft war.

In solchen Stunden, in denen er sich vertrauensvoll und viel flüssiger über die triebhaften Seiten seines Erlebens äußern konnte, hatte ich den Eindruck, daß sich ein besseres Gleichgewicht zwischen projektiven und introjektiven Vorgängen hergestellt hatte. Indem er über die ihn belastenden, mit Scham und Qual verbundenen Gefühle und Phantasien sprach, wollte er nicht nur etwas loswerden und abstoßen, sondern er konnte sich darin wiederfinden, identifizieren und gleichzeitig meine Worte aufnehmen, die neue Zusammenhänge herstellten und ihn dadurch ein Stück weit aus seiner inneren Isolierung befreiten. Schließlich war auch die Beziehung zu seiner Freundin in den Sitzungen nicht mehr vornehmlich Gegenstand von Klagen und Vorwürfen. Nach allen heftigen Auseinandersetzungen mit ihr hatte sich ein noch zartes Pflänzchen von Zärtlichkeit und Liebe entwickelt, das er in einer Stunde auf einmal glaubte, vor meiner vermeintlichen Kritik geradezu emphatisch in Schutz nehmen zu müssen, d. h. vor seinen eigenen und mir zugeschriebenen destruktiven, entwertenden Tendenzen.

IV. Schluß

Ich habe versucht, einige aus meiner Sicht wesentliche Schritte eines therapeutischen Prozesses nachzuzeichnen, um meine Überlegungen zur zwanghaften Abwehr zu verdeutlichen. Die Entwicklung erschloß allmählich einen psychischen Raum mit der Möglichkeit, Symbolisierungsprozesse für die innere Auseinandersetzung zu nutzen. Die Abwehrorganisation erschien anfangs als ein außerordentlich rigides System, das auf einer Entwicklungshemmung mit einer Fixierung auf ein konkretistisches, magisches und zum Teil wahnhaftes Denkniveau beruhte. Der statische und starre Charakter ergab sich aus der Art der Abwehr, die den Versuch darstellte, die psychische Realität überhaupt aus der Kommunikation auszuschließen. In dieser Verleugnung eines inneren Raumes und der damit einhergehenden Fixierung auf einen Konkretismus der sachlichen Oberfläche lag der autistische Charakter der Störung begründet.

Frances Tustin hat zwischen abgekapselten autistischen und verwickelten psychotischen Kindern unterschieden, dies entspricht Mahlers diagnostischer Einteilung zwischen autistischer und symbiotischer Psychose (Mahler 1968). Eine solche Polarisierung von Abkapselung und Verwicklung läßt sich auf allen psychischen Entwicklungsniveaus vornehmen, so auch in der Gegenüberstellung von Hysterie und Zwangsneurose. Die Eigentümlichkeit des geschilderten Patienten läßt sich m. E. am besten hervorheben, wenn man ihn mit anderen Borderline-Fällen vergleicht, die eher eine hysteriforme Struktur aufweisen. Hier wird das klinische Bild von vornherein stärker durch regressive Bewegungen geprägt, also durch das Fluktuieren zwischen scheinbar reifen Funktionsweisen, wenn keine konflikthaften Bereiche berührt sind, und regressiven Zuständen, in denen die Neigung zu agieren vorherrscht und die Einsichtsfähigkeit verloren zu gehen scheint. Solche Patienten können ein relativ gutes Symbolisierungsniveau erreicht haben, das aber unter affektivem Druck wieder verloren geht. Dieser Druck entsteht bevorzugt in allen Situationen, die das Getrenntsein verdeutlichen. Sie tendieren dazu, sich unentwirrbar mit dem Analytiker zu verwickeln und richten ihren stärksten Widerstand gegen klare Abgrenzungen. Ganz anders verhält es sich zunächst bei Patienten, bei denen die zwanghafte Abwehr dominiert. Ihre Unbeweglichkeit beruht auch darauf, daß Identifizierungsprozesse schon früh abgebrochen und vermieden wurden, so daß keine, wenn auch nur vorübergehende Identifizierung mit den reiferen Funktionen des Objekts erfolgte. In meiner Fallschilderung habe ich dargestellt, wie unter der statisch erscheinenden Oberfläche scheinbarer Abkapselung allmählich und fast unmerklich Verwicklungen auftreten, in deren Verlauf der Analytiker unter starken Druck geraten kann. Entsprechend ist für den hysterischen Pol zu ergänzen, daß bei schwer gestörten Patienten unter der Oberfläche dramatischer Verwicklungen eine Abkapselung verborgen sein kann, die es ihnen kaum ermöglicht, den Wiederholungszwang zu durchbrechen und mit dem Analytiker eine neue Erfahrung zu machen.

Ich habe die Bedeutung der analen Phase hervorgehoben und einige theoretische Konzepte angeführt, die ihre Relevanz unterstreichen, aber nicht mit dem Ziel, hier den Ursprung der Störung zu lokalisieren. Meines Erachtens findet die Störung auf dieser Stufe ihre Organisationsform als spezifische Antwort auf frühe traumatische Erfahrungen, die darin konvergieren, daß sich das Kind ausgeschlossen fühlt. Dabei lasse ich offen, inwieweit dieses Erleben darauf zurückzuführen ist, daß die Primärobjekte es innerlich ausschließen, d. h. nicht in der Lage sind, angemessen auf seine emotionalen Bedürfnisse einzugehen, oder inwieweit es eine besondere Sensibilität gegenüber Trennungen mitbringt. Das Kind reagiert daraufhin mit einem Gegenausschluß. Die Frustration seiner oralen und symbiotischen Wünsche führt dazu, daß starke paranoide Ängste persistieren, also nicht ausreichend die Voraussetzungen für eine Bewegung von der paranoid-schizoiden zur depressiven Position geschaffen werden. Das Kennzeichen der zwanghaften Abwehr besteht in dem exzessiven Einsatz pervertierter Denkfunktionen, um diese Ängste in Schach zu halten.

Schließlich möchte ich noch einmal das Moment der Selbstentfremdung hervorheben, das dieser Art von Störung zu eigen ist. Es besteht zum einen darin, daß der zwanghafte Patient durch die fortwährende Gegenbesetzung, die er zu jeder Form von emotionalem Kontakt herstellt, sich seiner Erlebnismöglichkeiten beraubt und in seinem Daseinsgefühl beeinträchtigt ist. Er kann nie sicher genug sein, um seinen Empfindungen und Gefühlen freien Lauf zu lassen. Zum anderen ist festzuhalten, daß die beschriebene konkretistische Fixierung und die damit einhergehende Spaltung zwischen Phantasie und Realität einen bestimmten Umgang mit sich selbst festlegen. Wenn eine Unfähigkeit besteht, in Alternativen und Möglichkeiten zu denken, Wünsche zuzulassen und zu versuchen, sie mit der Realität in Einklang zu bringen, ist der Patient weder in der Lage, die eigene Position zu erkennen und zu relativieren, noch vermag er das eigene Selbst auf zukünftige Perspektiven hin zu entwerfen. Dies ist ein Faktor, der es ihm schwer macht, sich auf ein therapeutisches Verfahren wie die Psychoanalyse einzulassen.

Zusammenfassung

Der Autor versucht in einer Reihe theoretischer Überlegungen und einer ausführlichen Kasuistik, die spezifische Beziehungsstörung zu erfassen, die die zwanghafte Abwehr kennzeichnet. Er knüpft an den Begriff der Gegenbesetzung an, um ein zentrales Charakteristikum zu verdeutlichen: Die Kluft zwischen innerer und äußerer Realität, die durch das von Freud hervorgehobene Berührungstabu aufrechterhalten wird. Sie ist das Resultat einer vorzeitigen, pathologischen Autonomieentwicklung mit dem Versuch, die Mutter aus dem psychischen Binnenraum zu verbannen. Dadurch entsteht eine Aufspaltung zwischen einer narzißtischen, omnipotenten, nach außen abgeschirmten Innenwelt und den äußeren Beziehungen, die durch das Bestreben nach Anpassung und Kontrolle geprägt sind. Es zeigt sich eine Polarisierung zwischen inneren und äußeren Objekten, die nicht miteinander in Berührung kommen dürfen, um sowohl regressive Wünsche wie destruktive Tendenzen in Schach zu halten. Die therapeutische Beziehung ist durch die Angst des Patienten geprägt, daß der Analytiker in seinen intrapsychischen Raum eindringen könnte. Darum versucht er Einfühlung und Verständnis zu verhindern. Die Kasuistik zeichnet anhand einzelner Stunden verschiedene Phasen der Behandlung nach, die die strukturelle Entwicklung verdeutlichen – ausgehend von einem konkretistischen Niveau wahnhafter Projektionen über den Versuch, Realität und Phantasie aufzuspalten, bis zu der sich allmählich abzeichnenden Fähigkeit, Symbolisierung für die innere Auseinandersetzung zu nutzen.

Summary

The Exclusion of the Other. A Clinical Contribution to an Object-Relations Theory of Obsessional Defence

The author attempts to describe the specific relational disorder, which characterises obsessional defence, discussing several theoretical considerations and a detailed case history. He takes up the notion of countercathexis to explain one central characteristic: the gulf between internal and external reality to maintain the taboo on touching which was stressed by Freud. It is the result of premature pathological achievement of autonomy with the attempt to banish the mother from the internal psychic space. Due to this banishment there exists a splitting between a narcissistic omnipotent internal world, which is shielded from the external world, and external relationships, which are shaped by the effort to adapt and to control. There is a polarisation between internal and external objects which are not allowed to touch each other in order to stall regressive wishes as well as destructive tendencies. The therapeutic relationship is characterised by the patient's fear that the analyst could intrude into his internal psychic space. Therefore, he tries to prevent empathy and understanding. The case history shows the different stages of the treatment with the help of sessions, which reveal the structural development – starting from a concretistic level of delusional projections, over the attempt of splitting reality and phantasy to the gradual arising capacity to use symbolisation for the internal discussion.

Literatur

Abraham, K. (1920 [1982]): Zur narzißtischen Bewertung der Exkretionsvorgänge in Traum und Neurose. In: Ders.: *Psychoanalytische Studien,* Bd. I. Frankfurt am Main: S. Fischer, 236 – 239.

— (1923 [1982]): Ergänzungen zur Lehre vom Analcharakter. In: Ders.: *Psychoanalytische Studien,* Bd. II. Frankfurt am Main: S. Fischer, 103 – 123.

— (1924 [1982]): Versuch einer Entwicklungsgeschichte der Libido aufgrund der Psychoanalyse seelischer Störungen. In: Ders.: *Psychoanalytische Studien,* Bd. II. Frankfurt am Main: S. Fischer, 32 – 102.

Amitai, M. (1977): Die Zwangsneurose. In: *Psyche – Z Psychoanal* 31, 385 – 398.

Bion, W. R. (1961): A theory of thinking. In: *Int. J. Psychoanal.* 43, 306 – 310.

Freud, A. (1966 [1980]): Psychoanalytische Theorien über Zwangsneurose. Eine Zusammenfassung. In: *Die Schriften der Anna Freud,* Bd. VI. München: Kindler, 1839 – 1857.

Freud, S. (1907 b): Zwangshandlungen und Religionsübungen. In: *GW* 7, 129 – 139.

— (1909 d): Bemerkungen über einen Fall von Zwangsneurose. In: *GW* 7, 379 – 463.

— (1912 – 1913 a): Totem und Tabu. In: *GW* 9.

— (1913 i): Die Disposition zur Zwangsneurose. In: *GW* 8, 442 – 452.

— (1926 d): Hemmung, Symptom und Angst. In: *GW* 14, 111 – 205.

— (1927 c): Die Zukunft einer Illusion. In: *GW* 14, 325 – 380.

— (1930 a [1929]): Das Unbehagen in der Kultur. In: *GW* 14, 419 – 506.

— (1973): Studienausgabe Bd. VII. Editorische Vorbemerkung zu Freud 1907 b.

Grunberger, B. (1976 [1960]): Untersuchung der analen Objektbeziehung. In: Ders.: *Vom Narzißmus zum Objekt.* Frankfurt am Main: Suhrkamp, 164 – 188.

— (1966): Some reflections on the rat man. In: *Int. J. Psychoanal.* 47, 160 – 168.

Hinshelwood, R. D. (1989): *A Dictionary of Kleinian Thought.* 2nd edition 1991. London: Free Association Books. Dt.: *Wörterbuch der kleinianischen Psychoanalyse.* Stuttgart: Verlag Internationale Psychoanalyse 1993.

Kafka, F. (1927 [1983]): *Der Verschollene.* Frankfurt am Main: S. Fischer.

Klein, M. (1932 [1997]): Die Psychoanalyse des Kindes. In: Dies.: *GSK II.* Stuttgart: frommann-holzboog.

Mahler, M. S. (1968): *On Human Symbiosis and the Vicissitudes of Individuation,* Vol. I: Infantile Psychosis. New York: International Universities Press. Dt.: *Symbiose und Individuation,* Band 1: Psychosen im frühen Kindesalter. Stuttgart: Klett-Cotta 1983.

— /Pine, F./Bergman, A. (1975): *The Psychological Birth of the Human Infant.* New York: Basic Books. Dt.: *Die psychische Geburt des Kindes.* Frankfurt am Main: Fischer.

Moser, U./von Zeppelin, I. (1996): Die Entwicklung des Affektsystems. In: *Psyche – Z Psychoanal* 50, 32 – 84.

Ogden, Th. A. (1989): On the concept of an autistic-contiguous position. In: *Int. J. Psychoanal.* 70, 127 – 140.

Sasson, Y. et al. (1997): Epidemiology of obsessive-compulsive disorder: a world view. In: *J. Clin. Psychiatry* 58: Suppl. 12, 7 – 10.

Segal, H. (1957): Notes on symbol formation. In: *Int. J. Psychoanal.* 38, 391 – 397. Dt.: Anmerkungen zur Symbolbildung. In: Dies.: *Wahnvorstellung und künstlerische Kreativität.* Stuttgart: Klett-Cotta 1992, 7 – 92.

Shengold, L. (1985): Defensive anality and anal narcissism. In: *Int. J. Psychoanal.* 66, 47 – 73.

Target, M./ Fonagy, P. (1996): Playing with reality II: The development of psychic reality from a theoretical perspective. In: *Int. J. Psychoanal.* 77, 459 – 479.

Tustin, F. (1981). *Autistic States in Children.* London: Routledge & Kegan Paul. Dt.: *Autistische Zustände bei Kindern.* Stuttgart: Klett-Cotta 1989.

Klinik der Psychoanalyse

»Und was machen Sie?«

Depression und das Über-Ich

*Vic Sedlak**

Einführung

In dieser Arbeit werde ich Material aus der psychoanalytischen Behandlung zweier Patienten darstellen, die eine klinische Depression und selbstdestruktives Verhalten aufwiesen. Beide Patienten, die ich diskutieren werde, griffen sich selbst mit physischen Gewaltakten an, aber auch mit der Art und Weise, wie sie über sich selbst denken und fühlen konnten. Beide konnten bisweilen extrem selbstkritisch werden und damit demonstrieren, daß es einen Teil in ihrem Denken gab, der über sie zu Gericht saß. Das ist der Teil des Denkens und Empfindens, den Analytiker das Über-Ich genannt haben. Bei meinen Patienten konnte dieses Über-Ich manchmal völlig verurteilend und drakonisch sein.

Ich möchte versuchen zu illustrieren, daß sich in beiden Fällen in der Behandlung ein Verständnis der Aggression der Patienten gegen sich selbst, aber auch gegen ihren Analytiker und seine Versuche, ihnen zu helfen, herausbildete. In meinem ersten Fall wurde das auftauchende Bewußtwerden der Tatsache, daß die Patientin die Kapazität des Therapeuten zu helfen angriff, ein Faktor, der eine Veränderung zum Besseren motivierte. Im anderen Fall führte dieses Bewußt-

---

* Dr. Vic Sedlak ist Lehranalytiker der Britischen Psychoanalytischen Gesellschaft (Zweig der IPA) und in eigener Praxis in Nordengland niedergelassen. Veröffentlichungen über Träume, Gegenübertragung und Supervision.

Jahrb. Psychoanal. 54, S. 129–144 © 2007 frommann-holzboog

werden von Destruktivität zu etwas anderem: Es wurde entweder erlebt als etwas, aus dem sich Befriedigung ziehen ließ, oder als eine Sache von wenig oder gar keiner Bedeutung, oder als so unerträglich, daß es schließlich zum Zusammenbruch der Behandlung führte. Ich werde darlegen, daß die Fähigkeit, sich der eigenen Destruktivität bewußt zu werden und über ihre Auswirkungen besorgt zu sein, eine Funktion des eigenen Über-Ichs ist, und ich werde eine Unterscheidung treffen zwischen dem ich-unterstützenden Über-Ich und dem ich-destruktiven Über-Ich.

Ms. A.

Die erste Patientin, die ich diskutieren werde, war eine Frau Mitte Dreißig, die ich in einer ambulanten Psychotherapieabteilung des National Health Service sah. Sie klagte über eine schon sehr lange andauernde Depression, mit der sie sich ebenso abgefunden habe wie mit Angstattacken, die sie seit etwas kürzerer Zeit habe. Sie gestand auch ein, daß sie eine lange Vorgeschichte mit schwerer Alkoholabhängigkeit habe, aber in dem Vorgespräch mit mir versuchte sie dies, wie auch ihre Depression und ihre Angst, herunterzuspielen. Angekommen an einem Ort, an dem sie hätte hoffen können, verstanden zu werden, schien sie unfähig, diesen für sich zu nutzen; die Beratung verlief gestelzt, sie sprach nur widerwillig mit mir, und ich fand es schwierig, das Wenige, das sie sagte, weiterzuverfolgen. Allerdings teilte sie mir doch eine frühe Erinnerung mit, nach der sie mit ungefähr drei Jahren und bevor sie schwimmen gelernt hatte in ein Schwimmbecken gefallen war. Sie erinnerte sich daran, wie sie unter Wasser zu schreien versucht hatte und daß sie überrascht war, daß sie scheinbar keinen Laut von sich gab. Glücklicherweise hatte ein Bademeister sie reinfallen sehen und sprang ins Wasser, um sie zu retten. Dann brachte er sie zu ihren Eltern zurück, die außerhalb der Sichtweite des Pools waren. Soweit sie sich erinnern konnte, hatte der Bademeister den Eltern nicht gesagt, was passiert war, noch hatte sie das getan, und die Eltern hatten auch nicht nachgefragt, warum sie denn so durcheinander war. Ich dachte, daß diese Geschichte die merkwürdige Situation etwas erhellte, in der sie und ich uns befanden. Das heißt, es war ganz offensichtlich etwas überhaupt nicht in Ordnung, aber keiner von uns beiden konnte darüber sprechen. Allerdings konnten wir bemerken, daß dies unser unmittelbares Problem war. Sie war an diesem Dilemma interessiert, und nach zwei weiteren Vorgesprächen entschieden wir, daß wir uns weiterhin auf einer wöchentlichen Basis treffen würden, um ihre Schwierigkeiten weiter zu verstehen zu versuchen.

Ich möchte nicht viele Details zu ihrer Geschichte mitteilen. Ihre Eltern waren sehr arm gewesen, unglücklich, und sie erinnerte sich an ihre Kindheit als sehr trostlos. Sie hatte sich unerwünscht gefühlt und als eine Last für ihre Eltern. Als Teenager war sie promiskuitiv, unternahm eine Reihe von ernsthaften Selbstmordversuchen mit Medikamenten und hatte sich wiederholt in ihre Arme geschnitten, so daß ihre Unterarme dauerhafte und tiefe Narben zurückbehielten. Sie heiratete mit Anfang zwanzig einen unfähigen Mann, den sie finanziell unterstützte. Die Beziehung zerbrach nach vier Jahren, und dann ließ sie sich auf eine Reihe von unbefriedigenden Beziehungen ein, wobei sie für eine Weile auch mit einem Mann zusammenlebte, der sie körperlich mißhandelte. Sie lebte jetzt alleine und hatte gelegentliche One-Night-Stands, die sie am nächsten Morgen bereute.

Am Anfang der Arbeit mit der Patientin konzentrierte ich mich vor allem auf ihre Identifizierung mit einer Eltern-/Therapeutenfigur, von der sie als Störenfried empfunden wurde und die nichts über einen sehr traumatisierten und halbertrunkenen kindlichen Teil ihrer selbst untersuchen und herausfinden wollte. So kam sie z. B. nach einer Ferienunterbrechung zurück und beschimpfte sich dafür, während der Unterbrechung nicht genug gearbeitet, sich sehr betrunken und einen Mann aufgegabelt zu haben, mit dem es dann zu einem mißbräuchlichen One-Night-Stand kam. Meine Deutungen, daß sie mich als jemanden empfand, der seine Arbeit während der Unterbrechung nicht gemacht und sie statt dessen zurückgelassen hatte, auf daß sie sich im Alkohol ertränke, und der sie mit seiner Vernachlässigung mißbraucht hatte, wurden durch weiteres Material bestätigt. Dieses beinhaltete Schilderungen von Situationen in ihrer Kindheit, die sie mit dem Gefühl zurückgelassen hatten, daß ihre Eltern sich nicht um sie kümmerten und sie grausam vernachlässigten. Es war eine sehr bewegende und schmerzhafte Sitzung, und ich erfuhr in der nächsten Woche, daß sie dann die nächsten drei Tage hinter zugezogenen Vorhängen in ihrer Wohnung mit Trinken verbracht hatte. Dies schien nicht nur ein Mittel zu sein, von ihrer Verzweiflung wegzukommen, sondern auch eine Fortsetzung einer selbstzerstörerischen Identifizierung mit einem Elternteil, der nichts von ihrer Verzweiflung wissen will, und einem Therapeuten, der sie verlassen oder mißbraucht hatte, indem er solch eine schmerzhafte Stunde beendet hatte.

In den ersten paar Monaten ihrer Behandlung bemerkte ich, daß diese Dynamik auch in den Stunden offensichtlich war. Bei einer Andeutung von Verzweiflung pflegte sie sich zu unterbrechen oder in Schweigen zu verfallen; wenn sie weinte, entschuldigte sie sich schnell und versuchte sich zusammenzunehmen, als ob sich keiner von uns mit ihrem Kummer beschäftigen wolle. Darüber hinaus bemerkte ich ihre Überzeugung, daß ich mit Absicht grausam gegen sie sei, z. B. indem ich zuließ, daß schwierige Schweigepausen andauerten, während ich doch etwas hätte sagen können, und indem ich ihr nicht nur Unterbrechungen aufzwang, sondern auch noch mit ihr darüber sprach, welche Wirkung sie auf sie hatten. Sie empfand mich als sadistisch und fand, daß sie es wieder einmal geschafft hatte, in eine sadomasochistische Beziehung zu geraten.

Ich möchte jetzt ein Fragment aus einer Sitzung darstellen, das diese Dynamik und meine Art, sie zu verstehen, veranschaulicht. Es war die erste Stunde nach einer Sommerunterbrechung zu Beginn ihres zweiten Behandlungsjahres. Sie erzählte mir, daß sie auf ihrem Weg zur Sitzung sehr angespannt gewesen sei und daß sie sich wie der ertrinkende Mann fühle, der sich an einem Strohhalm festhalte. Sie habe nicht mehr das Gefühl, daß ihr durch die Therapie geholfen werden könne; sie sei ein hoffnungsloser Fall. Ich bezog das, was sie sagte, auf die Tatsache, daß es eine Unterbrechung gegeben hatte, und zwar eine, in der sie hatte alleine zurechtkommen müssen. Sie antwortete darauf sehr direkt und sagte, daß die Unterbrechung für sie schwierig gewesen sei, sie habe sie realisieren lassen, was für einen kleinen Anteil Zeit ich ihr gebe. Was sie sagte, hatte eine leicht gekränkte Qualität an sich, aber dann fuhr sie damit fort, daß sie über mich nachgedacht habe, wie ich Zeit mit Leuten verbringen würde, die mir nahe stünden, und das fühlte sich für mich anders an: Ich dachte, daß sie traurig sei, und dies wurde bestätigt, als sie hinzufügte, sie habe sich vorgestellt, wie ich mit Kindern zusammen sei, die ich liebe. Sie fing an zu weinen und sagte lange nichts mehr, wobei ich zunächst dachte, ich würde sie verstehen und könnte mit ihrem Gram über das, was sie ihrem Gefühl nach in ihrer Kindheit verpaßt hatte, mitfühlen, nämlich Eltern, die sie liebten und gerne mit ihr zusammen wären. Dann schien es mir allerdings so, daß sich diese Stimmung veränderte, ich spürte, daß sie distanzierter wurde und dann auf trotzigere Weise verschlossen.

Als ich sie schließlich fragte, was ihr durch den Kopf gehe, sagte sie irgendwie bitter, sie habe das Gefühl gehabt, ich würde bewußt ein Schweigen andauern lassen, von dem ich wisse, daß es für sie schwierig sei. Ich sagte, daß sie von dem Gefühl, verletzt und traurig darüber zu sein, daß ich sie vernachlässigt hätte, zu einem Gefühl gewechselt habe, ich würde sie gezielt auf eine grausame Weise verletzen. Sie reagierte auf eine müde Weise, indem sie beschrieb, wie der Mann, mit dem sie gelebt hatte, sie mißhandelt hatte. Ich sagte, es gebe Zeiten, in denen sie dazu hingezogen werde, unsere Beziehung auch so zu sehen. Darauf erzählte sie mir viel lebhafter, daß sie, als sie mit zwanzig mit ihrem Ehemann durch Europa getrampt sei, von zwei Männern mitgenommen worden seien, die sie dann vergewaltigt hätten. Ihr Ehemann, der körperlich schwach gewesen sei, habe ihr nicht helfen können. Sie fuhr mit großem Schmerz fort, das Schlimmste an diesem Vorfall sei gewesen, daß sie nicht in der Lage gewesen sei, sich deshalb lange schlecht zu fühlen. Sie habe sich gesagt, es sei egal, da sie ja sowieso schon so viel mißbraucht worden sei. Während sie das sagte, wies sie auf die Narben auf ihren Armen hin.

Ich sagte, sie vermittle mir, daß es für sie schwierig sei, sich von den Vergewaltigern verletzt zu fühlen, und sich statt dessen mit ihnen in ihrem Mißbrauch von ihr vereinige, indem sie sich selbst so behandele, wie sie sich von ihnen behandelt fühle. Sie antwortete, indem sie mir von einer ganzen Reihe von Momenten erzählte, in denen sie sich gezielt verletzt hatte, und erwähnte in diesem Zusammenhang ihr Trinken. Ich deutete ihr, daß dies der Teil in ihr sei, mit dem wir konfrontiert wären, der Teil, der in ihre Zerstörung investiert würde. Ich fügte hinzu, sie fürchte, die Therapie würde sich als nicht stark genug erweisen, dem entgegenzustehen, und ich, wie ihr Ehemann, nicht in der Lage sein, sie zu beschützen. Sie machte einen Scherz darüber in die Richtung: Wenn so viel von ihr ins Scheitern investiert worden sei, welche Hoffnung bleibe ihr dann noch. Als ich sie fragte, warum sie darüber Witze mache, begann sie zu weinen und sagte, daß sie sich wirklich Sorgen um sich mache. Dann trocknete sie ihre Tränen, zuckte mit den Achseln und lächelte mich an. Ich sagte ihr, sie habe ihre Besorgnis schnell mit einem Achselzucken abgetan. Sie antwortete, daß sie dies verletze, denn sie habe das Gefühl, daß ich es sei, der sie schlecht behandele. Kurz darauf war die Stunde zu Ende.

Ich hoffe, dies illustriert, wie diese Patientin sich gegen den Schmerz wehrte, sich vernachlässigt und ungeliebt zu fühlen, indem sie sich mit vernachlässigenden und grausamen Objekten identifizierte. Während dies notwendigerweise hieß, daß sie sich damit vom hilfreichen Potential ihres Therapeuten abschnitt, schien es mir niemals so, daß das Bedürfnis, diese Verbindung zu zerstören, ihre primäre Motivation war. Ich kam zu der Überzeugung, daß es meistenteils eine Abwehr gegenüber einem schrecklichen Empfinden von Einsamkeit und Verzweiflung darüber war, nicht genug von den liebenden elterlichen Objekten gehabt zu haben, die sie sich ersehnte. Es wehrte im Kern eine Trauer um die Eltern ab, die sie ihrem Gefühl nach nicht gehabt hatte. Als ich das besser verstand, war es möglich, dies zu deuten und ihr zu helfen, sich dem zu stellen. Außerdem wurde sie sehr schuldbewußt in Hinsicht darauf, wie sie mich in ihrem Kopf von einer Person, die sich um sie – wenn auch in begrenztem Maße – sorgte, in einen Sadisten verwandelte. Solches Durcharbeiten ermöglichte ihr langsam, sich zu ändern. Sie begann, weniger zu trinken, kleidete sich besser und fing an, ernsthaft darüber zu sprechen, daß sie eine intensivere Behandlung brauche. Schließlich war es ihr möglich, sich mit meiner Unterstützung für eine finanziell subventionierte Behandlung an der Londoner Ambulanz für Psychoanalyse zu bewerben, wo sie sich, soweit ich weiß, gut entwickelt hat.

Das ist die Geschichte mit dem glücklichen Ende – jetzt möchte ich ein therapeutisches Scheitern beschreiben.

Mr. B.

Mr. B. war in den Dreißigern, als ich ihn das erste Mal sah. Die Umstände, unter denen er zu mir zur Konsultation kam, sind etwas ungewöhnlich und sollten in der Dynamik, die sich ergab, eine Rolle spielen. Etwa zwei Monate, bevor er das erste Mal zu mir kam, hatte er einen ernsten Suizidversuch unternommen, der zu einem zweiwöchigen Krankenhausaufenthalt geführt hatte. Er wurde dann in die ambulante Behandlung durch seine Allgemeinärztin entlassen. Seine Hausärztin war zufällig zu der Zeit auch meine, und ich kannte sie privat relativ gut. Ich habe den Verdacht, daß sie nicht sicher war, was sie mit diesem Patienten machen sollte und – vielleicht aus Verzweiflung – ihm einen Psychoanalytiker nannte, den er einmal konsultieren könnte. Ich sollte hier erwähnen, daß ich schon immer den Verdacht gehabt hatte, daß meine Allgemeinärztin Psychoanalyse insgeheim als einen irgendwie esoterischen Zeitvertreib betrachtet, von dem sie nicht wirklich viel hält, obwohl sie zu höflich ist, das je zu sagen.

In den Vorgesprächen hatte ich es meinem ersten Eindruck nach mit einem attraktiven, eloquenten und intelligenten Mann zu tun. Er erzählte mir, er habe eine beträchtliche Summe Geld von seinen Eltern geerbt, und dies ermögliche es ihm, ein ausschweifendes Leben zu führen und mit verschiedenen Projekten, die von ihm immer wieder aufgegeben wurden, herumzuspielen und ein sehr promiskuitives und bisexuelles Geschlechtsleben zu führen. Es war ihm nie gelungen, irgendeine langfristige Beziehung, Arbeit oder ein Studium durchzuhalten. Er hatte als Erwachsener viel von seiner Zeit mit Suizidphantasien verbracht, aber der letzte Versuch war der einzige ernste gewesen.

In den ersten beiden Sitzungen, die ich mit ihm hatte, ertappte ich mich dabei, wie ich ihm klarmachen wollte, daß das, was ich anbot, für ihn von Nutzen sein könnte. Das war zum einen eine professionelle Meinung, da ich mir nicht vorstellen konnte, daß ihm irgend etwas anderes als Psychoanalyse helfen könnte, und in der Tat hatte er ja die meisten anderen Richtungen ausprobiert. Es hatte aber auch etwas mit dem Kontext der Überweisung im weiteren Sinn zu tun, wie ich ihn gerade skizziert habe, und basierte, wie mir in den Vorgesprächen klar wurde, auf einer Reaktionsbildung angesichts der massiven Verachtung des Patienten gegenüber jeglicher Art von Hilfe. Ich konnte ihm das deuten, und er stimmte zu, daß er die Überzeugung hege, niemand könne ihm helfen, fügte aber, wie mir schien, relativ einsichtsvoll hinzu, er denke, daß diese Haltung selbst eventuell einen Teil seiner Probleme ausmachen könnte. Nach einer sich ziemlich lange hinziehenden Vorgesprächsphase, in der sein Beharren darauf, daß nichts ihm helfen könne, gekoppelt mit einem Appell, es doch zu versuchen, ihm zu helfen, evident war, kamen wir schließlich überein, daß er eine vierstündige Behandlung beginnen würde.

Ich empfand ihn schnell als einen sehr interessanten Patienten. Ich erfuhr, daß er der älteste von zwei Kindern war und daß sein Geschwister im Leben sehr erfolgreich war. Seine Eltern waren gestorben, als er Anfang zwanzig war. Ungefähr seit dem 16. Lebensjahr hatte er ein sehr chaotisches Leben geführt. Dies schloß Anfälle von sehr promiskuitiver Homosexualität mit ein, die bis zu dem Punkt ungeschützt waren, daß sie suizidal zu sein schienen, Phasen schwerer Depression und die Aufgabe jeglicher Bemühung, sich akademisch oder beruflich zu entwickeln. Sein Geschwister und eine Tante waren sehr besorgt um ihn, und dafür war er einerseits dankbar und nahm gleichzeitig die Tatsache übel, daß sie ihn nicht in die Tiefen absacken ließen, die ihn so anzogen. Er sprach oft von einem Refrain seiner verstorbenen Mutter, der eine konstante Größe in seiner Kindheit gewesen war, wann immer er sich unfähig fühlte, mit einer Sache fortzufahren: »Mach es für mich, Schatz.«

Sein Absinken in die Hoffnungslosigkeit machte sich bald in der Analyse bemerkbar, und er sprach schon früh davon, die Behandlung und seine Versuche zu arbeiten abzubrechen. Er setzte sich selbst verschiedene Fristen zum Aufhören und pflegte dann seine Meinung zu ändern, sobald der Termin näherrückte. Manchmal war es schwer, zwischen einem Gefühl von echter Verzweiflung, die ihn denken ließ, es sei sinnlos weiterzumachen, und einer eher destruktiven, aggressiven und libidinisierten Komponente zu unterscheiden. So versuchte er, mich in ein Hoffnungslosigkeitsgefühl hineinzuziehen und mich dahin zu bringen, den Wunsch zu haben, daß er seine Analyse und sein Leben fortführe. Oft konnte ich ihm deuten, daß er mich in die Rolle bringen wollte zu sagen: »Mach es für mich, Schatz.« Während er das sehen konnte und, wie ich dachte, sich dabei wirklich verstanden fühlte und an der Dynamik zwischen uns interessiert war, konnte er doch sein Interesse, darüber nachzudenken, nicht lange aufrechterhalten; regelmäßig konnte ich feststellen, daß in der darauffolgenden Sitzung scheinbar keine Spur irgendeiner Einsicht zurückgeblieben war.

Er hatte einen religiösen Glauben und sprach regelmäßig von einem Gefühl von Gnade, das er suche. Das betraf ein Gefühl von Güte und Ehrenhaftigkeit, sowie ein Gefühl, daß Gott einen zustimmend anerkenne. Psychoanalytisch könnten wir diesen Zustand von Gnade als eine Verfassung verstehen, in der die inneren Objekte gut von einem denken, obwohl es bei meinem Patienten auch ein Zustand zu sein schien, in dem die inneren Objekte *ausschließlich* gut von ihm dachten. Er gewann dieses Gefühl aus seinen Treffen mit einem Priester und manchmal von seinem Besuch bei einer Gebetsgruppe, bei der seine »Güte«, Nachdenklichkeit und sein religiöser Glaube geschätzt wurden. Er stellte dies regelmäßig dem »Nichts« gegenüber, das er von seiner Analyse bekam.

Ich werde jetzt einiges an Material aus dem vierten Monat der Analyse beschreiben. Es hatte eine besonders negative Periode über ein paar Tage gegeben, und der Patient begann eine Stunde, indem er mir von einer Konsultation bei der Allgemeinärztin berichtete. Sie hatte ihn gefragt, wie es ihm gehe und wie die Behandlung laufe. Als ich das hörte, wurde ich sehr besorgt darüber, inwiefern der Patient ihre negative Sicht von mir und der Psychoanalyse bestätigen würde. Jedoch führte er zu der Konsultation nichts weiter aus, sondern ging dazu über, eine Begegnung mit den Eltern eines Freundes zu beschreiben, die ihm sehr nett erschienen waren und mit denen er gut zurechtgekommen war, bis die Mutter ihn fragte: »Und was machen Sie?« Er hatte irgendwas von sich gegeben und die

Scham zu verdecken gesucht, die er darüber empfand, so wenig mit seinem Leben angefangen zu haben, aber fünf Minuten später hatte sie die Frage wiederholt. Und dann war der Vater des Freundes ins Zimmer gekommen und hatte gefragt: »Und was machen Sie?« Er sagte mir, daß dies die schlimmste aller Fragen war und er jegliche Gelegenheit fürchte, in der jemand das fragen könnte. Sie ließ ihn sich suizidal fühlen.

Er fuhr fort und sprach darüber, sich umzubringen, und über seine Gedanken zu seiner Beerdigung. Während ich dem zuhörte, merkte ich, wie ich mir vorstellte, wie ich seine Beerdigung besuchte und ein Fremder sich mir näherte, vielleicht das Geschwister oder die Tante, und wie ich gefragt wurde: »Und was machen Sie?« Die Vorstellung, sagen zu müssen »Ich bin der Psychoanalytiker des Verstorbenen«, war entsetzlich. Doch diese unangenehme Phantasie ließ mich auch an den Beginn der Stunde und meine angespannten Gefühle denken. Ich deutete, daß er, indem er mir von seinem Treffen mit der Allgemeinärztin erzählt habe, in mir ein Angstgefühl zu erzeugen versucht habe, im Hinblick darauf, was sie denken könnte, was ich mache. Ich fuhr fort mit der Vermutung, er könne sich vorgestellt haben, daß ich auf seiner Beerdigung sein würde und daß ich dort mit der gefürchteten Frage hätte fertig werden müssen. Der Patient bestätigte, er habe in der Tat diesen Gedanken gehabt, wie ich mich bei seiner Beerdigung würde rechtfertigen müssen, und in der Stunde kam es mir so vor, als gebe es ein Gefühl von gemeinsamer Erleichterung. Ich fühlte mich zufrieden damit, daß ich hatte verstehen können, was in der Stunde abgelaufen war, es zusammenbringen konnte mit dem Material und ihn daher besser hatte verstehen können. Ich dachte, dies könnte vielleicht der Auftakt für ihn sein, sich schließlich das überlegen zu können, was ich für die vitale, aber schreckliche Frage hielt: »Und was machen Sie in Ihrer Analyse, daß sie so ein furchtbarer Fehlschlag wird?«

Nach ein paar kurzen Augenblicken von scheinbar angenehmer Stille sagte der Patient, er habe der Ärztin tatsächlich davon berichtet, was gerade in der Analyse geschehe. Er hatte dies auf eine Weise getan, daß sie sich daraufhin bei ihm dafür entschuldigt hatte, ihm auch nur vorgeschlagen zu haben, mich zu konsultieren. Ich spürte, wie er mir dies in einem grausamen und triumphierenden Ton sagte, und es machte mein Gefühl zunichte, daß wir uns gegenwärtig in einer therapeutischen Allianz befänden. Das war einer von vielen Momenten, in denen ich ein Gespür dafür bekam, warum der Zustand von Gnade so begehrt war: Er könnte einen vor einem erbarmungslosen Richter/Über-Ich schützen, dem es Freude bereitete, jemandes Fehler mitleidlos und ohne Berücksichtigung der Umstände bloßzustellen.

Im fünften Monat der Analyse wurde er sehr depressiv und erschien dann zu zwei aufeinanderfolgenden Sitzungen nicht. Da er so viel davon gesprochen hatte, sich umzubringen, wurde ich so besorgt, daß ich ihn schließlich anrief und ihm eine Nachricht auf seinem Anrufbeantworter hinterließ, in dem Sinne, daß er nicht zu seinen Stunden gekommen sei und ich ihn am nächsten Tag erwarten würde. Er kam zu diesem Termin, um mir zu sagen, daß er drei Tage in seinem Bett mit einer Plastiktüte verbracht hatte, in der Absicht, sie sich über den Kopf zu stülpen und sich dazu zu zwingen, die Agonie des Erstickens zu ertragen, aber die Tüte jedes Mal im letzten Moment wieder runtergezogen hatte. Ich wurde extrem angespannt, als ich das hörte, und dachte, daß er sich wirklich früher oder später umbringen würde. Er sagte mir, er habe außerdem stundenlang mit einem Stanleymesser in der Badewanne gelegen und versucht, den Entschluß zu fassen, sich die Pulsadern aufzuschneiden. Wie Sie sich vorstellen können, fand ich dies extrem beunruhigend. Während ich seine suizidalen Akte und Gedanken als sehr theatralisch empfand, mußte ich gleichzeitig erkennen, daß sie auch extrem gefährlich waren.

Eine Woche später begann er die Sitzung auf dieselbe Art und Weise, wie er viele andere begonnen hatte: Er fragte sich, ob er mit der Analyse fortfahren solle; es scheine nicht viel zu bringen, am besten solle er gehen. Er sprach davon, daß er nur Dinge weiterverfolgen könne, die ihn »fesselten«; die Analyse tue das nicht und helfe ihm gar nicht.

Er kam darauf zu sprechen, wie er am Tag zuvor eine Kneipe besuchte mit einem Freund, der ganz von einer jungen blonden Frau gefangengenommen war und nicht die Augen von ihr lassen konnte. Der Freund hatte immer weiter auf den Patienten eingeredet, wie wunderbar und sexy sie sei und was er am liebsten für unanständige Sachen mit ihr anstellen würde.

Ich deutete ihm, was ihn wirklich gefangennehme und »fessele« und wovon er nicht die Augen abwenden könne, sei die Versuchung, die Analyse zu verlassen, sein Leben zu beenden, alles kaputtzumachen. Ich würde denken, es sei dies, was ihn fasziniere, so wie die blonde junge Frau seinen Freund fasziniert habe. Ich fügte hinzu, daß er auch fühle, er könne alle möglichen unanständigen Sachen mit mir anstellen, wie z. B. mir soviel Angst einjagen, daß ich ihn anrufen mußte, als er Sitzungen ausfallen ließ, ohne mich den Grund wissen zu lassen.

Der Patient war für einige Minuten ruhig und sagte dann: »Sie haben den Faktor X identifiziert« und schwieg darauf. Nach ein paar Minuten sagte ich, das ich ziemlich spezifisch gewesen sei in meiner Beschreibung und er es wieder mysteriös gemacht habe: Faktor ˙X. Ich deutete auf verschiedene Weise seine große Schwierigkeit und Angst, darüber nachzudenken, was ihn motiviere. Doch schien es mir nicht so, daß uns das weiterbrachte; ich traf auf einen soliden Widerstand.

Dennoch gab es in den folgenden Wochen gelegentliche Anzeichen, daß die Analyse etwas bewirkte. Zum Beispiel berichtete er davon, daß er einen Freund angerufen habe, nachdem er einige Stunden mit Selbstmordgedanken verbracht hatte, und ihm davon erzählte sowie von dem Küchenmesser, mit dem er es habe machen wollen. Sein Freund habe gemeint, er würde genauso viel, wenn nicht mehr Vergnügen daraus ziehen, wenn er sich den Griff in den Hintern stecken würde anstatt das scharfe Ende in seine Brust. Er sagte mir dies mit einer gewissen trockenen Belustigung und stimmte meiner Deutung zu, daß es auch ein Ich gab, das das Vergnügen erkannte, das er aus seinen Selbstmordgedanken gewann. Ich konnte zu ihm darüber auf eine Weise sprechen, die er als scheltend, aber freundlich empfand. Größtenteils hatte ich aber das Gefühl, daß seine Negativität stärker wurde, und immer häufiger sprach er von der Nutzlosigkeit der Analyse und der Unvermeidlichkeit seines Selbstmords.

An einem Freitag war die Stunde von einem sehr mächtigen Gefühl dieser Sinnlosigkeit erfüllt, und ich beschrieb ihm dies. Dabei muß ich mich in meinem Sessel bewegt haben, denn er sagte mir, daß er die drastische Vorstellung gehabt habe, ich würde mich gerade in eine Position bewegen, von der aus ich seinem Kopf einen Schlag verpassen könnte, der ihn sofort töten würde. Er sagte, er wünsche sich inbrünstig, daß ich das tun würde. Ich versuchte, dies auf verschiedenste Weise aufzugreifen, aber mit einem zunehmenden Gefühl der Nutzlosigkeit. Während der letzten Hälfte der Sitzung konzentrierte ich mich auf dieses Gefühl und sagte nichts weiter, als daß dies die momentane Situation sei. Innerlich beruhigte ich mich mit dem Gedanken, daß nächste Woche wieder eine neue Woche sein würde und wir schauen würden, wie die Dinge dann aussehen würden.

Nur ein paar Minuten nach dem Ende dieser Sitzung rief der Patient an, um zu sagen, daß er nicht mehr in die Analyse zurückkomme. Ich sagte ihm, ich würde unsere Vereinbarung, seine Sitzungen freizuhalten, für zwei weitere Wochen aufrechterhalten, aber er war unnachgiebig in seiner Entscheidung und blieb dabei. Als ich ihm für den Monat, in dem er mit der Analyse aufgehört hatte, eine Rechnung schickte (er war zu siebzehn Sitzungen gekommen und dann zur achtzehnten nicht), schickte er einen Scheck für die siebzehn Sitzungen, auf einem beigelegten Zettel teilte er mir mit, daß er für die achtzehnte Sitzung nicht zahle und mir für meine »Dienste« danke. Wir hatten vereinbart gehabt, daß er für versäumte Stunden zahlen würde und für Stunden, die er versäumte, falls er mir mitteile, daß er aufhöre. Ich schloß aus seinem Vertragsbruch, daß aus seiner Sicht ich die kompletten Kosten für das Scheitern der Analyse zu tragen hätte.

Diskussion

Nachdem ich Material aus zwei Therapien dargestellt habe, möchte ich jetzt einige der Unterschiede zwischen ihnen ausführen.

Ich vermute, daß Ms. A. genau deshalb therapierbar war, weil sie darüber nachdenken konnte, wie sie ihre Objekte in eine sadomasochistische Beziehung verwickelte; wenn auch unter Schmerzen konnte sie sich der Frage stellen: »Und was machen Sie?« Ich denke, ein Grund, warum sie das konnte, war, daß sie sich der Scham und der Schuld stellen konnte, die sie darüber empfand, wie sie Menschen behandelte. Ich vermute, dem war so, weil sie fühlte, daß die Genese ihrer Destruktivität im wesentlichen Selbstverteidigung war. Ihr primäres Ziel war nicht die Schädigung ihres Objekts oder ihrer Beziehung zum Objekt; der Schaden, der entstand, geschah in vielerlei Hinsicht beiläufig zu ihrer Absicht. Half man ihr jedoch zu erkennen, daß es diese Auswirkung hatte, schien es wie ein Ansporn zu wirken, ihre Art zu denken und zu handeln zu ändern. Darüber hinaus waren die Scham und die Schuld, die sie empfand, schmerzhaft, aber zu ertragen, und ich denke, entscheidend war, daß sie mich als jemanden erleben konnte, der über das, was sie tat, nachdenken konnte, ohne mit Horror oder Abscheu zu reagieren. Ich konnte von ihr schließlich als ein vernünftiger Richter über das, was sie tat und warum sie es tat, erlebt werden, und dann war ich in der Lage, ihr dies auf eine Weise zu beschreiben, die sie als angemessen empfand.

Soweit ich es beurteilen konnte, war die Situation mit Mr. B. anders. Ich denke, ein Grund dafür war, daß seine Destruktivität stärker libidinisiert war, das heißt, seine primäre Reaktion auf seine Destruktivität war, daß er sie äußerst fesselnd und erregend fand. Das Material zu der Begeisterung seines Freundes über die schmutzigen Sachen, die er gerne mit der Blondine machen wollte, belegt diese Sicht. Während das spätere Material über den Freund, der ihm riet, sich das stumpfe Ende des Messers in den Hintern zu stecken, ein gewisses Vermögen andeuten mag, über die Perversion nachzudenken, die in seiner Art, mich zu behandeln, enthalten war, das heißt, mich in einem dunklen, beschissenen Ort festzuhalten, während er mit meinen Ängsten spielte, konnte er diese Neugier doch im Hinblick auf sich selbst nicht aufrechterhalten. Wie Sie erinnern werden, versuchte er das Spezifische von dem, was er tat, als ich es ihm deutete, zu verschleiern, indem er es zum Faktor X machte.

Ich möchte nun überlegen, warum Mr. B. und ich solche Schwierigkeiten hatten, eine Situation kreieren zu können, in der er darüber nachdenken konnte, was er tat. Einen Hinweis gab er durch die Art, wie er die Analyse verließ. Ich sollte die Kosten der Beendigung finanziell, aber, wie ich glaube, auch emotional zu tragen haben. Das würde bedeuten, daß ich die Schuld und die Verantwortung für die gescheiterte Analyse trüge.

Um mit diesem Dilemma fertig zu werden, mußte ich in meiner Vorstellung mit der schwierigen Beziehung, die ich zu meinem Über-Ich hatte, kämpfen, oder, wie es so oft in solchen Fällen zu passieren scheint, mit dem Über-Ich, wie es in einer äußeren Person verkörpert war, in diesem Fall der Allgemeinärztin. Sie schien eine kritische Instanz zu verkörpern, von der Sorte, die alles sieht und alles verurteilt; sie fungierte in meiner Vorstellung als ein schreckliches Gewissen. Ich konnte fühlen, wie die Allgemeinärztin die Frage »Und was machen Sie?« mit einer uneingeschränkten Erwartung stellte, daß das, was ich tat, nicht nur völlig inadäquat, sondern schlimmer, moralisch total korrupt war. Sie würde bloßlegen, daß ich eine Menge Geld von Leuten für etwas nahm, das für sie keinerlei Nutzen hatte. In solchen Momenten schien sie die Personifizierung von dem zu sein, was das ich-destruktive Über-Ich genannt worden ist.

Ich vermute, der Patient hat in jener letzten Sitzung gespürt, daß ich eine Bewegung gemacht hatte; nicht nur eine physische, sondern auch eine emotionale; ich hatte mich mit den Dingen abgefunden, wie sie waren, und hatte nicht das Gefühl, daß ich dafür verantwortlich sein konnte, sie zu ändern; alles, was ich tun konnte, war, auf eine weitere Woche und eine Veränderung in ihm zu warten. Darin, könnte man denken, stimmte ich mit Freud (1912 e) überein, der vertrat, daß die Genesung eines Patienten »von dessen Kräftespiel […] in erster Linie abhängt« (1912 e, 381).

Dies befreite meinen Patienten und mich aus der »Tu-es-für-mich-Schatz«-Beziehung, die ich bewußt mehr zu deuten als zu agieren versucht hatte, die aber nichtsdestotrotz vom Patienten als vorhanden empfunden wurde. Man könnte annehmen, daß ich etwas in Kraft gesetzt hatte, was Symington (1983) »den Akt der Freiheit des Analytikers« genannt hat; und indem ich das tat, wurde der Patient sofort von einem unerträglichen Schuld- und Verantwortungsgefühl bedroht: Er wünschte, daß ich ihn umbrächte.

Es gibt allerdings noch eine andere, schmerzhaftere Möglichkeit, dies zu betrachten. Könnte es sein, daß die gesamte Art, wie der Patient sich auf andere bezog, indem er sie dazu verführte, sich für ihn eine Besserung zu wünschen, und sie dann frustrierte und quälte, in sich schon eine Abwehr einer noch schlimmeren Situation war? Könnte die Alternative sein, daß, wenn seine Leute sich aus dieser perversen Beziehung befreiten, *sie* dann aus seiner Sicht nur noch mit Ekel und Abscheu auf ihn herunterschauen könnten? Er ist dann niemandes Liebling, gehaßt von seinen Leuten und ihm selbst, und dann wird der Selbstmord zu einer sehr realen Möglichkeit. Es mag seltsam klingen, sich dies als eine Angst in einem Mann vorzustellen, der so von der Idee gefesselt war, sich umzubringen. Trotzdem glaube ich inzwischen, daß er schreckliche Angst davor hatte, daß er, wenn er und seine Leute wirklich darüber nachdächten, was er tat, solche Verzweiflung und solch einen Haß empfinden könnte, daß er sich umbringen könnte. Er könnte zu dem Schluß kommen, daß es eine Gnade wäre, getötet zu werden, statt in einer Welt zu leben, in der es nur Haß und Verdammung gab.

Ich möchte damit sagen, daß in der Vorstellung des Patienten ich es war, der zum schrecklichen Über-Ich wurde. In seiner Phantasie befreite ich mich nicht nur einfach aus dem perversen Griff, in dem er mich hatte, und wurde dadurch zu einem sachlichen, aber immer noch benignen Analytiker. So war es bei Ms. A.: Als ich ihr deutete, daß sie unsere Beziehung immer wieder in eine sadomasochistische Beziehung verwandelte, konnte sie dies schließlich aufgeben. Warum ging das nicht mit Mr. B.? Sicher war seine Pathologie schwieriger, wie ich zu zeigen versucht habe, aber dies bedeutete auch, daß meine Gegenübertragung, meine emotionale Reaktion auf ihn, schwieriger war. Dies könnte so etwas wie einen blinden Fleck in mir produziert haben; ich war nicht in der Lage, die Überzeugung des Patienten zu analysieren, ich würde seine Analyse für nutzlos halten und ihn für zu geschädigt, da ich dies bisweilen tatsächlich dachte. Das machte es dann schwer, die Art von analytikerzentrierter Deutung zu geben, die vielleicht in jener letzten Sitzung geholfen hätte. Statt mich damit abzufinden, auf die nächste Woche zu warten, wäre es vielleicht zum Beispiel besser gewesen, etwas zu sagen wie: »Ich denke, Sie haben das Gefühl, daß ich Sie völlig abgeschrieben habe und mir wünsche, Sie wären tot, und das läßt Sie sich momentan so schrecklich fühlen, daß Sie sich tatsächlich wünschen, ich könnte Sie aus Ihren Qualen befreien.«

Ich habe hierbei auch eine Beobachtung von Ruth Riesenberg-Malcolm (2003 [1999]) im Sinn. In einer Arbeit über eine Analyse, die ebenfalls scheiterte, beschreibt sie ihre »größte Wahrnehmungsblockade«: Sie vermutet, daß von ihrem Patienten »die meisten frühen Kontakte als schmerzhaft empfunden wurden und dieser Schmerz sofort in eine sexuelle Erfahrung umgewandelt wurde. Als ich dies schließlich erkannte, war meine erste Reaktion eine Mischung aus Entsetzen und Abscheu [...] so [...] daß sie für den Analytiker praktisch unverdaubar wird« (2003 [1999], 151). Im Zusammenhang mit meinem Patienten würde dies heißen, daß nicht nur die ursprünglichen Traumata, z. B. eine Mutter, die ihre Verbindung zu ihm abbricht oder ihm den Sauerstoff ihres liebevollen Interesses vorenthält, sondern auch das gegenwärtige Trauma zu fühlen, daß der Analytiker ihn aufgegeben hat, sofort mit Sadismus und Sexualisierung behandelt wird.

Konfrontiert mit solcher Heftigkeit von Seiten des ich-destruktiven Über-Ichs, könnte ein Rettungsweg darin bestehen, nach einem ebenso machtvollen Gegenmittel zu suchen, wie etwa einem von Gott gegebenen Zustand der Gnade. Dies könnte die Form einer Behauptung annehmen, daß die angebotene Therapie völlig adäquat ist und daß es allein am Versagen des Patienten liegt, wenn er davon nicht profitiert. Solch ein begnadeter Zustand ist manisch, da er das Ziel hat, einen von jeglicher depressiven Angst zu befreien. Eine etwas gesündere Denkart schließt eine realistische Anerkennung von dem mit ein, wozu wir fähig sind und von den starken Kräften, die gegen unsere Arbeit sprechen. Dies sollte uns jedoch nicht völlig von der Schuld und Verantwortung befreien, die wir für das Versagen unserer klinischen Bemühungen tragen.

Ich möchte mit der Anmerkung schließen, daß man anerkennen muß, daß wir schon viel über die Dynamik der Depression wissen, aber daß die aktuelle Erfahrung, mit äußerst destruktiven und suizidalen Patienten zu arbeiten, unsere Fähigkeiten, effektiv zu funktionieren, aufs äußerste belasten. Werden wir mit einem therapeutischem Fehlschlag konfrontiert, müssen auch wir uns auf eine möglichst hilfreiche Weise fragen: »Und was machst Du?«, um dies und was wir nicht machen können, tiefer zu erfassen.

Zusammenfassung

Der Autor präsentiert detailliertes klinisches Material zu zwei Fällen, die durch ein erhebliches Maß an Selbstdestruktivität gekennzeichnet waren. Es wird gezeigt, daß diese Destruktivität gleichzeitig auch für das psychoanalytische Bestreben destruktiv ist und daß das Ausmaß, in dem man sich dieser Tatsache stellen kann, ein Indikator für das therapeutische Ergebnis ist. Der Autor schließt mit Überlegungen, wie ein weiterreichendes psychoanalytisches Verstehen in hartnäckigen Fällen ein günstigeres Resultat ermöglichen könnte.

Summary

»And What Is It You Do?« – Depression and the Super-Ego

The author uses detailed clinical material to present two cases that were marked by significant degrees of self-destructiveness. It is argued that this destructiveness is contemporaneously destructive of psychoanalytical endeavour and that the degree to which this fact can be faced is an indicator of therapeutic outcome. The author concludes by discussing how further psychoanalytical understanding may enable a more beneficial therapeutic outcome in intransigent cases.

Literatur

Freud, S. (1912 e): Ratschläge für den Arzt bei der psychoanalytischen Behandlung. In: *GW 8*, 376–387.

Riesenberg-Malcolm, R. (2003 [1999]): *Unerträgliche seelische Zustände erträglich machen*. Stuttgart: Klett-Cotta.

Symington, N. (1983): The analyst's act of freedom as agent of therapeutic change. In: *Int. R. Psycho-Anal.* 10, 283–291.

Dr. Victor Sedlak, 2, Foxhill Court, Westwood Lane, LS16 5PL Leeds, Yorkshire, England, sedlak@blueyonder.co.uk

Übersetzung aus dem Englischen von Christina Gesser-Werning, Holbeinweg 3, 72076 Tübingen, Gesser-Werning@t-online.de

Angewandte Psychoanalyse

Psychoanalytische Betrachtungen zum 11. September, Terrorismus und genozidalen Vorurteil – ihre Wurzeln und Folgen[1]

*Léon Wurmser**

Am 11. September 2001 öffnete sich ein Abgrund. »Die Gewaltsamkeit der Angriffe gegen die Zwillingstürme und das Pentagon enthüllte einen Abgrund von Terror, der unser Dasein und Denken für Jahre und künftige Jahrzehnte verfolgen wird«, schreibt die Philosophin Giovanna Borradori (21). Imre Kertész, Überlebender des Holocaust und Nobelpreisträger für Literatur, sagt bei der Feier zum Tag der Deutschen Einheit in Magdeburg am 3. Oktober 2003:

> Einige Jahre lang hat man einfach nicht gewagt, zur Kenntnis zu nehmen, daß sich an den südosteuropäischen Grenzen bereits die Abgründe der Apokalypse öffnen, die heute, gut zehn Jahre später, die ganze Welt zu verschlingen drohen. (Neue Zürcher Zeitung, 4. Oktober 2003)

* Léon Wurmser ist in psychiatrischer und psychoanalytischer Privatpraxis in Towson, Maryland, tätig; Lehranalytiker und Supervisor, Mitglied der New York Freudian Society; regelmäßige Lehrtätigkeit in Europa. Neueste Bücher: *Magische Verwandlung und tragische Verwandlung*, 1999; *The Power of the Inner Judge*, 2000; *Die Ideen- und Wertewelt des Judentums. Eine psychoanalytische Sicht*, 2001; Hg.: *Superego revisited – relevant or irrelevant?*, 2004. Im Editorial Board des *Journal of the American Psychoanalytic Association*, von *Psychoanalytic Inquiry* und des *Jahrbuchs der Psychoanalyse*. Verleihung der Ehrendoktorwürde der Philosophie von der Humboldt-Universität, Berlin, 2004; Egnér-Preis, 1997 und JAPA-Preis, 2005.

1   Vortrag am 8. November 2003, Psychoanalytische Gesellschaft/Arbeitsgruppe Berlin.

Ein Abgrund eröffnete sich besonders aber für die Menschen, die direkt vom Angriff auf Amerika betroffen worden waren:

> Alle terroristischen Akte machen das Alltägliche unsicher, unverläßlich [...] Wenn
> man sich nicht mehr darauf verlassen kann, daß die gewöhnliche Wirklichkeit nur das
> ist, als was sie erscheint, wird sie unheimlich [...] Die Grenzen zwischen wirklich und
> unwirklich geraten ins Wanken, wenn das Unvorstellbare geschieht. (Coates/Schech-
> ter/First, 25 f.)

Dies trifft auf die weitere Umgebung der Angriffstätten, aber auch für die ganze
Nation zu: die Angriffe sind »kaum verheilte Wunden« und »sind Teil dessen geworden, was wir sind, eingeprägt in subtilen und störenden Weisen in die Ein-
zelleben und in die kollektive Seele der Nation« (E. Bumiller, *New York Times*,
7. September 2003). Sie haben aber auch einen tiefen Graben des Verstehens auf-
gerissen, der die Vereinigten Staaten nicht nur von weiten Teilen der islamischen
Welt, sondern auch von Europa trennt: große Segmente der Bevölkerung dort
glauben, es seien der CIA oder der Mossad, die hinter diesen Katastrophen stehen. Diese tiefe Spaltung in der Deutung, diese radikal und schmerzlich verschiedene Perspektive, die von einer weitverbreiteten Schadenfreude begleitet
wird, erfordert Analyse.

Zugleich lassen die Terrorakte des 11. Septembers, und ähnliche über die
ganze Erde hin begangene, Abgründe von Haß erblicken und vergrabene, aber
virulente Angst in den Tätern erahnen, die ihren Ursprung in persönlichen, gesellschaftlichen, kulturellen und historischen Erniedrigungen und Beschämungen, im Verlust von Selbstachtung und Würde haben. Die entfesselte Aggression
wird freilich verschiedenen äußeren Motiven zugeschrieben, aber gleichzeitig ist
es ein brennendes Ressentiment, das ein inneres Element von enormer Spreng-
und Zerstörungskraft bedeutet; als ob es aufschrie: »Unrecht wurde uns zugefügt. Wir sind die Opfer. Alles ist nun erlaubt, wenn es nur das Gleichgewicht des
Rechts wieder herstellt.«

Dann stellen sich tiefe Fragen, die beantwortet werden müssen: wie nämlich
den traumatisierten Individuen, Familien und dem Gemeinwesen geholfen werden kann, welche Rolle eventuell militärische und politische Gegenhandlungen
spielen und was die psychodynamischen Auswirkungen überhaupt sind.

All diese Problemstellungen können von Psychoanalytikern nicht vermieden
werden. Zu wissen, wie der Terror den »psychoanalytischen Raum« beeinflusse,
wird zu einer dringlichen Aufgabe. Fragen in bezug auf Krieg als Antwort stel-

len sich unweigerlich – oder ganz im Gegenteil, sollen die Terrorakte zumeist als Ergebnis der Handlungen des Westens angesehen und dort behoben werden? Oder wie es heute oft tönt: Frieden um fast jeden Preis? Oder im Gegensatz dazu: ein sogenannter Präventivkrieg? Wie kämpft man gegen Terror und verhindert neue Angriffe, ohne damit neue Scham und Ungerechtigkeit zu erzeugen und so zum Teufelskreis von Demütigung → Ressentiment → Gewalt → neuem Unrecht beizutragen? Es ist *eine* Sache, wie man die Ursachen angeht, was oft außerordentlich schwierig ist; es ist eine ganz andere Sache, wie man auf die unmittelbare Gefahr reagiert. Wir erinnern uns, was Freud sagte: daß es bei einem Brand nicht die erste Aufgabe der Feuerwehr sei, nach der umgestürzten Lampe, die das Feuer erzeugt hat, zu suchen, sondern die Flammen zu löschen.

Vor wenigen Monaten wurde ich gebeten, eine Reihe von eben erschienenen psychoanalytischen und philosophischen Büchern zum Thema des 11. Septembers und damit zu Terrorismus, Gewalt, Krieg, Genozid und v. a. auch den Auswirkungen auf die Opfer und deren Behandlung für das *Journal of the American Psychoanalytic Association* zu rezensieren. Zu den zugesandten Werken fügte ich mehrere andere hinzu, die die Thematik sehr vertieften. Aus der Fülle der darin gesammelten Erfahrungen, Beobachtungen und Theorien wähle ich hier diejenigen aus, die sich spezifisch mit Hintergrund und Motivation von Terrorismus und genozidalen Absichten und Handlungen sowie den Reaktionen und der Behandlung der Opfer beschäftigen, und füge meine eigenen Auswertungen und Erwägungen hinzu.

Indes scheint es mir angebracht, nach einigen einführenden Bemerkungen, die den Terrorismus beschreiben sollen, diese Betrachtungen von der Seite der Opfer und ihrer Therapeuten her zu beginnen, dann voranzuschreiten zu Studien der Täter aus einer psychoanalytischen Perspektive, mit einigen breiteren kulturellen und philosophischen Analysen des 11. Septembers und seines Hintergrunds fortzufahren und mit einigen eigenen psychoanalytischen Folgerungen zu schließen.

Was ist Terrorismus?

Zunächst: Was ist Terror, im Gegensatz zu Gewalt schlechthin oder zu Kriegsführung? Ich gebe einige Definitionen, zunächst die der Politikwissenschaftlerin

Jessica Stern – einer Professorin in Harvard, die mit enormem Mut, tiefer Einsicht und breiter Bildung persönlich mit vielen Mitgliedern und Führern terroristischer Organisationen eingehend gesprochen hat, mit Leitern der »Save the Babies«, »Army of God« und Neonaziorganisationen in den USA, mit solchen von Hamas und Islamic Jihad in Palästina, mit jüdischen Extremisten in Israel und mit Jihadis in Pakistan, Kaschmir und Indonesien. Gerade die detaillierten Interviews geben dem Psychoanalytiker viel Stoff zum Verständnis der psychodynamischen Hintergründe. Nun zu ihrer Definition:

> […] nur zwei Charakteristika von Terrorismus sind von kritischer Bedeutung, um ihn von anderen Formen der Gewalttätigkeit zu unterscheiden. Fürs erste richtet er sich [spezifisch] auf Nichtkämpfer [noncombatants]. Dieses Charakteristikum des Terrorismus unterscheidet ihn von mancher Kriegsführung. Zum zweiten brauchen Terroristen die Gewalt für dramatische Zwecke: Angst im Zielpublikum auszulösen ist oft wichtiger als das konkrete Ergebnis. Diese absichtliche Schaffung von Grauen ist das, was Terrorismus von einfachem Mord oder Angriff unterscheidet. (Stern, XX)

So definiert sie ihn »als Gewalthandlung oder deren Androhung gegen Unbewaffnete in der Absicht, sich zu rächen und eine weitere Umgebung einzuschüchtern oder sonstwie zu beeinflussen.« (ebd.)

Der Psychoanalytiker Salman Akhtar faßt den Begriff Terrorismus etwas anders: er »bezieht sich auf den gewaltsamen Ausdruck einer politischen Agenda durch eine organisierte Gruppe von Individuen, die im Geheimen operieren und aneinander durch Haß auf einen gemeinsamen Feind und Liebe für ein gemeinsames politisches, ethnisches oder ideologisches Ziel gebunden sind« (Akhtar, 89). Dabei muß betont werden, daß »Terrorismus selbst nicht eine Ideologie oder politische Doktrin, sondern eine Methode ist« (Nachmani, 155).

Lord Alderdice, der Sprecher des nordirischen Parlaments und zugleich Psychiater und Psychoanalytiker ist und persönliche Erfahrung mit der Behandlung nicht nur von Opfern, sondern auch von Tätern des Terrors in Nordirland hat, differenziert zwischen »Terrorismus, dessen Absicht es ist, eine radikale Veränderung in einem Gemeinwesen zu schaffen, und den Terrortaktiken, die gewisse Diktaturen benutzen, um an der Macht zu bleiben und den Status quo aufrecht zu erhalten« (Alderdice, 13). Ebenso unterscheidet Akhtar zwischen »Terrorismus von oben« und »Terrorismus von unten« (88). In der Tat, so können wir hinzufügen, verwischen sich diese Linien, wenn Diktaturen auswärtige Terrorgruppen in ihrem Kampf gegen Demokratien finanzieren und unterstützen und dabei einheimische Nöte und Mißstände ausnützen, wie das nun fast typischerweise der Fall ist.

Eine philosophische Analyse des Terrors wird von der in New York lebenden Philosophin Giovanna Borradori, die ein Buch mit Interviews mit Jürgen Habermas und Jacques Derrida zum 11. September und ihren eigenen tiefsinnigen Kommentaren dazu veröffentlicht hat, gegeben; ich werde noch ausführlicher darauf zurückkommen. Dazu zitiert sie Hannah Arendt:

> Der ›totale Terror‹, wie er in den Vernichtungslagern und den Gulags ausgeübt wurde, ist nicht ein Mittel zum Zweck, sondern ›das Wesen des totalitären Regimes‹. Umgekehrt besteht dessen Wesen nicht in der physischen Ausrottung von jedem, der als anders wahrgenommen wird, sondern in der Vernichtung der Unterschiede der Menschen, nämlich ihrer Individualität und Fähigkeit für autonome Handlung. (Borradori, 7 f.)

Sie sah in der Verdinglichung den definierenden Kern des Totalitarismus und seines totalen Terrors, der nicht auf die Opfer der Massenmorde beschränkt bleibt, sondern auch für die Täter selber gilt.

Wie verstehen wir die Auswirkungen des Terrors auf seine Opfer, und wie behandeln wir diese?

Zu Recht ist der Ausgangspunkt für manche Studien in diesen Büchern der Traumabegriff. Nicht nur ist er zentral für die Opfer des Terrors, sondern er bildet auch eine Brücke zur zugrundeliegenden Dynamik der Täter, wie wir später sehen werden. Der argentinische Analytiker Viñar bemerkt, wie wilde Gewalt den virtuellen und symbolischen Ort, an dem Menschen engagiert und involviert sind, angreife und der durch Gewalt bewirkte unsymbolisierte und nicht-repräsentationale Terror ein zentrales und ethisches Dilemma für die psychoanalytische Praxis darstelle (Viñar, 29 ff.). Eine Antwort darauf wird von Myrna Gannagé, einer Psychologin in Beirut, Libanon, auf Grund ihrer Arbeit mit Kindern, die das Massaker von Kana im Südlibanon überlebt hatten, erteilt:

> Es war innerhalb der Therapie, daß die Erzählstruktur wieder den Zeitfaktor in die Repräsentation einführte, die Spuren in Gedanken und das Wiedererleben in Erinnerung verwandelte […] Die Behandlung dieser Kinder stellte das Symbolisierungspotential durch Spielen und Zeichnen wieder her. (42 f.)

Trauerrituale, genau wie Gedenkrituale – das Aufstellen von Mahnmalen und Einschreiben der Namen der verlorenen Gemeinwesen – können sehr wichtig sein für den Heilungsprozeß, schreibt auch Garwood in Hinblick auf die Holocaustüberlebenden (369). Worum es sich hier handelt, ist die Wiederherstellung und Stärkung der *symbolischen Prozesse.*

Mordechai Benyakar, der mit Terroropfern in Israel und Argentinien gearbeitet hat, warnt zu Recht: »In diesen Situationen besteht eine gefährliche Tendenz, das Augenmerk ganz auf die Kausalität der Geschehnisse zu richten. Meiner Meinung nach besteht hingegen unsere Hauptfunktion darin, uns mit der Behinderung der psychischen Fähigkeit zu deren Verarbeitung zu befassen« (96), d. h. den psychoanalytischen Raum wiederherzustellen, indem man sich auf die innere und subjektive Auseinandersetzung mit dem Trauma und dessen Deutung konzentriere. Dabei würde ich mich allerdings fragen, ob nicht auch der Versuch, den Sinn der äußeren Ereignisse selbst und ihrer Verknüpfungen zu verstehen, in der Tat einen wesentlichen Teil des Durcharbeitens darstellt, wie es auch bei der Arbeit mit sonst schwer traumatisierten Menschen der Fall ist, wo es sehr helfen kann, sowohl die Familiendynamik wie die innere Erfahrung zu analysieren. Dies wird aus anderen Beiträgen ersichtlich: Dvora Miller-Florsheim aus Israel spricht von der phobischen Vermeidung der »sozialen und politischen Gegenübertragung« bei gemeinsamem nationalem Trauma und schildert ihr eigenes schmerzhaftes Ringen damit (73, 75, 81). Die *Komplementarität des Fokus auf das Innere und des Fokus auf die traumatisierende Außenwelt* scheint mir hier entscheidend; es ist kein Entweder-Oder.

Auf Grund der Bindungstheorie ist die Kernidee des von Susan Coates et al. zusammengestellten Werkes vom psychoanalytischen Zentrum in der Columbia Universität in New York, man könne sich Trauma und menschliche Bezogenheit als umgekehrt proportional vorstellen: »Je größer die Stärke der menschlichen Bindungen ist, die einen Menschen an den andern knüpfen, und je mehr diese Bindungen zu Zeiten von Gefahr zugänglich bleiben, desto geringer ist die Wahrscheinlichkeit, daß der Mensch schwer traumatisiert wird, und um so wahrscheinlicher ist es, daß er sich hernach davon erholt«. Es handle sich daher um die *Wichtigkeit der menschlichen Verbindung als Schutz gegen späteres Trauma und als Heilmittel* danach (Coates, 3 f.). Sie stellt die Frage: »Könnte der einfache Verlust von menschlicher Verbundenheit für das Kind ein Trauma darstellen, das dem Kriegstrauma gleichkommt?« (6). Daher läßt denn auch die Haltung der Mutter die Antwort des Kindes auf schweres äußeres Trauma voraussagen:

> Mütter, die vor Erinnerungen an das Trauma zurückscheuen und in einem emotional erstarrten Zustand verharren, der ihre Fähigkeit zur Nähe einengt, waren nicht in der Lage, ihren Kindern bei der Durcharbeitung der traumatischen Erfahrung behilflich zu sein.

Dabei bestätigt sich auch die Wichtigkeit der elterlichen Fähigkeit zur Reflexion, mithin allgemeiner zur Symbolisierungsfähigkeit als Schutzfaktor (Coates/ Schechter/First, 32, 39, 41). Dieser letzte Punkt wird besonders von Fonagy und Target betont (in: Coates et al., 99 – 113; Covington et al., 329 – 351): »Die reflexive Funktion schützt« (105). Was Traumatisierung am meisten kennzeichne, sei das Schwanken zwischen dem Modus der psychischen Äquivalenz und dem des Spielens-als-Ob [pretend mode]. Der erstere nimmt an, »daß alles im eigenen Inneren in der körperlichen Welt draußen existiere und daß alles in dieser Außenwelt ebenso im Innenleben vorkomme«. Umgekehrt wird infolge von schwerem Trauma »das Prinzip des Als-ob-Modus, in dem die Phantasie von der wirklichen Welt abgeschnitten ist, so ausgedehnt, daß nichts Implikationen für etwas anderes hat« – der Zustand der Dissoziation (105 f.). »Elternfiguren mit ungelösten Erfahrungen von Trauer und Trauma scheinen Desorganisation in den Bindungsbeziehungen der Kleinkinder zu verursachen«; d. h. es ist nicht die Tatsache des Traumas per se, sondern die mangelnde Verarbeitung davon (333). »Der dissoziative Kern gestattet die *direkte Übermittlung unbewußter traumatischer Phantasien von Mutter oder Vater auf das Kind*« (345). Ganz im Einklang mit dieser Ansicht beziehen sich manche Artikel in diesen Büchern, wie schon erwähnt, auf die *Zerstörung des symbolischen Denkens* und damit auf den Angriff auf Metapher und Imagination.

Die Traumatisierung durch den 11. September betrifft weitere Kreise von Bevölkerungsgruppen als nur die direkt Involvierten: »Wir befinden uns noch immer inmitten einer der ausgedehntesten Krisen psychischer Gesundheit in unserem Gedenken, mit gewaltigen Problemen für das Gesundheitswesen, die durch diese Ereignisse geschaffen wurden« (Glick, VII). »Ungefähr 200 000 (27 %) der Kinder in den öffentlichen Schulen erfüllen die Kriterien für eine oder mehrere von den psychiatrischen Störungen, die zu erwarten sind« (Hoven/ Mandell/Duarte, 66 f.). Das bedeutet aber, daß »die Erfordernisse im Gesundheitssystem zur Priorität in der nationalen Vorbereitung gemacht werden müssen« (Herman et al., 239–253).

Was sind die Ziele des Terrors und die Motivationen von Terroristen?

»Der Versuch, ›den Terroristen‹ als eine verrückte, emotional bedürftige, verarmte und geisteskranke Person zu schildern, ist irreführend und im Grunde falsch«, sagt der israelische Psychoanalytiker Shmuel Erlich (46). Gewiß, aber deshalb ist eine Person, die Terror ausübt, bestimmt auch nicht, was wir als normal und geistig gesund bezeichnen würden.

Wir können mit Gewinn wieder auf die Erfahrungen von Jessica Stern hören; obwohl sie sich mit religiös motivierten Terroristen befaßt, können ihre Einsichten weitgehend auf solche, die aus ideologischen oder nationalistischen Gründen handeln, übertragen werden:

> Meine Interviews weisen darauf hin, daß man sich religiösen Terrorgruppen teilweise darum anschließt, um sich zu verwandeln und das Leben zu vereinfachen. Sie beginnen mit dem Gefühl der Erniedrigung und der Wut darüber, daß sie von einem anderen als zweitklassig angesehen werden. Sie nehmen die neue Identität als Märtyrer für ein angeblich geistiges Vorhaben [cause] an […] Was dann geschieht, scheint ein Übergang in eine Art Trance zu sein, in der die Welt säuberlich zwischen Gut und Böse, Opfer und Unterdrücker geschieden wird […] So seltsam es tönen mag, ist ein Zustand der Transzendenz eine der vielen Anziehungen religiöser Gewalt für Terroristen, über die Befriedigung hinaus, so ihre Ziele zu erreichen. (Stern, 281 f.)

Was sie am meisten überraschte, war die Tatsache, »daß die Slogans oft nicht nur Angst und Demütigung maskierten, sondern auch Raffgier – Gier nach politischer Macht, Land, Geld. Oft scheinen die Devisen, verwundete Männlichkeit zu verbergen« (XIX). Es sind diese Gefühle, die die Führer absichtlich zu intensivieren suchen, um heilige Kriege anzufachen. Jene *Trance und Ekstase* hat unverkennbar stark sexuellen Charakter: »Juble in Freude […] eine Hochzeit mit der Schwarzäugigen erwartet deinen Sohn im Paradies« (54), proklamiert der Abschiedsbrief eines Hamas-Suizidbombers an seine Mutter.

Gegenüber dem marxistischen Credo von der Vorrangigkeit sozioökonomischer Faktoren bei der Entstehung von Gewalt behauptet Stern auf Grund von breit angelegten statistischen Untersuchungen, daß es nicht nur nicht wahrscheinlich sei, daß Armut allein, an und für sich, zur Ursache von Gewalt werde, sondern daß Reichtum und Bildung *positiv* mit Terrorismus korreliert sind. Gleiches könne auch über die Initiatoren von totalitären Bewegungen gesagt werden.

Salman Akhtar sieht in ihnen tief traumatisierte Individuen, die als Kinder chronische körperliche Mißhandlung und tiefe seelische Beschämung erlitten haben, die sie dann dadurch zu bewältigen suchen, daß sie »Passivität in Aktivität, Masochismus in Sadismus und Opfersein in Täterschaft umkehren« (Akhtar, 90). Darüber hinaus und in Übereinstimmung mit Jessica Stern erkennt Shmuel Erlich in Terrorakten, daß sie nicht nur Haß, Zerstörungslust und Entbehrung ausdrücken, sondern auch das Bedürfnis, die eigenen Begrenzungen aufzuheben und mit etwas Größerem zu verschmelzen. Doch erfolge dies, indem die wirklichen Bedürfnisse und die Existenz des anderen verachtet und ausgelöscht werden (Erlich, 52, 45). Fonagy und Target erklären dies weiter:

> Man kann die Ziele des Terrorismus in einer Weise sogar als Wunsch der Aggressoren verstehen, ihre Opfer der Fähigkeit zur Mentalisierung zu berauben und dadurch zwischenmenschlichen Austausch zu unterminieren und soziale Verwirrung zu schaffen. (in: Coates et al., 106)

Ringstrom führt denselben Gedanken weiter:

> Diese pathologische Zielsetzung bezweckt, [allgemein] die Fähigkeit zu lähmen, Situationen in ihrer Komplexität zu betrachten; ein Maß an symbolischem Funktionieren zu vernichten, welches Reflexion und die Revision von Ideen angesichts neuer Informationen ermöglichen würde; und komplexere Denkweisen damit zu ersetzen, daß Ideen mit Ikonen oder konkreten Objekten (d. h. ›Dinge‹ mit ›Worten‹) gleichgesetzt werden. Diese [Umwandlungen] dürfen nicht in Frage gestellt oder geprüft werden und gleichen ›symbolischen Gleichsetzungen‹.

Er fügt etwas sehr Wichtiges hinzu: »Der Geisteszustand der Traumatisierung, den der Terrorist zu schaffen sucht, ist wahrscheinlich eine Widerspiegelung seines eigenen seelischen Zustands: Terrorismus wird z. T. durch eine Art maligner projektiver Identifizierung getrieben«. Er bezieht sich dabei auf etwas, was auch Warren Poland (1996) beschrieben hat: »eine perverse Form von Empathie, die die Fähigkeit voraussetzt, in das Innere des künftigen Opfers einzutreten, um am besten zu wissen, wie Unheil angerichtet werden kann […] Krieg um jeden

Preis ist die Mission des Terroristen,« wie er in bezug auf den palästinensischen Terror bemerkt (Ringstrom, 44 f.). Dieser Krieg richte sich insbesondere gegen ein selbstgerechtes Behagen [complacency], indem er die Fundamentalbeziehungen in der Gesellschaft, ihre ökonomischen, sozialen und politischen Strukturen maximal zu zerstören sucht (Amsel/Marshall, 81).

Ein anderer wichtiger Aspekt liege in der theatralischen [»performative«] Qualität der terroristischen Handlungen: es sind »dramatische Ereignisse, die darauf abzielen, durch ihre symbolische Bedeutung zu treffen« (Jürgensmeyer, zit. von Varvin, in: Cancelmo et al., 102). Sverre Varvin fügt hinzu:

> Sie fungieren als bloße Gewaltakte, die ihre Rechtfertigung in utopischen Ideen einer homogenen Gesellschaft oder Gemeinschaft auf der Basis religiöser, quasireligiöser oder idealistischer politischer Vorstellungen suchen; diese sind verbunden mit Haß auf »die anderen«, Ideen der Reinigung und einem Todeskult. Ein allen gemeinsames Merkmal ist die Entmenschlichung der Opfer, handle es sich nun um Kinder, Frauen oder Soldaten. (ebd.)

André Haynal in Genf hat sich besonders mit dem Fanatismus, der ja jedem Terror zugrunde liegt, befaßt. Fanatiker sehen sich als die Besitzer der einen und einzigen Wahrheit – eine narzißtische Überhöhung. »Jede Möglichkeit des Zweifels oder Infragestellens – d.h. jede Analyse der (äußeren oder inneren) Realität wird verhindert [...] Im regressiven Zustand des Fanatikers reduziert sich alles auf einfache Alternativen: es gibt das Gute und das Böse«. Wie Jessica Stern spricht auch er vom Glücksgefühl des Fanatikers, solange er im System des Fanatismus bleibt. Ich würde es als die Ersetzung des archaischen absolutistischen Über-Ichs durch eine äußere, als konkret erlebte, doch als Ideal gesetzte Autorität sehen, die als ungeheure Befreiung erlebt wird. Dies um so mehr, wenn man sich dadurch einer Gruppe der Elite zuzählen kann. Der Fanatiker ist frei – von seinem Über-Ich, in der Hingabe an diese gottgleiche, durch die Gruppe und deren Führer repräsentierte Instanz. Haynal zitiert Arthur Koestler zu Recht, und Eissler schrieb früher etwas Ähnliches, »daß es in der modernen Geschichte nicht die aggressiven Triebe als solche waren, die am teuersten zu stehen kamen, sondern gerade die sogenannte ›nicht-egoistische Hingabe‹. Wie Karl Kraus bemerkte: das Gegenteil von ›gut‹ ist ›gut gemeint‹«.

Wir kennen es klinisch: Absolut gesetzte Ideale, nach denen der innere Richter mißt, führen zur Verzweiflung. Doch wird solche Absolutsetzung einem äußeren Gott in ganz konkreter Weise zugemessen und von Gruppe und Führer übernommen (wie es Freud schon eingehend beschrieben hat), ist der Schritt zum Fanatismus nicht weit, und die Schranke zum Mord fällt.

Stuart Twemlow und Frank Sacco finden, Terroristen seien nicht schon von sich aus (inhärent) gewalttätig, sondern werden dies als Opfer eines Netzes psychologischer und ideologischer Legitimierung. In Anlehnung an André Haynal charakterisieren sie die fanatische Grundhaltung mit Hilfe von vier Kriterien:

> 1. Ein auf Bezwingung ausgerichteter [coercive] Narzißmus: der Fanatiker ist intolerant gegen andere Meinungen, und die Personenhaftigkeit des anderen wird geleugnet, indem die Sache [cause] den Vorrang einnimmt vor der Person. Neid herrscht vor, denn was anderen gehört, wird als ›meines‹ beansprucht. 2. Eine pathologische Gewißheit, welche der Vernunft unzugänglich ist und für die man sich mit irrationalem Eifer und Hingabe [commitment] einsetzt; manche denken, [diese blinde Leidenschaft] verdecke eine tiefere Vernichtungsangst. 3. Verachtung für den Gegner oder für Nichtgläubige, wobei Demütigung als hauptsächliches Werkzeug zur Erzwingung von Fügsamkeit benutzt wird. Und 4. übermäßig vereinfachte Theorien und Kausalketten: der fanatische Geisteszustand führt zu vereinfachten kognitiven Vorgängen und übersteigerter Besetzung gewisser Ideen. Oft bietet Religion ein fruchtbares Medium für fanatische Glaubenssysteme, manchmal mit einer impliziten fanatischen Unterwerfung unter ein nicht-menschliches Wesen. (Twemlow/Sacco, 101 f.)

In diesen Definitionen und Umschreibungen finden sich bereits Hinweise auf die psychodynamischen Motive hinter dem Terrorismus. Jessica Stern führt ihre eigenen Ansichten zur Motivation in einer Aussprache mit einem kaschmirischen Militanten, der seine Organisation verlassen hatte, aus:

> Was wirklich zählt, sage ich, ist das, was als Demütigung wahrgenommen wird, sowie relative Entbehrung und Angst – seien sie persönlich, seien sie kulturell, oder beides. Der ganze Rest besteht aus Slogans und Vermarktung […] Heilige Kriege lassen sich nur lancieren, wenn es ein reiches Angebot junger Männer gibt, die sich als erniedrigt und zu kurz gekommen erleben; wenn Führer auftreten, die sich darauf verstehen, aus diesen Gefühlen Kapital zu schlagen, und wenn ein Segment der Gesellschaft, aus welchen Gründen auch immer, dazu bereit ist, Geld dafür zu spenden […] Heilige Kriege lassen sich nur fortsetzen, wenn Organisationen und Individuen psychologisch oder finanziell von ihnen profitieren […] Ein geschickter Führer kann die Gefühle des Verratenseins und den Rachewunsch verstärken und ausnützen [...] Gewalt stellt die Würde erniedrigter Jugend wieder her. (Stern, 235 f., 264)

157

Für sie ist daher offensichtlich die Achse von Scham und Ressentiment das Zentralmotiv.

Im gleichen Sinn erklärt Lord Alderdice:

> Terroristen sehen sich selbst als Leute, die ein schreckliches Unrecht berichtigen, eine Beschämung, eine tiefe Mißachtung, die ihnen, ihrem Gemeinwesen oder ihrer Nation angetan worden war, und die sich, trotz ihrer Schwäche, mit großem Mut und Risiko für sich selbst, der heroischen Aufgabe widmen, dieses Unrecht wieder gutzumachen. (Alderdice, 14)

Wie Stern erblickt auch er in Erniedrigung und erfahrener Respektlosigkeit die Triebkraft ihrer Bitterkeit und Gewalttätigkeit. In ihrer Schwäche »suchen sie organisatorisch starke Autoritäten zur massiven Überreaktion zu provozieren, die dann deren Status und moralische Autorität sowohl innen- wie außenpolitisch schädigt« (Alderdice, 12). Dies erzeugt denn auch das teuflische Dilemma im Umgang mit genozidalem Terror: Jeder Gegenschlag droht zwar nur mehr Ungerechtigkeit und allgemeine Feindseligkeit zu schaffen, aber sich andererseits des Machteinsatzes zu enthalten, wirkt sich selbst auch wieder verheerend auf die Opfer des Terrors aus und wird zum Beweis dafür genommen, daß das Opfer schrecklich schwach und gedemütigt sei; und dies erzeugt seinerseits noch mehr Terror. Rache ist gewöhnlich nicht die richtige Antwort, doch eine rationale Gegenwehr, die versucht, die Gefahr, wenn nötig, auch mit militärischer Gewalt zu beseitigen. Manche sind der Ansicht, daß es weniger schlimm sein kann, einen genozidalen Totalitarismus mit Krieg zu bekämpfen, als ihn triumphieren zu lassen. Das Übel der absoluten Gewaltherrschaft sei größer und gefährlicher als das Übel des Krieges, ihn zu zerstören. In diesem Kampf seien die durch die Gewaltherrschaft Unterdrückten die geheimen Verbündeten der Kräfte, die darauf aus sind, jene zu stürzen (David Wurmser, pers. Mittlg.). Selbst hier muß man bedenken, welche neuen Gegenkräfte gegen diese Befreiung mobilisiert werden und wie man mit kluger Voraussicht einem Teufelskreis entgeht.

Was ist die Scham- und Schulddynamik, und worin besteht die Rolle des Über-Ichs im Terrorismus?

Konflikte in bezug auf Werte und Autorität, Konflikte über Schuld und Scham, über Gefühle von Gerechtigkeit und Ungerechtigkeit, alles Fragen der inneren Über-Ich-Instanz, ziehen sich wie ein roter Faden durch die Untersuchungen des

Terrorismus. Wie in einer griechischen Tragödie wird, wenigstens als Bekenntnis, ein einziger Wert zum Ausschluß aller anderen verfolgt, und v. a. auf Kosten jeder Empathie, mit Eliminierung aller moralischen Zweideutigkeiten und mit Entmenschlichung ihrer Gegner – all dies im Dienste eines Ideals: »der Verlockung, die Welt durch Mord zu reinigen« (Stern, XXVI–XXIX).

Ähnlich wie Jessica Stern, aber mit einem wichtigen Zusatz, behauptet der in Zürich lebende Analytiker Arno Gruen (2002), der sich besonders mit Rechtsextremisten eingehend befaßt hat und 2000 eine besonders wichtige psychoanalytische Untersuchung von Nazitätern, deren Nachkommen und Neonazis veröffentlicht hat, daß »hinter jedem Terrorismus und jeder Gewalttätigkeit [...] eine innere Leere [stehe], die ihre Ursache darin hat, daß sich keine Identität bilden konnte, die im Mitgefühl und in der Empfindsamkeit für den eigenen Schmerz und den des anderen wurzelt« (Gruen, 137 f.). Fehle ein solches Fundament, entstehe eine Identitätsstruktur, die nur auf Identifizierung mit Autoritäten und auf Gehorsam beruhe und die Entwicklung einer wirklichen eigenen Identität verhindere (ebd.). »Für solche Täter gibt es keine Opfer, es gibt nur Besiegte. Sie nehmen ihrem Opfer das menschliche Antlitz – so, wie man es ihnen selbst einst genommen hat« (14). Die lieblose, gleichgültige und grausame Haltung der Eltern (oder Ersatzpersonen) wird vom Kind übernommen, und in der Folge wird »das Eigene [...] als etwas Fremdes abgespalten« (ebd.). Statt dessen nimmt man Rache an der angeblichen Schwäche der anderen: deren Schmerz, deren Zartheit an Empfindungen, deren Weiblichkeit, oder überhaupt deren Affekte – als Abwehr der eigenen höchst schambesetzten Schwäche (23). Es sei typisch, daß sie während ihrer Untaten lächeln oder lachen, Ausdruck von Hohn für den Schmerz der anderen (25). Andererseits ist »der eigene Wille [...] schlecht und muß zerstört werden« (29); er wird durch den absoluten Willen des Führers ersetzt. In einem absurden Umkehrprozeß wird »Gehorsam [...] zur Freiheit umgedeutet und die freiwillige Knechtschaft zu einem bewundernswerten autonomen Akt« umgekrempelt (31). In einer halluzinatorischen Einheit mit dem drohenden, grausamen, allmächtigen anderen werden die eigene Identität und das Leben aufgeopfert, in einem Zustand, den wir bei Jessica Stern als tranceähnlichen Glückszustand und Gefühl der Transzendenz erwähnt fanden – ein neues Identitäts- und Lebensgefühl, das für das entfremdete, falsche Selbst glorreich einspringt. Gruen findet dies bei jedem gewalttätigen Rechtsextremisten:

Er muß andern Schmerz zufügen, um sich selbst zu spüren, und dann die Schmerzen im anderen bestrafen, so wie einst die eigenen Schmerzen bestraft wurden [...] Man demütigt andere und macht sie – so der Wunsch – zu jenem Sklaven, der man selbst ist, den man aber verleugnen muß. (64)

Wir können dies als Kompromißbildung verstehen, nämlich zwischen dem Wunsch nach einer eigenen Identität und der Bestrafung für das eigene Schwachsein und die Identitätslosigkeit. Terrorismus ist »das Mörderische der Identitätslosen«, stellt Gruen fest (173). Obwohl er dynamische Unterscheidungen zwischen Rechts- und Linksextremisten macht, kommt er zum Schluß, es sei schließlich »gleichgültig, ob die Ideologie eine rechte oder linke ist. Sie dient letztlich nur der Rationalisierung, um die Unterdrückung oder Zerstörung des anderen zu legitimieren. Gewalt und Gewalttätigkeiten werden so zu einer eigenen Quelle eines vermeintlichen Lebendigseins« (104 f.). Gruen zitiert Albert Speer:

Ich erinnere mich, wie er sich in der Reichskanzlei die Filme vom brennenden London, vom Feuermeer über Warschau, von explodierenden Geleitzügen vorführen ließ und welche Gier ihn jedesmal erfaßte. Nie aber habe ich ihn so außer sich gesehen wie gegen Ende des Krieges, als er wie in einem Delirium sich und uns den Untergang New Yorks in Flammenstürmen ausmalte. Er beschrieb, wie sich Wolkenkratzer in riesige, brennende Fackeln verwandelten, wie sie durcheinander stürzten, wie der Widerschein der berstenden Stadt am dunklen Himmel stand. (132)

Gruen fügt hinzu, daß nur Tod und Zerstörung Hitler dazu brachten, sich lebendig zu fühlen. Seine Götterdämmerungsphantasie wurde zur Realität der Terroristen des 11. Septembers.

Solche Menschen glauben, daß ihr Heldentod sie mit Gott vereinen wird. Auf diese Weise entkommen sie der Verantwortung für das Leben und zerstören es. Diese Menschen sind für »Gott«, aber gegen die Schöpfung [...] Das terroristische Selbstopfer für Gott ist ein Fluch des Gehorsams. (133 f.)

Sie suchen Geborgenheit und so Erlösung in einer höheren Autorität. Indem sie das Leben anderer vernichten, erleben sie ihre Allmacht, namentlich in dem Sinn, daß sie Macht gewinnen über ihr eigenes Leben, als Abwehr gegen ihre tiefe Hilflosigkeit (141). Ein sehr wichtiger Aspekt ist der Haß gegen Frauen und ihre Verachtung von Sexualität, die ihre Wurzeln in einer tiefen Angst vor der allmächtig verschlingenden Mutterfigur hat. Die Idealisierung einer Führergestalt rettet sie vor der unbewußt gefürchteten allmächtigen Mutter. Angst verwandelt sich in Haß und Wut, die überdeckt werden durch die Verehrung für die Madonna als Mutterbild. Reale Frauen können dieses Phantasieideal nicht erreichen; sie müssen daher vergewaltigt und erniedrigt werden. Amerika wird mit weiblichen Soldaten und der Entmännlichung der Männer gleichgesetzt; es sei ein Land der Weiberherrschaft. Das ist die Ansicht Osama bin Ladens wie die der anti-amerikanischen Propaganda seit mehr als einem Jahrhundert (s. u.).

Wenn ich Gruens Ausführungen mehr in meinen Worten wiedergebe: Das wahre Selbst wird gehaßt und verfolgt im Fremden. An Stelle einer echten Identität tritt die Identifizierung mit einer totalitären, keine Zweifel und Fragen duldenden, keinen inneren Konflikt ertragenden Autorität, die nur in absoluten Gegensätzen denkt und handelt. Dies bedeutet, in Begriffen des Strukturmodells, das Untertauchen des Ichs in einer archaischen, analsadistischen, ressentimentgeladenen Über-Ich-Figur, die mit Notwendigkeit ein falsches Selbst fordert. (Dies ist übrigens nicht weit von Fonagys Formulierungen entfernt.) Es ist ein Über-Ich, das nur in der Wertskala von stark und schwach, von Ehre und Scham mißt – nicht in der von Liebe und Schuld für die Verletzung des Nächsten. Ein derartig schambasiertes Über-Ich befiehlt Unterwerfung unter eine ebenso absolutistische äußere Über-Ich-Gestalt, eine völlige Verleugnung aller Gefühle von Nähe und Mitleid und eine exklusive Betonung des »Wertes« einer stählernen Rücksichtslosigkeit, die mit Stärke gleichgesetzt wird. Diese »Sucht nach Stärke« ist zugleich »die Sucht nach einem Erlöser« (74). Erlöser wovon jedoch? Ich glaube, von der unerträglichen Last des unerbittlichen inneren Richters, indem er, dieser Erlöser, den Terroristen von jeglicher Schuld befreit, aber noch viel mehr ihn von dem durchdringenden Gefühl von Schande und Hilflosigkeit erlöst.

Klinisch wissen wir aber auch, wie auf Grund der »Allmacht der Verantwortlichkeit« das mißhandelte Kind sich selbst für all das Unheil haftbar und schuldig erklärt. Eine wichtige Abwehr dieses tiefen, lebenslangen Schuldgefühls ist die Wendung der Aggression gegen andere (107). Dies aber ist, wie Gruen überzeugend darstellt, viel mehr das Problem einer gesamten Kultur, die blinde Unterwerfung unter eine Form von Autorität fordert, als nur das von individueller Pathologie.

Andere stimmen damit überein. Terrorismus ersteht aus der Gruppenmythologie über ursprüngliche Kränkungen und Zurücksetzungen, die in historischem Trauma verwurzelt sind und oft über Generationen übermittelt werden. Assmann spricht hier sehr zu Recht vom *kulturellen Unbewußten*[2]. Gilead Nachmani führt dazu aus, daß »Gruppen, die eine derart maligne Regression durchlaufen, dann sehr auf Ideen von Blut fixiert sind. Teilweise hat dies mit dem Deuten von Blut als Befleckung und als weiblich zu tun. Weiblich ist nicht mehr Mutter, sondern Abfall, und Blut ist der Beweis dafür [...] Neue äußere Objekte werden zur Begründung eines neuen Über-Ichs unter einem neuen Führer benutzt« (in: Cancelmo et al., 156 f.). Diese Kultur von Kränkung, Rache und Reinigung durch Blutopfer und Blutreinheit und des entsprechenden Über-Ichs wird den Kindern schon früh eingeimpft, ja eingebläut – wie wir dies nicht nur aus der jüngsten Vergangenheit in Serbien und bei den Jihadis, sondern auch von der Nazizeit und dem Spanien Don Quijotes kennen. In islamischen Schulen in Ramallah marschieren sechsjährige Kinder zu den Worten: »Oh, mein Gott, bitte nimm mir mein Leben – ich werde ein Schahid [Märtyrer] werden« (Stern, 61).

Die dahinterliegende kulturelle Zentralität von Scham und Ressentiment wird von Dr. Eyad Sarraj, einem palästinensischen Psychiater, trefflich erfaßt:

> Was das [palästinensische] Volk zu solchem Handeln treibt, ist eine lange Geschichte von Demütigung und ein Rachedurst, den jeder Araber hegt. Seit der Etablierung des Staates Israel 1948 und der damit verbundenen Entwurzelung der Palästinenser hat ein tiefes Schamgefühl in der arabischen Psyche Wurzeln geschlagen, das das Gefühl bewirkt, man sei es nicht wert zu leben. Der ehrenhafte Araber sei der, der sich weigert, die Scham zu ertragen und in Würde stirbt. (zitiert nach Twemlow/Sacco, 105)

Es ist dem Schulmörder vergleichbar: »Der einsame Mensch schlägt mit absoluter Wut drein« (109). So kommt es denn dazu, daß »Verachtung die Empörung des Feindes nur noch anstachelt [...] Sowohl die Schulschützen wie die Suizid-

---

2 »Die Kultur, und nicht die Biologie, ist das Medium der Übertragung [...] Nicht die Kultur ist Ausdruck oder Symptom einer psychischen Grundausstattung, sondern umgekehrt: in den je individuellen psychischen Strukturen prägen sich kulturell vermittelte Übertragungen aus« (Assmann, 18). Am konkreten Fall der jüdischen Geschichte sieht er die Bibel als posttraumatische Erinnerungsarbeit: »Das auslösende Trauma ist die Zerstörung Jerusalems und die babylonische Gefangenschaft. Um diese Katastrophe seelisch verarbeiten zu können, phantasiert die Exilgeneration eine Schuld, durch die die Vätergeneration den Zorn Gottes auf das Volk heraufbeschworen habe« (Assmann: »Sigmund Freud und das kulturelle Gedächtnis«, Vortrag in Nürnberg, 3. Juli 2003, in: *Psyche – Z Psychonal* 58 (2004), 1–25).

bomber schauen anscheinend auf sich selbst als Boten, die eine Art von Erlösung oder Gerechtigkeit suchen [...] Suizidbomber werden als Helden in ihren unterdrückten und verwundeten Kulturen angesehen« (111 – 114).

Es ist übrigens sehr interessant, wie sich die gleichen Ideen in der spanischen Kultur des 16./17. Jahrhunderts wie dann in der deutschen des 19. und 20. Jahrhunderts wiederfinden, aber auch auf Ursprünge in den Opferkulten des Altertums und der Bibel zurückweisen.

Ron Britton sieht suizidalen Terrorismus als »ein Mittel, um göttliche Billigung und Selbstglorifizierung zu erlangen [...] die Fixierung richtet sich auf eine aus der Kindheit stammende Imago einer idealisierten Elterngestalt, die eher als Gott denn als Mensch dargestellt wird« (31 f.).

Ausgehend von Freuds Beobachtungen (1921 c) stellt Hanna Segal in bezug auf die Rolle des Über-Ichs beim Begehen von Kriegsverbrechen fest:

> Wenn wir das individuelle Überich in ein gemeinsames Gruppenüberich überführen, können wir offenbar ohne Schuldgefühle Greuel verüben, die wir in unserem individuellen Leben nicht ertragen könnten. Ich denke, daß das Ausmaß von Dehumanisierung, dem wir in solchen Gruppenhandlungen wie dem Genozid begegnen, wir beim Einzelnen nur im Psychotiker oder dem kriminellen Psychopathen antreffen. (Segal, 268)

Aus seinen eigenen Beobachtungen in Serbien trägt Alexander Vucho eine besonders eindrückliche Beschreibung und psychoanalytische Untersuchung aus erster Hand bei, indem er zusätzlich den sehr bedeutsamen Faktor der verdrängten und pervertierten Sexualität in Betracht zieht. Ich kann nur ein paar Zitate anführen:

> [...] alle drei Seiten [im jugoslawischen Bürgerkrieg] berichteten Fälle, wo Gefangene zu homosexuellen, homosexuell inzestuösen und heterosexuell inzestuösen Akten gezwungen wurden. Es scheint, als ob die Mitglieder einer auserwählten Nation in den anderen eine Personifikation ihrer eigenen perversen und inzestuösen Phantasien sähen und daß sie deshalb sowohl deren Demütigung und Horror wie ihre Umwandlung ihrer Phantasien in Realität genössen [...] Andere dazu zu zwingen, das zu tun, was wir phantasieren, erniedrigt sie und erhebt uns. (60)

Die Vollstrecker der Hinrichtungen zwangen gleichfalls andere dazu, sich an den Greueltaten zu beteiligen: »Die Scham für einen begangenen Akt findet zuweilen seltsame Wege der Annullierung [...] Sie wollten ihr eigenes Böses mit anderen teilen, um die paar normalen Leute unter ihnen zu besudeln, die nicht am

Verbrechen teilnahmen.« Dehumanisierung und Genuß des Allmachtsgefühls gesellten sich zur perversen Überzeugung:»Um sich machtvoll zu fühlen, muß man jemand anderen erniedrigen, und seine Werte des Erschaffens müssen ausgelöscht werden« (58). Die Nation

> wurde zum Symbol von göttlicher Zeit, Raum und Leben, wovon wir bewußt keine Erfahrung besitzen. Die einzige Realitätsprüfung bestand in einer angenehmen Phantasie […] Die Idee des Lebens in einer Gesellschaft ohne Spannungen und Neid ähnelt der Phantasie des Lebens im Mutterleib, oder von einem Leben im Himmel, ehe die Frucht vom Baum der Erkenntnis gepflückt worden war. (67)

Ich frage mich, ob die Mentalität der Jihadis und anderer gegenwärtiger Terrororganisationen nicht die gleiche, *allen Vernunftkategorien von Selbsterhaltung widersprechende Mentalität* wie die der Nazis zeigt und ob es nicht sowohl auf die Nazis wie auf die gegenwärtigen, auf völlige Zerstörung der Juden und/oder des Westens abzielenden Gruppen zutrifft, daß für sie das Leben kein besonders hohes Gut ist, da sie von dieser Über-Ich-Pathologie beseelt werden: Die Hoffnung auf Annahme durch eine ins Mythische überhöhte Richter- und Ideal-Instanz als Erlösung besonders von Scham überholt alle mögliche Rationalität und setzt sie außer Kraft – eine innere Autorität, bei der es nur auf Stärke und Härte und totale Vernichtung des Gegners ankommt, der seinerseits zum Symbol für alles, was im Selbst als verächtlich erscheint, erhoben wurde; nicht so sehr auf das eigene Überleben. Solche Erwägungen zu Über-Ich-Aspekten von Terror und Ausrottung lassen sich auch auf die Opfer von extremer Verfolgung anwenden.

Alfred Garwood, selber ein Überlebender des Holocausts, beschäftigt sich mit dem *Schuldgefühl der Überlebenden* als einer ungeheilten Wunde. Er beschreibt vier wesentliche Komponenten des Traumas bei Holocaustüberlebenden: Vernichtungsdrohung, Machtlosigkeit, Objektverlust und Folter (356). Teil der Terrorisierung bestand darin, die Juden spüren zu lassen, daß sie z. T. für ihr eigenes Schicksal verantwortlich seien (357), und dies umfaßte die Überzeugung,»daß der Preis für ihr eigenes Überleben der Tod ihrer Lieben und der anderen Juden gewesen sei« (ebd.). Das tragische Ergebnis davon war, daß

> angesichts ihrer kumulativen Verluste und der unausweichlichen, doch unmöglichen Wahlentscheidungen von den verfügbaren inneren Mechanismen zur Annahme oder Abwehr der Machtlosigkeit *Selbstvorwurf* und die daraus folgende Schuld fast unver-

meidbar waren. In meiner Sicht hatte der *Selbstvorwurf des Überlebenden* die primäre und hauptsächliche Funktion, den Schmerz und das Grauen der unerträglichen Hilflosigkeit angesichts der Vernichtungsgefahr und des überwältigenden Verlusts zu mindern. Zu totaler Passivität und Hilflosigkeit angesichts des Holocausts gezwungen zu sein, war vielleicht die verheerendste Erfahrung des Überlebenden. (357 f.)

Gruppen von Überlebenden »finden sich in heilender Weise zusammen kraft einer gewöhnlich unausgesprochenen Anerkennung der gemeinsamen Wunden und Verluste, ohne Scham, Erklärung oder Rechtfertigung ihrer Not« und durch Feiern des Gedenkens als eines fundamentalen Aktes der Wiedergutmachung (368 f.).

Ich versuche zusammenzufassen: Wie ich anderswo, nämlich in der Analyse der Werke von Dostojewskij[3], beschrieben habe, können wir zwei Entwicklungslinien unterscheiden: 1. *Traumatisierung* in Form von *Kindesmißbrauch, Seelenblindheit, Seelenmord → globale und in Konflikt stehende Affekte und Zusammenbruch der Affektregulation → Scham → Ressentiment → Schuld*; und 2. *totale traumatische Hilflosigkeit und Angst → Allmacht der Verantwortlichkeit → überwältigendes Gefühl der Schuldhaftigkeit → gewalttätige Aggression gegen das eigene Selbst und schließlich gegen die anderen.*

Das Resultat jener Schuldübernahme als Allschuldhaftigkeit und Allmacht der Verantwortung, die zugleich der völligen traumatischen Hilflosigkeit entgegengestellt wird, mag wirksam das Ressentiment entkräften, doch schafft sie, durch die daraus folgende masochistische Einstellung und die dargestellte Verleugnung, eine immer wieder neue Bereitschaft, den traumatischen Zustand zu wiederholen, womit sich der Zirkel schließt. In unserem Zusammenhang können wir erkennen, wie diese beiden Linien der Entwicklung immens zur terroristischen mörderischen Destruktivität beitragen.

Was wissen wir über den kulturellen Hintergrund?

In einem ausgezeichneten Aufsatz im *Merkur* (Juli 2003) schreibt Volker Gerhardt, daß

---

3 Unpublizierte Manuskripte und Vorlesungen, z. B. Lindau 2001 und 2002, sowie in *Die unheilbare Würde,* Kap. 9, Buchmanuskript.

die monokausalen Erklärungen der Kulturkritik zu kurz [greifen], ganz gleich, ob sie die Wissenschaft, die Technik, den Kapitalismus, den Eurozentrismus oder die USA zur ersten Ursache erklären [...] Der methodologische Primitivismus der monokausalen Reduktionismen ist kaum zu unterbieten.

Wer darin schwelgt, bleibe in Verschwörungstheorien stecken (561).

Lord Alderdice behauptet zu Recht, daß »die psychoanalytische Zugangsweise einen Raum für Reflexion schaffen kann, der zu wertvoll ist, als daß er auf die Arbeit mit Individuen und kleine Gruppen beschränkt bleiben sollte«. Er fügt hinzu, daß »die Weltengemeinschaft, gerüstet allein mit nicht-analytischen Erklärungen von Gewalt, den Terrorangriffen wie denen des 11. Septembers 2001, keinen Sinn geben kann« (6, 10).

Philip Ringstroms Ansicht nach befinden wir uns in einem Kulturkrieg, und wir als Psychoanalytiker können erkennen, daß dieser Krieg auch einen Zusammenstoß zwischen unterschiedlichen inneren Haltungen und Wertsystemen bedeute. Wie viele andere Kommentatoren sieht auch er ihn als einen Kampf zwischen extremistisch-fundamentalistischen Kräften und der Modernität: »Modernität wird beispielhaft verkörpert und verteidigt durch das, was wohl als der machtvollste evolutionäre Ausdruck der westlichen Kultur anzusehen ist – die Verfassung der Vereinigten Staaten von Amerika«, und er spezifiziert:

> Was Modernität über solipsistischen Relativismus hinaushebt, ist das Einverständnis, daß, wo immer verschiedene Deuter frei ihre Meinungen vertreten können, sich ständig entwickelnde dialogische Wahrheiten wahrscheinlich das Feld behaupten werden [...] Diese Prinzipien sind für den Fundamentalisten unannehmbar [...] Alles, was nicht mit den Glaubensinhalten des Fundamentalisten übereinstimmt, muß ausgerottet werden. (Ringstrom, 36 ff.)

Er sieht Amerika gegenwärtig »verschlungen durch Übertragungszuschreibungen [*engulfed by transference attributions*]« (40).

Der bedeutende Denker Michael Ignatieff äußert sich zur verheerenden Wirkung dessen, wenn den Kategorien der Vorrang vor den Menschen gegeben wird und wenn die Grenze der Absolutheit um Gruppen mit kleineren Differenzen gezogen wird (zit. nach Covington, 181):

> Intoleranz ist die absichtliche Weigerung, dem individuellen Unterschied Beachtung zu schenken, und ein perverses Bestehen darauf, daß die individuelle Identität der Gruppe untergeordnet wird [...] Duldung hängt kritisch von der Fähigkeit ab, sich

selbst und andere zu individualisieren, sich und andere zu ›sehen‹ oder, anders ausgedrückt, die Aufmerksamkeit auf die ›größere‹ Differenz zu richten, die nämlich individuell ist, und die ›geringere‹ Differenz, die kollektiv ist, zu relativieren.

Kapur nennt dies die Gefahr des »absolutistischen Denkens« (326); und Habermas erklärt die gefrorenen Züge der fundamentalistischen Mentalität als »Verdrängung von schlagenden kognitiven Dissonanzen« (Borradori, 32).

Gewisse Autoren, wie Hinshelwood und Segal, betonen die Rolle von Externalisierung und Projektion im Wechselspiel der Gegner. So sieht Segal den Terror des 11. Septembers als Spiegelbild des Terrors, der durch die Macht Amerikas in Waffen, Finanz und Technologie ausgeübt werde. Es sei Allmacht gegen Allmacht, Terror gegen Terror. Alle Formen der Absolutheit stellen eine vernichtende Bedrohung dar. »Unser Verstand wird durch eine wahnhafte innere Welt von Allmacht, absolut Bösem und Heiligkeit bedroht«; zu diesen Absolutismen zählt sie Gott Mammon (in: Covington et al., 283). So stellt sie eine Art moralischer Äquivalenz zwischen dem islamistischen Terrorismus und dem Abwehrkampf dagegen her:

> Selbst ein »Kreuzzug gegen den Terrorismus« für Freiheit und Demokratie ist so gefährlich und illusorisch wie andere fundamentalistische Glaubenshaltungen, daß wir das Paradies finden, wenn wir das Böse, das wir den anderen zuschreiben, zerstören. (284)

Meiner Meinung nach stellt diese Sichtweise ein ernsthaftes Problem dar. Ganz offensichtlich drückt sie eine Wahrheit aus, aber eben nur eine Teilwahrheit, glaube ich. Ist nukleare Bewaffnung, oder eben die Antwort auf einen Angriff wie den des 11. Septembers oder der Suizidbomber, einfach nur das Ergebnis innerer Prozesse? Gibt es nicht auch das, was Freud als »Realangst« bezeichnet hat, die Angst vor etwas Wirklichem? Gibt es nicht Persönlichkeiten von umgreifender Gefährlichkeit und Bedrohlichkeit für Zivilisation und Kultur, wie Hitler oder Stalin oder Saddam Hussein oder Osama bin Laden, besonders wenn sie Massenvernichtungswaffen besitzen oder die akute Gefahr besteht, daß sie solche erwerben? Wir schätzen diese Gefahr vielleicht falsch ein, wir können die reale Bedrohung massiv unter- oder überschätzen, irregeführt durch solche Ängste und angetrieben von inneren Dämonen wie von Segal geschildert, und sicher gibt es eine »unausweichliche Zirkularität« von Destruktivität auf allen Ebenen, und gewiß wohnt damit eine unvermeidlich tragische Dimension aller menschlichen Existenz inne, die jeder linearen Kausalität spottet (wie es Papadopoulos schreibt, ebd., 293 ff.). Doch entkräftet dies eine Politik der Verteidigung, oder wenn man einem Angriff wie der Invasion von Kuwait oder dem 11. September die Stirn bietet? Viele in Europa vertreten in der Tat vehement diese Meinung. Doch scheint mir, daß eine absolutistische Stellungnahme dazu, wie zu so manchem anderen, einem Bild aus dem Talmud, dem Klatschen mit einer Hand entspricht.

Im Gegensatz zu solchen Bemühungen, eine Allgemeinerklärung für den Terrorismus und spezifisch für den 11. September zu finden, untersucht Dan Diners Buch *Feindbild Amerika* einen Faktor, nämlich die enorm motivierende Macht des Antiamerikanismus und seine lange und dauerhafte Geschichte, zunächst in Deutschland, dann aber auch, wie dieser heute zu einer dominanten Kraft in Westeuropa und in der ganzen islamischen Welt geworden ist. Während die Psychodynamik in diesen beiden Kulturbereichen bei weitem nicht identisch ist, kann man zu einem gewissen Maß das verallgemeinern, was der Autor spezifisch über das deutsche Schrifttum der letzten 250 Jahre schreibt:

> Amerika ist europäische Gegenwelt – ein Kontinent komplementär zur abendländischen Zivilisation und Projektionsfläche für all jene Bilder und Metaphern, die der Entgegensetzung zu Europa entspringen […] die USA werden zur notorischen Projektionsfläche abgespaltener Anteile von Selbsthaß. (16)

Es ist diese »antimodernistische Reaktionsbildung«, die jetzt große Teile von traditionellen Gesellschaften, die der Globalisierung unterliegen, erfaßt. Doch schon zur Zeit der Aufklärung »richteten sich Phantasiegebilde eines von Amerika ausgehenden Niedergangs vornehmlich auf vermeintliche Naturphänomene« (18) – Degeneration in der Natur, wie etwa, daß es bezeichnenderweise in Amerika keine Nachtigallen gibt und daß Amerika voll sei mit mißgebildeten Tieren und Menschen. Oder aber es handelt sich um die politische Degeneration, wie sie sich in Ideen von Gleichheit und Freiheit verkörpern, oder, sehr wesentlich, im Zurücktreten des Staates: »ein Gemeinwesen als bloße Gesellschaft – ganz ohne Staat«, eine Beschreibung de Tocquevilles, die die Europäer sehr irritierte, denn für sie war und ist der Staat die Voraussetzung für Ordnung und Wohlfahrt (20). Verzerrte Wahrnehmung der Realität und Ressentiment vermischen sich in einer weltweiten antiamerikanischen Ideologie: »ein Land ohne ›Autorität im traditionellen Sinne‹«, ein Land ohne soldatische Tugenden und

Kampfgeist, was durch massiven Einsatz von Technologie überdeckt werde, »die monströseste Form der Frauenmacht, die die Geschichte kennt«. In Amerika sei alles verschwunden, was für das Gefühlsleben von Belang sei – »die Tragik, der Rang und auch die Liebe«. Der Amerikaner sei der Typ des »gewalttätigen Geschäftsmanns«; alles, was sich nicht auf einen »ökonomischen Wertnenner« bringen lasse, halte er für ausgesprochen nebensächlich (32) – alles Urteile des viel gelesenen Leo Mathias, 1964.

Diner bemerkt, dem durch Ressentiment verblendeten Bewußtsein gelte Amerika als »Paradigma der Entfremdungserlebnisse der Moderne« (33). In seinen Metaphern und der ideologischen Fundierung im Ressentiment gleicht der Antiamerikanismus dem Antisemitismus, und seit der Mitte des 19. Jahrhunderts sind sie miteinander denn auch eng verwoben. So spricht Hoffmann von Fallersleben vom »Fetisch der Freiheit« in Amerika, vom »Krämervolk am Teetisch«, von »Schachergeist und Eigennutz« (49). »Das romantische Denken pflegte die Neue Welt als Hort der Geldgier, als das Babel eines schier grenzenlosen Utilitarismus und abstoßender Kulturlosigkeit hinzustellen« (44). Das Bild, das der Dichter Lenau von Amerikas »schnödem Materialismus und kultureller Oberflächlichkeit« zeichnete, übte in Europa einen großen Einfluß aus: »Die Nachtigall hat Recht, daß sie bei diesen Wichten nicht einkehrt […] Es kommt mir vor wie ein poetischer Fluch« (45, 47). Seine Schlußfolgerungen zieht er aufgrund eines Aufenthalts in Amerika von einigen Monaten, bei dem er kein Glück mit seinen eigenen Finanzspekulationen hatte. Seine eigene Habgier und Ausbeutung projiziert er auf die Neue Welt. Gleich ihm werden prominente Dichter des jungen Deutschlands nicht müde, »Geld als den Götzen der Entfremdung […] [und] Amerika als Metapher der Entfremdung« (51) hinzustellen. Dann gibt es immer wieder die angebliche Antithese von der europäischen Kultur als historisch gewachsener und der amerikanischen Zivilisation als einer einfachen Nachahmung und Konstruktion, in Clémenceaus Worten, Amerika sei »die Entwicklung von der Barbarei zur Dekadenz ohne Umweg über die Kultur« (36). In einem Epos von Kürnberger von 1855 heißt die Gegenüberstellung so:

deutscher Tiefsinn gegen »routinierte Flachheit«; deutsches Gemüt versus »amerikanische Höflichkeitskälte«; »deutsche Religion« wider »trockenen Sektenkram« […] Der Amerikaner – »Gott der Materie«; der Deutsche – die Inkarnation des Geistigen. (55)

Nach dem ersten Weltkrieg gesellte sich ein neues Bündel von Vorwürfen und Metaphern hinzu – amerikanische Heuchelei, Wilsons Verrat, Amerika als Bastion der jüdischen Weltherrschaft. So findet der Geopolitiker Karl Haushofer 1918: »[…] die Amerikaner sind wirklich das einzige Volk der Erde, das ich mit einem tiefen instinktiven Haß betrachte, wie ein falsches, gefräßiges, scheinheiliges, schamloses Raubtier […]« (77). Die Ströme von Antiamerikanismus und Antisemitismus fließen nun völlig zusammen, und in den 1920er Jahren kamen sie sowohl von der Rechten wie von der Linken (79) – ein Phänomen, das wir auch heute auf globaler Ebene wieder beobachten können (s. Fiamma Nirenstein, 2003). Die Frauen haben angeblich die Herrschaft über Amerika errungen.

> Die »Inferiorität des Mannes« sei also »Hauptkennzeichen der amerikanischen Gesellschaftsordnung«. Die Juden ihrerseits werden als die ersten Puritaner, als »Erfinder der Arbeit« hingestellt. Insofern sei es nicht verwunderlich, wenn sich im Materialismus »jüdischer und amerikanischer Geist« träfen. (Diner, 83)

Diese Weisheit stammt vom berühmten und viel gelesenen Philosophen, Graf Hermann Keyserling 1930 (83). Mehr und mehr wird all dies als Produkt einer jüdischen Verschwörung zur Weltherrschaft verstanden, »Onkel Sam hat sich in Onkel Shylock verwandelt« (105). Schon 1939 brauchte der Nazipropagandist Zischka, als Merkmal für die Politik des Westens, das gegenwärtige Schlagwort »[kein] Blut für Öl«. 1986 weiß der Psychoanalytiker Horst-Eberhard Richter zu berichten, daß die Deutschen nach dem Zweiten Weltkrieg ihre Überidentifizierung mit Hitler und dem Nationalsozialismus einfach auf ein neues Objekt verschoben haben, nämlich auf die siegreiche USA, in einer »bis ins Unbewußte hinabreichenden psychischen Amerikanisierung, die weite Teile unserer Gesellschaft kennzeichnet« (117). Amerika wird als Hitlerersatz und -äquivalent behandelt, und man erkennt im Gegensatz zum eigenen Land in Amerika die Herrschaft eines »alltäglichen Faschismus« (129).

Zwar gab es ehrliche Beteuerungen des Entsetzens, des Mitgefühls und der Solidarität nach der Katastrophe des 11. Septembers, aber zugleich auch weltweite Reaktionen von Freude und Jubel, und nicht nur durch die ganze muslimische Welt, mit der Botschaft »Amerika ist schuld, Amerika ist bestraft worden – für seine Verbrechen, für seinen Reichtum, für seinen ›way of life‹« (164). Hervorragende Kulturrepräsentanten ergingen sich in ihrer »erstaunlichen Freude

angesichts der Zerstörung der Supermacht, oder besser: angesichts ihrer Selbst-
zerstörung, ihres Selbstmordes als Kunstwerk«, wie der französische Publizist
Jean Baudrillard im *Spiegel* schrieb (Diner, 171). Ich füge hier ein weiteres Zitat
von ihm hinzu, das einer der heute führenden Experten des Mittleren Ostens und
Professor an der Johns Hopkins Universität, Fouad Ajami, in einem Aufsatz
(»The falseness of anti-Americanism«, in: *Foreign Policy.com), der dem Werk
Diners sehr ähnlich ist, erwähnt, nämlich diese Panegyrika:

> Wie wir von diesem Ereignis [dem 11. Sept.] geträumt haben, wie die ganze Welt ohne
> Ausnahme von diesem Geschehnis geträumt hat, denn niemand kann es vermeiden,
> von der Zerstörung einer Macht zu träumen, die hegemonisch geworden ist […] Jene
> sind es, die gehandelt haben, aber wir erwünschten die Tat.

Professor Ajami kommentiert: »Indem er Vorsicht und falsche Sympathie beiseite warf, sah Baudrillard die schrecklichen Angriffe auf die Vereinigten Staaten als ein ›Objekt des Begehrens‹«. Diner beschreibt, wie Sibylle Tönnies, nach
der Schilderung der Katastrophe in sentimental-poetischen Worten, bekennt:
»Dieses Bild erzeugt ein majestätisches Gefühl«, und wie der Komponist Stock-
hausen es als das »größte Kunstwerk«, das es je gegeben habe, feierte (Diner,
170). Zugleich damit erschienen denn auch bald die Verschwörungstheorien
über CIA, FBI und Mossad, die ich eingangs erwähnte. Diese finden nun verbreitet Glauben, in der arabischen Welt bei bis zu 80 – 90 %, in Europa zwar weniger, aber immer noch bei einer bedeutenden Minderheit.

Diner schildert, wie der »allgegenwärtige Schatten Amerikas« sich über die
»beängstigend neue und hypermoderne Welt lege«, da es wohl die »dynamisch-
ste und vitalste Variante der Moderne« sei (186) – die soziologische Erfindung
von »Amerika als Zerrspiegel der Moderne«, zugleich mit der »als schockartig
empfundenen Erfahrung des Verlustes europäischer Zentralität« (187), während
es für den Islam die Akkumulation narzißtischer Kränkungen durch die säkulare
Welt des Westens ist, die ihre Errungenschaften einer Kultur der Selbstreflexion,
des Sichselbstinfragestellens und der Selbsterkenntnis verdankt. Auch heute
noch wird Amerika als die Zeit der Zukunft erblickt, »Amerika ist mehr Zeit als
Ort« (192). Es ist ein umgekehrtes Spiegelbild der »Alten Welt«.

Diner faßt sein richtungsweisendes Exposé zusammen, indem er zum »inzwischen weltweit eingefressenen antiamerikanischen Ressentiment« zurückkehrt: Es

richtet sich also gegen ein Land, das als imperiale Republik mehr ist als ein National-
staat und weniger als die Universalität der Menschheit. Dieses Ressentiment gefällt
sich in einer vornehmlich antimaterialistischen Pose, und der Abscheu richtet sich gegen die in Amerika vorherrschende Ethik des Utilitarismus und des regulierten Eigen-
nutzes, dem es vorgeblich nur ums Geschäft und den Profit geht. Diesem großen Ver-
derber der Menschheit wird ein ›Idealismus‹ vermeintlich höherer Sittlichkeit und
Reinheit entgegengestellt, der das amerikanische Streben nach Glück als eine weltweit ins Leere laufende Entzauberung aufhalten soll. (199)

In dieser letzteren Weltanschauung verbinde sich die Bejahung von Materialismus, die von traditionellen Gesellschaften als schamlos empfunden wird, mit
einem ungezügelten Verbrauchertum.

Dieser europäische Antiamerikanismus geht nun Hand in Hand mit seinem
islamistischen Zwilling, der direkt den 11. September herbeigeführt hat. Die islamische Version wird sehr treffend von einem der heute führenden Experten des
Islams und Mittleren Ostens, Bernard Lewis, analysiert. Er beschreibt, wie das
heute glühende Ressentiment in der Muslimwelt gegen den Westen im allgemeinen, gegen Israel und die Juden im besonderen, dem Abstieg des »Hauses des
Islams« und der Aszendenz des »Hauses des Unglaubens« (oder des »Kriegs-
hauses«) zuzuschreiben sei. Dieser Abstieg und Fall begann äußerlich im
13. Jahrhundert, zuerst in Spanien, dann im Balkan und in Rußland, später in
Südasien, und vollzog sich mit dramatisch zunehmender Geschwindigkeit. Die
steigende Flut von Rebellion gegen den Westen ist zumindest teilweise »begründet durch ein Gefühl der Demütigung – einem steigenden Gewahrsein unter den
Erben einer alten, stolzen und lange dominanten Zivilisation, von denen, die sie
als minderwertig betrachteten, überholt, überwunden und überwältigt worden zu
sein« (Lewis 1990).

So wird das Ressentiment gegen Israel die einzige Anklage, die frei und ohne Gefahr
in den muslimischen Ländern ausgedrückt werden kann, in denen die Medien entweder ganz im Besitz der Regierung sind oder von ihr strikt beaufsichtigt werden. Israel
dient als nützlicher Sündenbock für die Klagen über die ökonomische Entbehrung
und politische Unterdrückung, unter der die meisten muslimischen Völker leben, und
als eine Möglichkeit, die darauf resultierende Wut abzulenken. (Lewis 2001)

Fouad Ajami (2002) spricht in ähnlicher Weise über die Quellen eines derartigen
»Radikalismus und Antiamerikanismus« (und implizit über den Haß auf Israel
und die Juden):

eine tiefe Entfremdung zwischen Herrscher und Beherrschtem, eine Wut infolge der Enttäuschungen der Jungen, eine Sündenbockmentalität, die auf Amerika alle Schuld abwälzt an den Krankheiten der arabischen Welt, die angesichts einer modernen Zivilisation, die sie weder meistern noch verwerfen kann, aufgewühlt und erregt ist. (9 f.)

Das erfolgreiche Sichdurchsetzen des jüdischen Staates gegen eine gewaltige Disproportion von 5 Millionen gegen 300 Millionen ist tatsächlich die fünfte und letzte der großen Beschämungen der islamischen Welt. In dieser Furie von antiwestlichem und antijüdischem Ressentiment, dem wir heute begegnen, spielt die Scham über eine solche historische Demütigung die Hauptrolle. Dieser muslimische Haß »wird eine Verwerfung der westlichen Zivilisation als solcher, nicht so sehr dafür, was sie tut, als dafür, was sie ist, und für die Prinzipien und Werte, die sie bekennt und ausübt« (Lewis 2003, 26). Jede Beschwichtigung [appeasement] einer vorgebrachten Anklage [grievance] vertieft nur die Verachtung, ohne damit den Haß zu stillen, und so wird jedes Problem prinzipiell unlösbar.

> Womit wir jetzt konfrontiert sind, ist nicht nur eine Beschwerde über diese oder jene amerikanische Politik, sondern vielmehr eine Verwerfung und Verurteilung, zugleich wütend und verächtlich, von all dem, was Amerika in der modernen Welt repräsentieren soll. (76)

Die übergreifende Frage, die sich daher stellt, ist die: Wie läßt sich dieses Versagen der Moderne in der islamischen und v. a. der arabischen Welt verstehen, das dann umgekehrt ständig zu tieferer Scham, giftigerem Ressentiment und massiverer Gewalt führt? Es würde hier zu weit führen, sich tiefer mit dieser Frage zu beschäftigen, doch wähle ich zwei Beantwortungsansätze aus, zunächst diese eine konzise und zugleich umfassende Antwort aus dem Buch von Lewis von 2001:

> Für den westlichen Beobachter, der in der Theorie und Praxis der westlichen Freiheit geschult ist, ist es gerade der Mangel an Freiheit, der so viele der Schwierigkeiten der Welt des Islams begründet – an Freiheit des Denkens von Beschränkung und Indoktrinierung, frei zu sein zu fragen und zu untersuchen und zu reden; Freiheit der Ökonomie von korruptem und vorherrschendem *mismanagement*; Freiheit der Frauen von der Unterdrückung durch Männer; Freiheit der Bürger von Tyrannei […] Sollten die Völker des Mittleren Ostens auf ihrem gegenwärtigen Weg weiter schreiten, wird wohl der Suizidbomber zur Metapher für die gesamte Region, und es wird keinen Ausweg geben aus der abwärts führenden Spirale von Haß und Trotz, von Zorn und

Selbstmitleid, von Armut und Unterdrückung, die früher oder später in erneuter Beherrschung durch andere kulminieren wird. (159)

Die zweite Antwort stammt von dem liberalen tunesischen Intellektuellen Al-Afif Al-Akhdar und ist besonders auch von großem psychoanalytischem Interesse. Er fragt sich, »warum andere Völker das Leben lieben, während wir Tod und Gewalt, Schlachten und Selbstmord lieben und es dann noch Heldentum und Märtyrertum nennen [...]?«. Die Antwort auf manche dieser Fragen liege »in einer widersprüchlichen und explosiven Mischung einer kollektiven narzißtischen Wunde und eines religiösen Narzißmus, die in uns eine kollektive geistige Lähmung verursacht haben«. Eine historische narzißtische Verwundung sei eine Frustration, die das Opfer zur Selbstverachtung treibe, ein Schlag, der das Opfer veranlasse, sich selbst als ein Nichts zu sehen. Es sei eine symbolische Kastration, die ein zerschmetterndes Scham- und Minderwertigkeitsgefühl verursache. »Die Araber erlebten ihre Niederlagen durch europäischen Imperialismus und durch Israel sowohl auf der bewußten wie auf der kollektiven unbewußten Ebene [...] als eine nationale Demütigung, deren Scham nur durch ›Blut, Rache und Feuer‹ getilgt werden könne, wie das arabische nationale Motto heißt.« Die zweite Quelle ist, wie Al-Afif Al-Akhdar weiter ausführt, der religiöse Narzißmus: »Es ist eine Denkverzerrung, die den, der an eine auf Wundertaten basierte Religion glaubt, zur Überzeugung führt, daß seine Nation ›die beste für Menschen erschaffene Nation‹ sei.« Er sieht, wie ein radikaler Konflikt besteht zwischen den Ansprüchen eines extremen, religiös begründeten Ethnozentrismus: die beste Nation zu sein, deren heilige Stätten als das Zentrum des Alls angesehen werden, und den immer neuen Niederlagen, die zeigen, »daß wir die letzte unter den Nationen sind«. Dieser Konflikt resultiere in einer schweren und allgemeinen Krise: »Dieser widerspruchsvolle Diskurs ist die Quelle vieler unserer psychologischen, sozialen und politischen Übel und unserer schweren Identitätskrise.« Eine Lösung für diesen Konflikt sei endloser Jihad; eine andere wäre die Rückkehr zu einer rationalen Form des Islam, *Mu'tazila* (9. und 10. Jahrhundert), d. h. ein Übergang von der Autokratie zu einem Staat, der durch das Gesetz geleitet werde, vom traditionellen *shari'a*-Gesetz zu einem Vernunftgesetz, von der Ära der Rechte von Allah zu einer Ära der Menschenrechte, und am allerwichtigsten: von einer Kultur des Hasses des anderen und der Rache zu einer Kultur der Achtung für den anderen und des Dialogs, von einer Kultur des Fanatismus zur religiösen Toleranz, von einer Kultur des blinden Glaubens zu einer Kultur des Fragens und von einer Kultur der absoluten Wahrheit zu einer Kultur der relativen Wahrheit (»Tunisian Intellectual Al-Afif Al-Akhdar. On the Arab Identity Crisis and Education in the Arab World«, MEMRI-Dispatch No. 576, 21. Sept. 2003).

Was noch hinzugefügt werden muß – und beide Autoren bemerken dies auch – ist der schreckliche, geistzerstörende Einfluß einer Erziehung, die alles Denken, Fragen und Wissen systematisch unterdrückt und damit den Weg zu einer wissenschaftlichen und künstlerischen Entwicklung der Jungen zu einer Zeit verbaut, in welcher die Kultur und Zivilisation immer mehr Wissen und Verstehen verlangt. Eine solche Welt, die dem Wissen gegenüber feindselig eingestellt ist, bleibt damit immer weiter zurück und schafft so immer tiefere Demütigung.

Was trägt die Philosophie zu den Reflexionen über den 11. September bei?

»Meine Geschichte ist die einer Philosophin zu einer Zeit des Terrors«, steht ziemlich am Anfang von Giovanna Borradoris Buch. Es umfaßt nicht nur ihre ausgedehnten Interviews mit Habermas und Derrida und ihre Erklärungen und Kommentare dazu, sondern beginnt mit ihrem eigenen bewegenden Bericht von jenem Tag des Grauens und der Angst, ihrer Einkehr beim philosophischen Denken im Sturm der Gefühle und mit einer Untersuchung zur Beziehung von Geschichte und Philosophie. Sie bezieht sich auf Hannah Arendts »Artikulation der Philosophie als Antwort auf historisches Trauma« (174).

Sowohl Habermas wie Derrida

verlangen eine planetare Antwort, die den Übergang vom klassischen internationalen Recht, das noch immer im Modell des Nationalstaates, wie es das 19. Jahrhundert aufgestellt hat, verankert ist, zu einer neuen kosmopolitischen Ordnung, in der multilaterale Institutionen und kontinentale Bündnisse die hauptsächlichen politischen Handlungsfaktoren wären. (XIV)

Borradori differenziert ihre Stellungnahmen:

Während für Habermas Terrorismus die Auswirkung des Traumas der Modernisierung ist, die sich weltweit mit pathologischer Geschwindigkeit verbreitet hat, sieht

Derrida den Terrorismus als Symptom eines traumatischen Elements, das der modernen Erfahrung selbst innewohnt, deren Fokus immer auf der Zukunft liegt, die etwas pathologisch als Versprechen, Hoffnung und Selbstbestätigung verstanden wird. (22)

Habermas klagt den Westen, namentlich Amerika an. Zwar gibt er zu, daß der islamische Fundamentalismus »eine Abwehrreaktion gegen die Angst vor einer gewalttätigen Entwurzelung der traditionellen Lebensweisen ist« und daß »der Westen insgesamt als Sündenbock dient für die eigenen, sehr realen Verlusterlebnisse der arabischen Welt, erlitten von Völkerschaften, die während beschleunigter Modernisierungsprozesse aus ihren Kulturtraditionen gerissen wurden«. Doch stellt er sogleich den Gegenpunkt auf:

Ein materialistischer Westen begegnet anderen Kulturen, die ihr Profil der Prägung durch eine der großen Weltreligionen verdanken, nur mittels der provokativen und trivialisierenden Unwiderstehlichkeit einer nivellierenden Konsumkultur. (32)

Er sieht die Ursachen des Problems vor allem in ökonomischen Begriffen. Indem er den Beitrag des Westens zu dieser Spirale der Gewalt betont, sagt er, daß »ohne eine politische Zähmung eines entfesselten Kapitalismus die verheerende gesellschaftliche Schichtung der Welt nicht behandelbar ist« (36). Das Sprechen vom »Zusammenstoß der Zivilisationen« maskiere oft die zentralen materiellen Interessen des Westens. Nach Habermas liege die Antwort in einem Übergang zu dem, »was Kant als einen Staat der Weltbürgerschaft vorweggenommen hat« (38). Während dieses Konzept in der UNO Form annehme, ist ihm deren Schwäche auch klar; so spricht er von einem Konflikt »zwischen der legitimen, aber schwachen Autorität der internationalen Gemeinschaft und der tatsächlichen Stärke der Nationalstaaten, die zu einer Militäraktion fähig sind, aber ihre eigenen Interessen verfolgen«, ein Konflikt in der Tat zwischen Gerechtigkeit und Macht (39). Obwohl er das skandalöse und sich wiederholende Versagen der internationalen Institutionen angesichts von genozidalen Massakern und Terror zugibt, besteht er darauf, daß die hauptsächliche Errungenschaft der Ordnung nach dem Zweiten Weltkrieg bewahrt werden solle: das Verbot von »Angriffskriegen«, inklusive solcher der Prävention, ungeachtet der Möglichkeit oder Unmittelbarkeit und Schwere von Drohungen. Eine solche entschlossene Verbannung sei der entscheidende Schritt vorwärts zu einem kosmopolitischen Rechtszustand, und Amerikas Verstoß gegen diesen Bann habe seine »normative Autorität« zerstört. Schutz und Rettung vor der »von Staaten unabhängigen terroristischen Gewalt« sollen nach Habermas einzig und allein mit Hilfe internationaler Geheimdienste und Strafverfolgungen sowie der Kontrolle der finanziellen Transaktionen und logistischen Verbindungen gesucht werden.

> Auf einer tieferen philosophischen Ebene postuliert Habermas, daß sich in der Angst der technologisch hochgerüsteten Supermacht vor dem Terror […] die kartesische Angst eines Subjekts zu verdichten [scheint], das sich selbst und die Welt ringsum zum Objekt zu machen versucht, um alles unter Kontrolle zu bringen. (Habermas: »Was bedeutet der Denkmalsturz?«, in: *Frankfurter Allgemeine Zeitung,* 17. April, 2003)

Dieses Bestreben stehe in radikalem Konflikt mit der vorgegebenen zivilisierenden Mission dieser Supermacht, die Welt im Einklang mit liberalen Prinzipien zu verbessern.

»Die Betonung von rationaler Argumentation als letztlicher Bedingung für Gerechtigkeit ist das Zentralthema der philosophischen Methode von Habermas«, erläutert Borradori (50). »Für Habermas bezeichnet der Begriff der Moderne eine Denk- und Handlungsweise, die mit kommunikativer Rationalität einhergeht« (69). In einer Überreaktion der USA und anderer sieht er die Gefahr, daß sie in paradoxer und tragischer Weise zum Ergebnis habe, daß »der globale Terrorismus sein höchst politisches Ziel der Delegitimierung der Autorität des Staates erreiche« (56). Da Terrorismus in einer kommunikativen Pathologie begründet sei, fordert Habermas die liberalen Demokratien auf, »Kommunikationskanäle wiederherzustellen, denn der entfesselte Kapitalismus und die rigide Stratifizierung der Weltgesellschaft bilden die Wurzel des Zusammenbruchs des Dialogs« (64). Habermas sieht daher in ökonomisch-ideologischen Faktoren die letzten Ursachen – im Gegensatz zu anderen Ansichten, wie der Huntingtons, daß die Kultur »die treibende und mobilisierende Kraft in den heutigen Konflikten« sei (65). Für Habermas »ist die *Ursache der Erkrankung der Kommunikation,* die durch Globalisierung herbeigeführt werde, *nicht kulturell, sondern ökonomisch*« (ebd.).

Tatsächlich scheint dies zum guten Teil das Schisma im heutigen geopolitischen Denken und der Antithese von rechts und links, von konservativ und liberal auszumachen: *der Vorrang von ökonomischen und gesellschaftlichen Werten gegenüber dem Vorrang von kulturellen und religiösen Werten.*

Was hat der Psychoanalytiker zu dieser Auseinandersetzung hinzuzufügen? Der Disput ist nämlich einer, der auch unser Feld gespalten hat: Außenkräfte gegen innerliche, Trauma gegenüber Trieben, Erfahrung gegen angeborene Disposition. Freud antwortete darauf mit dem zentralen erklärenden Begriff von der »Ergänzungsreihe«, lange bevor dieses Komplementaritätskonzept epistemologische Würde in der Physik in Bohrs Komplementaritätsprinzip und Heisenbergs Unschärferelation erlangte. Wenn dies auf die vorliegende philosophische Debatte angewandt wird, scheint die Komplementarität und Ebenbürtigkeit der beiden Anschauungen einen Ausweg zu bieten. Auf praktischerer Ebene gilt dies auch für die Auseinandersetzung über die Anwendung von militärischer Gewalt gegen den Terrorismus versus dem Vertrauen auf internationale Institutionen. Die beiden richten sich auf verschiedene Werte: die kurzfristige Wirksamkeit von Stärke, sogar von Gegengewalt, im Dienste sowohl des Selbstschutzes wie der Verbreitung von liberalen, demokratischen Werten, also der Demokratisierung und Rechtsstaatlichkeit, gegenüber der Abschwörung von Gewalt zugunsten eines internationalen Rechtssystems. Auch hier müssen wir abwägen, was in einem gegebenen Fall die spezifisch beste Form des Gleichgewichts dieser sich ergänzenden Werte und davon abgeleiteten Haltungen darstellen könnte – an Stelle der heute so gängigen Schwarzweiß-Malerei und Disjunktion, inklusive der Proklamation von Habermas.

Trotzdem, wenn wir dies als Analytiker sorgfältiger erwägen, erscheint diese Dualität von Motivationsgruppen unzureichend. Ich werde auf eine spezifisch psychoanalytische Erweiterung dieses Dialogs zurückkommen: *tertium datur.*

Derrida geht von der selbstdestruktiven Kraft aus, »dem unbarmherzigen Gesetz, das den *Autoimmunprozeß* reguliert«, und zwar in dreifacher Form: im Kalten Krieg, am Ende des Kalten Kriegs und im Krieg gegen den Terrorismus. In bezug auf den ersten behauptet er, die USA stelle sich als »die letzte angebliche Einheit von Kraft und Recht« hin (95). Doch dies erweise sich in sich selbst als selbstzerstörerisch, nämlich als »Kalter Krieg im Kopf«: »[…] die Aggression, deren *Objekt* sie ist, kommt *von innen*«, indem sie selber die Waffen zu ihrer Zerstörung den Terroristen gegeben habe. Die zweite Autoimmunität liege darin, daß »die Wunde [des 11. Septembers] offen bleibe wegen unseres Terrors vor der *Zukunft* und nicht allein vor der Vergangenheit« (96). Was aber die dritte Autoimmunität angehe, so bewirken alle Abwehrmaßnahmen und alle Formen des Kriegs gegen den Terrorismus, daß sie die Ursachen des Bösen, das sie zu eliminieren behaupten, wieder neu schaffen. Er spricht vom »Circulus vitiosus der Verdrängung« (100) und dem »Bin-Laden-Effekt«: »der Gebrauch des Schlimmsten an technokapitalistischer Modernität im Dienste von religiösem Fana-

tismus« (113). Wie Habermas sieht auch Derrida den Ausweg aus diesem Laby-
rinth der Zirkularität in der Autorität von internationalem Gesetz, in universeller
Souveränität, in absolutem Gesetz, das über wirksame autonome Ausführungs-
macht verfüge, doch keinesfalls zu einem Superstaat werde (114 f., 120).

Derrida sieht einen Europa leitenden, durch die Aufklärung begonnenen
Prozeß der »Aufhebung der Autorität religiöser Doktrin über das Politische«,
»wenngleich er noch uneben, unerfüllt, relativ und komplex« sei. Demgegen-
über sei es genau diese religiöse Doktrin, die sowohl die amerikanische Demokratie wie die Welt des Islam beherrsche: »sie regiert *de facto* zwar nicht das
Prinzip, aber die vorherrschende Wirklichkeit der amerikanischen politischen
Kultur [...] die heute eine gewisse amerikanische Hegemonie darstelle«, behauptet er (117). So stelle der sogenannte »Krieg gegen den Terrorismus« »zwei
Gruppen mit einer starken religiösen Identifikation einander gegenüber«:

> Das würde also eine *Konfrontation zwischen zwei politischen Theologien* bedeuten,
> die seltsamerweise beide dem gleichen Stamm oder gemeinsamen Boden der Abraha-
> mitischen Offenbarung, wie ich sie nennen würde, entstammen. (ebd.)

Die *wirkliche* Front im gegenwärtigen Ringen bestehe indes demnach, so Derrida, zwischen den USA und Europa, zwischen einer politischen Theologie, d. h.
den USA, und »dem einzigen säkularen Spieler auf der Weltbühne«, d. h. Europa
(170).

Derridas zentrale Behauptung vom *fundamentalen Antagonismus zwischen
amerikanischer politischer Theologie und europäischem Säkularismus* steht beinahe 180° den Schlußfolgerungen Diners und meinen eigenen Beobachtungen
entgegen. Es war gerade die Französische Revolution, im Gegensatz zur Amerikanischen, die nicht nur das Pathos von »*liberté, fraternité, égalité*« prokla-
mierte und nicht nur Erbe der humanitären Impulse der Aufklärung war, sondern
auch die utopischen, messianischen Totalitarismen des 19. und 20. Jahrhunderts
inspirierte, die weitgehend in der amerikanischen Szene fehlten, jedoch zum
großen Teil die Länder in Europa und Asien ergriffen und nun *expressis verbis*
von den islamistischen und säkular-nationalistischen Revolutionen in der ara-
bisch-muslimischen Welt weitergetragen werden, mit eingeschlossen ihren viru-
lenten Antisemitismus (wie es die stehende Ovation der Führer der 57 Länder in
der »Islamischen Konferenz« zeigte, als der Präsident der Konferenz, Mahathir
Mohammed von Malaysia, behauptete, daß die Juden die Welt beherrschten und

andere für sich in den Krieg schickten und für sich sterben ließen). In diesen Totalitarismen von rechts und links, die sich von der Französischen Revolution herleiten, wird die Formel reinterpretiert: daß *égalité* sich auf die Gleichheit der Individuen als Partikel von Klassen und Massen beziehe, wobei es nicht Gleichheit der Gelegenheiten, sondern der Resultate sein müsse; *fraternité* solle die der Massen und Völker, nicht der einzelnen sein, und *liberté* gelte nicht für die Mehrheit der Personen, sondern für das sogenannte Selbstbestimmungsrecht der Völker und Nationen, ihrer Führer und von Superstaaten in ihrer absoluten Souveränität – wie es etwa Šigaljóv in Dostojewskijs *Dämonen* postuliert, wenn er die Teilung der Menschheit in zwei ungleiche Teile verlangt:

> Einem Zehntel wird die Freiheit der Person und unbegrenzte Rechte über die anderen neun Zehntel verliehen. Diese müssen ihre Person verlieren und sich in etwas wie eine Herde verwandeln [...] Sie sind alle Sklaven und gleichberechtigt in ihrer Sklaverei.

und Pjotr Werchowénskij es bestätigt: »Das Grundprinzip ist Gleichberechtigung [...] Alles wird auf einen gemeinsamen Nenner reduziert, vollständige Gleichheit [...] Vollständiger Gehorsam, vollständige Unpersönlichkeit« (Dostojewskij, russ. 365, 417 f.; Übersetzung L. W.). All dies ist schon vorgebildet im jakobinischen Terror und weist auch auf Aufklärungsideen zurück. Imre Kertész stellt zu Recht fest,

> daß diese totalitären Mächte schließlich auf dem Boden Europas entstanden [sind]; [...] ihre Wurzeln [haben] sich aus der vergifteten Erde der europäischen Kultur genährt, und es ist die große Frage, ob die europäische Vitalität wohl ohne Hilfe der Vereinigten Staaten von Amerika zu ihrer Bewältigung ausgereicht hätte. (In: *Neue Zürcher Zeitung*, 4. Oktober 2003)

Psychoanalytische Schlußfolgerungen

Ich versuche nun, in psychoanalytischen Begriffen einige der Hauptideen dieser neun repräsentativen Bücher zusammenzufassen. Vor allem möchte ich sagen, daß einer der größten Beiträge, den die Psychoanalyse zu jeder Debatte beisteuern kann, die Idee a priori ist, alle intraindividuellen, familiären und soziokulturellen Vorgänge in Begriffen von *Konflikt und Komplementarität* zu begreifen – von Kräften, die sich zwar bekämpfen, die sich aber auch wechselseitig bestimmen und so ergänzen.

Ein vorherrschendes Element in der Wirkung von Terrorismus auf seine Opfer ist die *kognitive Regression* infolge schwerer Traumatisierung: das Ersetzen von »Repräsentation« durch »Präsentation« – der Prozeß der *Desymbolisierung*. Die Fähigkeit, das Erleben in Worte zu fassen, also es zu symbolisieren, ist angeschlagen, und ein beträchtlicher Teil der Aufgabe des Psychotherapeuten und Psychoanalytikers besteht darin, passende Metaphern und Erzählstrukturen zu finden, um Symbolisierung wieder zugänglicher zu machen.

Terror ist ein Problem ersten Grades für das Gesundheitswesen und beeinflußt tief die Arbeit des Analytikers. Den *analytischen Raum* weitmöglichst zu schützen und zur Untersuchung des Innenlebens offenzuhalten, ist die Hauptaufgabe, aber die *Anerkennung und Exploration der äußeren Ereignisse* und ihrer Kausalverknüpfungen kann von der psychoanalytischen Arbeit nicht ausgeblendet werden.

Ein schweres historisches Trauma lebt im *kulturellen Gedächtnis* des Volkes weiter, wird von Generation zu Generation übermittelt, vor allem in der Form von Überlebensschuld und Überlebensscham, die die Nachkommen sühnen sollen.

Dies führt direkt zum Hintergrund des Terrorismus: Eine Kultur, die ihre Kinder mißbraucht und *blinden Gehorsam gegenüber der Autorität* einbläut, schafft Suizidbomber. Sie erzeugt stets von neuem ein Trauma, ist aber selbst verwurzelt in einem historischen Trauma. Sie versucht, die durch unablässige persönliche Beschämung geschaffene und von historischen Kränkungen verstärkte *Wut auf einen äußeren Gegner umzulenken*, auf einen Feind, der eben jene Werte symbolisiert, die antithetisch all dem gegenüberstehen, was die Kultur an Ehre beansprucht, und deren Defizienz sie als tief demütigend erlebt. Von einem psychoanalytischen Gesichtspunkt aus ist die Pathologie eines *archaischen, schamorientierten Über-Ichs*, das aus schwerer körperlicher und emotionaler Traumatisierung stammt, ebenso wichtig wie geschichtliches Unrecht, ökonomische Frustration, religiöser Fanatismus oder die durch die Moderne verursachte Überforderung. Einerseits wird der *Schamanteil* des Selbst *projiziert* auf das Opfer; dieses soll nun als Symbol für das Selbstbild von Schwäche und Opfersein gequält und zerstört werden. Andererseits wird das Über-Ich selbst als strafende und vergebende *absolute Autorität* auf Führergestalten, auf Gruppen, die Terror inspirieren und organisieren, und besonders auf Gott projiziert. Terrorismus kann daher als eine bedeutende Form *der Externalisierung des inneren Konflikts mit einem archaischen Über-Ich*, das von alldurchdringendem Ressentiment beseelt wird, verstanden werden – wobei sich hier das »Innere« sowohl auf das des Individuums wie das der Familie, der Gruppe und des großen Gemeinwesens bezieht. *Die Geschichte des Terrorismus ist eine Erzählung von Scham und Ressentiment und ihrer Ausbeutung für Macht und Profit. Der dafür nötige Fanatismus ist ein absolutistisches Denken, das in den totalen Affekten chronischer Traumatisierung und der sich daraus ergebenen Globalität der Abwehrformen wie in der Absolutheit der Über-Ich-Forderungen begründet ist.* Kognitive Dissonanzen, moralische Ambiguitäten und damit innere Konflikte auf allen Ebenen sind Anathema. *Fanatismus ist ein Kampf gegen einen inneren Konflikt, ein Versuch, ihn gänzlich abzuschaffen.* Der Konflikt wird »gelöst« durch Spaltung im Freudschen Sinn: dem Nebeneinander-Bestehen von Verleugnung und Anerkennung. Wie beim Opfer des Terrors wird auch beim Täter von Terrorakten und Massenmorden die Affektregression als Folge ihrer eigenen akuten oder chronischen Traumatisierung von der kognitiven Regression begleitet, die sich besonders als allgemeine *Desymbolisierung und Konkretisierung* manifestiert, die Abschaffung der Unterschiede, der Verlust der Metaphorik, wie es Kiríllov in den *Dämonen* sagt: »Dann wird es vollkommene Freiheit geben, wenn es keinen Unterschied macht, ob man lebt oder nicht lebt. Das ist das Ziel von allem« (Dostojewskij, russ. 107; Übersetzung L. W.).

Religion verspricht *Vereinigung mit einer transzendenten Autorität* und Erlösung von der Schuld, die sich auf die Massivität der inneren Aggressionen, die Allmacht der Verantwortlichkeit und die Scham über Hilflosigkeit und Schwäche bezieht. Diese reichen tief sowohl in die kulturelle Tradition wie in geschichtlich fundiertes Ressentiment zurück, werden aber durch die persönliche Kindheit und Familiengeschichte entscheidend geprägt, und zwar in der Form von innerem Opfersein. Die eigene *Identität wird durch ein unterjochendes, unerbittliches Über-Ich mit einem absolutistischen Ideal ersetzt.* Die Opferhaltung, die so sehr hochgespielt wird, ist primär die, die dem moralischen Masochismus innewohnt: die unbarmherzigen Angriffe eines traumatogenen, archaischen Über-Ichs, das viel mehr mit Scham als mit Schuld operiert. Äußere Demütigungen erwecken seine innere Brutalität und entfesseln seine heftige Aggression gegen jeden und alles, die als Ursache dieser Scham angesehen werden. Der terroristische Akt, besonders durch Suizid, ist ein Akt der Versöhnung gegenüber einer solchen Über-Ich-Autorität, verkörpert besonders durch die Gottheit, die dann Verzeihung und Erlösung verspricht.

182

Ein notwendiges Element dabei ist die *Abwehr durch Dehumanisierung des anderen*, vor allem in der Form von »*Kategorisierung*«: Die Kategorie, der der Mensch zugehört, sei es Klasse, Nation, Religion, Rasse oder Geschlecht, wird als das Wesentliche hingestellt und der Person übergestülpt; ihr Eigenwert wird ausgeklammert. Die Kategorien von Freund und Feind, der Zugehörigkeit zur eigenen Identität und der des Fremden, werden den Personen aufgezwungen; man wird blind für ihren Eigenwert und ihr Dasein als Selbstzweck. Mit dem Sinn der erlittenen *Seelenblindheit* herrscht eine allgemeine Atmosphäre der Entmenschlichung aller Beziehungen, und besonders auch der Sexualität.

Wenn *Ressentiment*, das ätzende Gefühl erlittener Ungerechtigkeit, sich mit dieser Konkretisierung verbündet, kommt es zu den ideologischen Massenkatastrophen. Die Ursache solchen Ressentiments wird gewöhnlich von dem, der die Verletzung zugefügt hat, auf Kategorien von Symbolisierung verschoben, die ganz andere Dimensionen mit einbeziehen und von innen stammen.

Es ist typisch, daß Sexualisierung einen entscheidenden Anteil hat an der Reaktion auf Traumatisierung, genau so wie es dabei eine intensive, aber stark verdrängte Anstauung von Aggression gibt. Tatsächlich besteht eine *tiefe Äquivalenz von Aggression, sexueller Erregung und traumatogenen, d. h. überwältigenden und miteinander in Konflikt stehenden Affekten.* Insbesondere sind Macht und Gewalt erotisiert worden. Das bei der Verübung von Massakern und Suizidbombardierungen vorhandene erotisch-ekstatische Element kann nicht überschätzt werden; dies geschieht namentlich im Zusammenhang mit – gesellschaftlich und religiös – *massiver Entwertung der genitalen Sexualität und des Weiblichen:* die Angst vor der überwältigenden großen Mutter. Religion und Ideologie werden so nicht nur zu Containern von Scham und Schuld, von Verdrängung der Sexualität und der radikalen Entwertung der Frau, aber auch von der Erlösung von all diesen – in einer grandiosen Kompromißbildung.

Der durch das kategoriale Denken gestempelte andere und fremde Mensch wird zum Träger all dessen, was als böse, schmutzig oder sonstwie als gefährlich im Selbst unterdrückt wird. Er wird zum Teufel. *Als Inbegriff des Bösen erhebt sich diese traumatische Macht des Ressentiments mit seiner inhärenten Verdinglichung, Objektifizierung und Dehumanisierung des anderen und damit dessen Verachtung und Beschämung.* Es fand seine extreme Verwirklichung im Holocaust und den anderen Totalitarismen, und wir treffen ihn heute wieder im globalen Terrorismus an. Der Fremde wird zum Blutopfer zur Beschwichtigung des inneren Richters, indem die verurteilende Gottheit versöhnt wird.

Endlich fühlen wir, wie Lou Andreas-Salomé es in *Ródinka. Russische Erinnerung*, einer Novelle, die sie Anna Freud zueignete, über das von ihr verlassene Rußland ausdrückte, es sei, als ob »eine andere Welt bedeckt würde, überdeckt, hinweggeleugnet – die nicht da war – noch nicht, und doch schon gespenstige Wirklichkeit, eine Wirklichkeit uns im Rücken« (249 f.).

Zusammenfassung

Die Terrorakte des 11. Septembers und ähnliche auf der ganzen Welt begangene lassen Abgründe von Haß erblicken und vergrabene, aber virulente Angst in den Tätern erahnen, die ihren Ursprung in persönlichen, gesellschaftlichen, kulturellen und historischen Erniedrigungen und Beschämungen, im Verlust von Selbstachtung und Würde haben. Die entfesselte Aggression äußert sich als brennendes Ressentiment. Damit stellen sich Fragen, wie den traumatisierten Individuen, Familien und Gemeinwesen geholfen werden kann, welche Rolle eventuell militärische und politische Gegenhandlungen spielen und was die psychodynamischen Auswirkungen überhaupt sind. Wie kämpft man gegen Terror und verhindert neue Angriffe, ohne damit neue Scham und Ungerechtigkeit zu erzeugen und so zum Teufelskreis von Demütigung → Ressentiment → Gewalt → neuem Unrecht beizutragen? Nach einigen einführenden Bemerkungen, die den Terrorismus umschreiben, beginnen diese Betrachtungen von der Seite der Opfer und ihrer Therapeuten her, dann schreiten sie voran zu Studien der Täter aus einer psychoanalytischen Perspektive, fahren mit breiteren kulturellen und philosophischen Analysen des 11. Septembers und seines Hintergrunds fort und schließen mit einigen psychoanalytischen Folgerungen des Autors.

Summary

Psychoanalytic Considerations on September 11, Terrorism, and Genocidal Prejudice – Origins and Consequences

The terror acts of 9/11 (and similar ones all over the globe) reveal depths of hatred and hint at buried, but virulent anxiety in the perpetrators that originate in personal, societal, cultural, and historical humiliation and shame, loss of self-respect and of dignity. The aggression unleashed is ascribed to varied external motives, but at the same time the resentment is an inner force of enormous destructivity. Profound questions arise about the response – both with regard to the traumatized individuals, families and communities, and to military and political reactions, and what their psychodynamic meanings are. How does one fight against terror and prevent new attacks without engendering new shame and injustice and thus contributing to the vicious cycle of humiliation → resentment → violence → new injustice? To remedy the causes is one thing, often incredibly difficult, how to respond to imminent danger is another. After a few brief introductory remarks defining terrorism, these considerations begin from the side of the victims and their therapists, then proceed to the psychoanalytically informed studies of perpetrators, and end with some broader cultural and philosophical analyses of 9/11 and its background and finish with some psychoanalytic conclusions by the author.

Literatur

Akhtar, S. (2002): The Psychodynamic dimension of terrorism. In: Covington, 87–96.
Alderdice, J. (2002): Introduction. In: Covington, 1–16.
Amsel, L./Marshall, R. (2003): Clinical Management of Subsyndromal Psychological Sequelae of the 9/11 Terror Attacks. In: Coates, 75–97.
Andreas-Salomé, L. (1985 [1923]): Ródinka. Russische Erinnerung. Berlin/Wien: Ullstein Taschenbuch.
Benyakar, M. (2003): The Setting and the Psychoanalytic Field in Social Desasters, War and Terrorism. In: Cancelmo, 92–101.
Borradori, G. (2003): Philosophy in a Time of Terror. Dialogues with Jürgen Habermas and Jacques Derrida. Chicago/London: University of Chicago Press.
Britton, R. (2002): The eleventh of September massacre. In: Covington, 31–33.
Cancelmo, J. A./Tylim, I./Hoffenberg, J./Myers, H. (ed.) (2003): Terrorism and the Psychoanalytic Space. New York: University Press.
Coates, S. (2003): Introduction: Trauma and Human Bonds. In: Coates, 1–14.
— /Rosenthal, J. L./Schechter, D. S. (ed.) (2003): September 11. Trauma and Human Bonds. Hillsdale: Analytic Press.
Coates, S./Schechter, D./First, E. (2003): Brief Interventions with Traumatized Children and Families After September 11. In: Coates, 23–49.
Covington, C. (2002): The benign and malignant other. In: Covington, 175–182.

— /Williams, P./Arundale, J./Knox, J. (ed.) (2002): *Terrorism and War. Unconscious Dynamics of Political Violence.* London: Karnac.

Diner, D. (2002): *Feindbild Amerika. Über die Beständigkeit eines Ressentiments.* München: Propyläen.

Erlich, S. (2003): Terror, Trauma, and Identity Formation. In: Cancelmo, 45–53.

Fonagy, P. (2002): The transgenerational transmission of holocaust trauma: Lessons learned from the analysis of an adolescent with obsessive compulsive disorder. In: Covington, 329–351.

— /Target, M. (2003): Evolution of the Interpersonal Interpretive Function: Clues for Effective Preventive Intervention in Early Childhood. In: Coates, 99–113.

Freud, S. (1921c): Massenpsychologie und Ich-Analyse. In: *GW* 13, 71–161.

Gannagé, M. (2003): Children and War: Consequences and Treatment. In: Cancelmo, 37–44.

Garwood, A. (2002): The holocaust and the power of powerlessness: survivor guilt and unhealed wounds. In: Covington, 353–374.

Gerhardt, V. (2003): Vom säkularen Geist der Politik. In: *Merkur,* Nr. 687.

Glick, R. A.(2003): Preface. In: Coates, VII–IX.

Gruen, A. (2002): *Der Kampf um die Demokratie. Der Extremismus, die Gewalt und der Terror.* Stuttgart: Klett-Cotta.

Haynal, A. (2003): Fanatismus. Vortrag auf den 53. Lindauer Psychotherapiewochen.

Herman, D. et al. (2003): An Agenda für Public Mental Health in a Time of Terror. In: Coates, 239–253.

Hoven, C./Mandell, D./Duarte,C. (2003): Mental Health of New York City Public School Children After 9/11: An Epidemiologic Investigation. In: Coates, 51–74.

Kapur, R. (2002): Omagh: The beginning of the reparative impulse? In: Covington, 315-328.

Lewis, B. (1990): The Roots of Muslim Rage. In: *The Atlantic Online,* September 1990.

— (2001): *What went wrong? Western Impact and Middle Eastern Response.* Oxford: University Press.

— (2003): *The Crisis of Islam. Holy War and Unholy Terror.* New York: The Modern Library.

Miller-Florsheim, D. (2001): From containing to leakage, from the collective to the unique: therapist and patient in shared national trauma. In: Covington, 71–85.

Nachmani, G. (2003): Marginalized Groups: Challenges to Healthy Identities. In: Cancelmo, 155–158.

Nirenstein, F. (2003): In 1967 I was a young communist, like most Italian youngsters. Vortrag, 14. April 2003 am Yivo-Institute, New York City.

Papadopoulos, R. (2002): Destructiveness, atrocities and healing: epistemological and clinical reflections. In: Covington, 289–314.

Ringstrom, P. (2002): Thoughts on September 11th, 2001. In: Covington, 35 – 49.

Segal, H. (2002): Silence is the real crime. In: Covington, 263 – 284. [Eine frühere Version dieser Arbeit erschien auf Deutsch: Schweigen ist das eigentliche Verbrechen. In: *Jb. Psychoanal.* 19, 194 – 210.]

Stern, J. (2003): *Terror in the Name of God. Why Religious Militants Kill.* New York: HarperCollins.

Twemlow, S./Sacco, F. (2002): Reflections on the making of a terrorist. In: Covington, 97 – 123.

Varvin, S. (2003): Mental Space and Survival in Times of Terror. In: Cancelmo, 102 – 112.

Viñar, M. (2003): Social Catastrophe and Mental Space. In: Cancelmo, 28 – 32.

Vucho, A. (2002): Beyond bombs and sanctions. In: Covington, 51 – 70.

Léon Wurmser, 904 Crestwick Road, Towson, MD 21286, U.S.A.,
leonwurmser@copper.net

2005, 194 S.
kt., € 19,-
(434-9)

2003, 305 S.,
geb., € 28,50
(308-9)

Über die innere Logik von Paradoxien und Konflikten sowie den Ausstieg aus Beziehungslabyrinthen und lebensgeschichtlich eingefahrenen Sackgassen mit Hilfe der Dialektischen Psychoanalyse.

Enthält die Hauptbeiträge der DPG-Jahrestagung 2002 zu den Themengruppen "psychoanalytischer Subjektbegriff", "Trennen und Verbinden im Behandlungsprozess", "Spaltungs- und Annäherungsprozesse der deutschen Psychoanalyse nach 1945".

2005, 430 S.
geb. € 29,50
(433-0)

2003, 305 S.
€ 29,50
(402-0)

Sammelband mit Nachdrucken und bisher unveröffentlichten Manuskripten des Nervenarztes und Psychoanalytikers Helmut Bach († 2002) über u.a. die Behandlung von Depression und Angst, Psychose, Ich- und Borderlinestörungen.

"Der Fall Ellen West ..., ein Beispiel für das Scheitern dreier Therapeuten, ... kann, wie der Band zeigt, durch den Fundus an Originalmaterial dem Verständnis näher gebracht werden" (Luzifer Amor, Z. Geschichte d. Psychoanalyse).

Asanger Verlag • Heidelberg, Kröning

Dr. Gerd Wenninger, Bödldorf 3, 84178 Kröning, e-mail: verlag@asanger.de

Freud als Briefschreiber

PROF. DR. FREUD   WIEN IX., BERGGASSE 19

11.2.1934

Lieber Ernst,

für deinen letzten herzlichen und aufrichtigen Brief sage ich dir besonders. Man weiß jetzt was geschehen ist, und darf sich seine Glück der Selbstherrlichkeit des Arztes in Wien anschließen. (Das Mädchen habe ich natürlich in das Verschluß u auf das Raten aufgefordert hätte — mir vorgestellt daß es auch diesmal so interessant sein würde.)

Ich glaube bei euch bläst es sich allmälich. Die Fortschritte der katholischen Reaktion sind unglaublich rasch und aus- giebig. Aber etwas darin liegt eine gewisse Garantie daß die Hitler'sche Barbarei

PROF. DR. FREUD   WIEN IX., BERGGASSE 19

vor der wir geflohen wären
nicht über die Grenze kommen
wird. Die Pathologie ... alt
unser Schatz! Wir werden
also bleiben ... weil ihr mir
sehr schön an den Tod von
... doch man auch ...
... die wie noch viel.
... daß der gegenwärtige
amerik. Botschafter in Moskau
W. C. Bullitt ein langjähriger
... von mir ... hat ...
... die jetzt nicht
veröffentlicht werden kann.
(Dies alles bis Ford!!) Bullitt
hat nun den amerik. Ge-
sandten in Wien G. Earle
angestiftet mir für den
Fall einer persönlichen
Bedrohung durch die Nazi
Asyl in der amerik. Gesand-
schaft anzubieten. Augenblick

Ich lese jetzt Feuchtwanger's
Familie Oppenheim, eine
schauerhafte Schilderung
der deutschen Umwäl-
zung in Deutschland. Als
Referent zu Hitler werde
ich einige mehrfach ge=
nannt. Ich frage immer
ob die das auch für Lüe
haben wird. Wenn da=
nach aufhören wird
ich alsbald abgeschickt
werden.
Mit allen herzlichen
Wünschen aus der
Situation für euch
alle
Papa

»... eine schmerzhafte Schilderung der brutalen Umwälzung in Deutschland«

Ein Brief Freuds an seinen Sohn Ernst aus dem Jahre 1934

Gerhard Fichtner[*]

PROF. DR. FREUD   WIEN, IX., BERGGASSE 19

                                                    11. 3. 1934

Lieber Ernst

Für Deinen letzten, klaren sachlichen und aufrichtigen Bericht danke ich Dir
besonders. Man weiß jetzt, was geschehen ist, und darf sich zum Glück der Hoffnung des Arztes in Yeovil anschließen. (Das Städtchen habe ich natürlich in der
Encyclop. u auf der Karte aufgesucht, hätte nicht erwartet, daß es uns einmal so
interessant sein würde.)

   Ich glaube bei uns klärt es sich allmälich. Die Fortschritte der katholischen
Reaktion sind unglaublich rasch und ausgiebig. Aber selbst darin liegt eine gewisse Garantie, daß die Hitler'sche Barbarei, vor der wir geflohen wären, nicht
über die Grenze kommen wird: die katholische Kirche als unser Schutz! Wir
werden also bleiben. Das Exil ist nie sehr schön, an den Tod von Ispahan darf
man auch nicht vergessen. Du erinnerst vielleicht, daß der gegenwärtige amerik
Botschafter in Moskau W. C. Bullitt ein langjähriger Patient von mir war u zu-

[*] Gerhard Fichtner ist emeritierter Professor für Geschichte der Medizin an der Universität Tübingen. Forschungsschwerpunkte: Geschichte der Psychiatrie und der Psychoanalyse.

195

letzt wurde er mein Mitarbeiter in einer Studie über Wilson, die jetzt nicht veröffentlicht werden kann. (Dies alles *diskret*!!) Bullitt hat nun den amerik Gesandten in Wien G Earle angestiftet, nur für den Fall einer persönlichen Bedrohung durch die Nazi Asyl in der amerik Gesandtschaft anzubieten. Angeblich stehe ich obenauf auf der Naziliste. Ich hoffe ich werde nicht in die Lage kommen, diesen Schutz zu brauchen. Earle geht in einigen Monaten zurück, um Governor von Pen[n]sylvania zu werden. Er ist übrigens ein Jugendfreund von unserer Dorothy und so kam er dazu, mich vor einigen Tagen zu besuchen.

Unser bodenständiger Faschismus, wie er sich jetzt entwickelt, wird kaum klüger sein als der deutsche, aber sehr wahrscheinlicher [!] humaner und gemäßigter. Als Juden werden wir nichts zu lachen haben.

Ich lese jetzt Feuchtwanger's Familie Oppenheim, eine schmerzhafte Schilderung der brutalen Umwälzung in Deutschland. Als Kontrast zu Hitler werde ich darin mehrfach genannt. Ich frage nun an, ob Du das Buch für Lux haben willst. Wenn Du rasch antwortest, wird es alsbald abgeschickt werden.

Mit allen herzlichen Wünschen aus der Situation für Euch alle

Papa

Sigmund Freuds Sohn Ernst, der als Architekt in Berlin arbeitete und seit Mai 1920 mit Lucie (Lux) Brasch verheiratet war, emigrierte infolge der ständig zunehmenden antisemitischen Schikanen und Verfolgungen in Deutschland im November 1933 nach London. Mit Sorge waren die Bemühungen um seine Übersiedlung in der Familie Freud begleitet worden, und vermutlich diskutierte man auch, ob nicht Freud selbst ebenfalls aus Wien nach England emigrieren solle. Im Frühjahr 1934 drangen immer schlimmere Nachrichten über antisemitische Maßnahmen der Nationalsozialisten nach Wien.

Im März 1934 kam eine persönliche Sorge hinzu. Ernsts Frau Lucie hatte im letzten Drittel des Februar mit Bekannten einen Ausflug nach Yeovil, einem 204 Kilometer südwestlich von London gelegenen Städtchen unternommen, einen Autounfall erlitten und dabei vermutlich einen Schädelbasisbruch davongetragen. Freud vermerkte am 3. März in seiner *Kürzesten Chronik*: »Lux Autounfall erfahren« (Freud 1992 *i* [deutsche Ausgabe], 293). Wahrscheinlich war er durch ein Telegramm benachrichtigt worden. In einem Brief, der heute nicht mehr erhalten (oder dessen Verbleib jedenfalls unbekannt) ist und den Freud in diesem Antwortbrief als »klaren, sachlichen und aufrichtigen Bericht« bezeichnet, hatte

Ernst seinen Vater unterrichtet und wohl auch von der Hoffnung des behandelnden Arztes in Yeovil geschrieben, daß mit einer völligen Wiederherstellung zu rechnen sei. Freud hatte sofort in der Encylopaedia Britannica, deren 11. Auflage von 1911 er besaß, nachgeschlagen und dort lesen können, daß Yeovil am Flusse Yeo in Somersetshire liege, 1901 knapp 10 000 Einwohner hatte und berühmt sei für eine bis ins 16. Jahrhundert zurückreichende Handschuhindustrie (Encyclopaedia Britannica, vol. 28, 1911, 918). Ernest Jones besuchte wohl erst nach dem 11. März Lucie in Yeovil und berichtete Freud in einem Brief vom 26. März ausführlich über seine Einschätzung der Situation (Jones 1993, 734 f.). Lucie sei vor dem Unfall von dunklen Todesahnungen heimgesucht worden, habe sich danach aber zunächst erstaunlich wohl befunden, und nur die Blutung aus dem Ohr sei ein ernstes Zeichen gewesen. Jetzt freilich sei sie recht niedergeschlagen und weine häufig.

Zwei Dinge mögen bei Freud das Nachdenken übers Exil in diesem Brief ausgelöst haben: die Sorge um die Kinder, der Wunsch, ihnen nahe zu sein und der Besuch des amerikanischen Gesandten in Wien, George H. Earle, den dieser seiner Jugendfreundin Dorothy Burlingham, die ebenfalls in der Berggasse 19 wohnte, wie auch Freud drei Tage zuvor abgestattet hatte. Dieser Besuch vom 8. März ist ebenfalls in der *Kürzesten Chronik* verzeichnet (Freud 1992 i, 293). Freuds Nachdenken führt zu dem Resümee: »Das Exil ist nie sehr schön, an den Tod von Ispahan darf man auch nicht vergessen.« Gemeint ist: Seinem eigenen Tod kann man nirgends entgehen. Freud spielt damit auf eine im persischen, arabischen und türkischen Raum weitverbreitete Exempelgeschichte an, die in Schullesebüchern gestanden haben soll und auch seinem Sohn wohlvertraut gewesen sein muß: Ein Jüngling geht morgens in Ispahan auf den Markt und begegnet dem Tod, der ihm etwas sagen will. Erschreckt flieht er zu Pferde nach Samara. Aber dort begegnet er in der Herberge wieder dem Tod, der auf sein banges Fragen antwortet: Ich wollte Dir heute morgen nur sagen, daß wir heute abend in Samara eine Verabredung haben. (Eine Urform dieser in vielen Variationen erzählten Geschichte findet sich bei dem 1220 umgekommenen persischen Dichter und Mystiker Fariduddin; Ritter 1955, 37.) Seinem eigenen Tod kann man nirgends entgehen.

Die Situation hatte sich in Österreich zugespitzt. Seit dem Abschluß eines Freundschaftsvertrages mit Italien im Februar 1930 hatten sich auch hier die faschistischen Einflüsse verstärkt. Engelbert Dollfuß (1892 – 1934), der seit 1932 als Vertreter der Christlich-Sozialen Partei Bundeskanzler war, schaltete im März 1933 das Parlament aus, regierte seitdem mit Hilfe des »Kriegswirtschaftlichen Ermächtigungsgesetzes« vom 24. Juli 1917 und errichtete so die austrofaschistische Diktatur. Ein Versammlungs- und Aufmarschverbot wurde erlassen, die Zensur österreichischer Zeitungen wieder eingeführt. Der Wiener Kardinal Theodor Innitzer (1875–1955) begrüßte die Ausschaltung des Parlaments als »Anbruch einer neuen Zeit«. Das alles schien bedrohlich. Da aber die Dollfuß-Regierung nicht nur am 26. Mai 1933 die Kommunistische Partei, sondern am 19. Juni 1933 auch die Nationalsozialistische Partei verbot, schien sie im Zusammenwirken mit der »katholischen Reaktion« einen gewissen Schutz vor dem Überschwappen des Nationalsozialismus nach Österreich zu bieten.

Bisher war nicht bekannt, daß Freud bereits 1934 oder gar 1933 auf einer »Naziliste« stand, und zwar »obenauf«, also frühzeitig zu den bedrohten Personen gehörte. Der amerikanische Botschafter in Moskau, William C. Bullitt (1891–1967), hatte sich dafür eingesetzt, Freud bei drohender Gefahr Asyl in der amerikanischen Gesandtschaft in Wien zu gewähren. Das alles hatte ihm wohl der vom 24. Juli 1933 bis zum 25. März 1934 in Wien amtierende amerikanische Gesandte George H. Earle bei seinem Besuch mitgeteilt. Bullitt war zunächst Freuds Patient gewesen. Im Jahre 1930, so berichtet Ernest Jones (Jones 1962, 182), habe er bei Freuds Aufenthalt in Berlin-Tegel die Zusammenarbeit an einem Buch über den amerikanischen Präsidenten Thomas Woodrow Wilson (1856–1924) verabredet, das seine Politik darstellen und kritisieren und seine Persönlichkeit psychoanalytisch deuten sollte. Am 16. April 1931 berichtete Freud Max Eitingon, das Wilsonbuch sei halb fertig (Freud 2004 h, 729), und er hoffte, mit diesem Buch und der Poe-Übersetzung von Marie Bonaparte dem Internationalen Psychoanalytischen Verlag »über die schwierige Zeit der Sanierung« helfen zu können. Er wünschte sich deshalb ein baldiges Erscheinen. Doch schon im Februar 1932 rechnete er damit, daß Bullitt unter der neuen Roosevelt-Regierung mit einer wichtigen Aufgabe betraut werden könne (unveröff. Brief an A. A. Brill vom 6. 2. 1933, Library of Congress, Freud Collection). Und nachdem Bullitt tatsächlich 1933 zum ersten Botschafter in der Sowjetunion ernannt worden war, schrieb er am 7. Dezember 1933 an Marie Bonaparte: »Unser Buch wird das Licht der Welt nicht erblicken« (Schur 1973, 662). Eine englische Fassung des Buches erschien erst im Todesjahr von Bullitt: 1967 (Freud/Bullitt 1967). Lange Zeit glaubte man, nur die Einleitung des Buches stamme von Freud, obwohl dieser doch das Buch als »unser Buch« bezeichnete und von Bullitt als seinem Mitarbeiter sprach (Brief an Eitingon vom 20. 11. 1932: »Am 1. Dez. etwa erwarte ich auch meinen Mitarbeiter …«, Freud 2004 *h*, 838; ebenso im vorliegenden Brief). Bis in die jüngste Zeit lag denn auch nur die Einleitung des Wilson-Buches in deutscher Sprache vor (Freud 1971). Doch im Jahre 2005 entdeckte Paul Roazen im Bullitt-Nachlaß in der Yale University Library in New Haven zahlreiche Zeugnisse der Zusammenarbeit zwischen Bullitt und Freud (Roazen 2005).

Darunter befinden sich auch zwei titellose Manuskripte von Freuds Hand. Aus dem Inhalt des längeren der beiden hat Bullitt – allerdings in stark veränderter und vergröberter Form – etliches im Buch verwendet. Freud, der sich ab 1932 von dem Wilson-Projekt zurückzuziehen begann, dürfte mit dieser Verwendung kaum einverstanden gewesen sein. Dieses längere der beiden Manuskripte ist jüngst von Ilse Grubrich-Simitis mit einem erläuternden Kommentar veröffentlicht worden (Freud 2006 e).

Freud hielt den Austrofaschismus gegenüber der »Hitlerschen Barbarei« für »humaner und gemäßigter« und wußte doch, daß die Juden auch in Österreich »nichts zu lachen haben werden«. Über Deutschland und Hitler jedoch machte er sich keine Illusionen. Die Lektüre von Lion Feuchtwangers Roman *Die Geschwister Oppenheim* hatte ihm gerade wieder drastisch vor Augen geführt, wie brutal die Verfolgung der Juden in Deutschland geworden war. Lion Feuchtwanger (1884 – 1958), dessen Bücher wie die Freuds 1933 von den Nationalsozialisten verbrannt worden waren und der darüber hinaus von ihnen ausgebürgert worden war, ging 1933 nach Südfrankreich und schrieb dort diesen Roman als zweiten Teil des Zyklus »Der Wartesaal«. Feuchtwanger veröffentlichte seinen Roman, dessen Handlung zwischen November 1932 und Herbst 1933 spielt und für den er Materialien aus Hitlers *Mein Kampf*, Berichte von Menschen, die aus den frühen Konzentrationslagern der Nationalsozialisten entkommen waren und insbesondere die amtlichen Bekanntmachungen des deutschen Reichsanzeigers von 1933 bis in den Sommer hinein verwendete (Feuchtwanger 1933, 434), noch im Jahre 1933 im Amsterdamer Querido-Verlag, in dem viele Emigranten publizierten. Der Roman schildert am Schicksal einer assimilierten jüdischen Großbürgerfamilie in Berlin die stetig sich steigernde Judenverfolgung in Deutschland. Die Hauptfigur, Gustav Oppenheim, der gerade seinen 50. Geburtstag feiert, ist Seniorchef eines großen Möbelhauses und schöngeistiger Literat, der die Zeichen der Zeit zwar wahrnimmt, aber zunächst nicht wahrhaben will. Doch er und seine Geschwister (Martin, der die Firma leitet, Edgar, der als Professor an einer Klinik tätig ist, Klara, deren aus dem Ostjudentum stammender Mann Jacques Lavendel ebenfalls in der Firma arbeitet) müssen schließlich erkennen, daß ihnen nichts als die Emigration übrigbleibt. Der unpolitische Gustav Oppenheim aber, der sich schon in der Schweiz in Sicherheit befindet, entschließt sich im Sommer 1933 mit gefälschten Papieren nach Deutschland zurückzukehren und den Kampf gegen das unmenschliche Regime aufzunehmen, wird verhaftet und stirbt infolge der brutalen Behandlung in einem Konzentrationslager.

Wenn Freud an Ernst schreibt, »als Kontrast zu Hitler« werde er in dem Roman mehrfach genannt, meint er damit vor allem jene Stelle, wo Feuchtwanger den Rektor einer Schule, der gegen einen neuen nationalsozialistischen Lehrer stillen Widerstand leistet, sagen läßt: »Ist es nicht seltsam, [...] daß die gleiche Epoche Männer so verschiedener Entwicklungsstufen hervorbringt wie den Autor des Buches ›Mein Kampf‹ und den Autor des Buches ›Das Unbehagen an der Kultur‹? Ein Anatom des nächsten Jahrhunderts müßte an den Gehirnen der beiden einen Unterschied von wenigstens dreißigtausend Jahren demonstrieren können« (Feuchtwanger 1933, 137).

Vermutlich hat Freud das Buch seinem Sohn Ernst für Lux geschickt, denn es läßt sich in seiner Bibliothek nicht nachweisen (vgl. Davies/Fichtner 2006). Es ist nicht bekannt, ob es sich unter den Büchern von Ernst und Lucie Freud erhalten hat.

Das Goethe-Zitat, das Feuchtwanger dem »Ersten Buch« seines Romans als Motto vorangestellt hat, mußte Freud aus dem Herzen gesprochen sein: »Das Menschenpack fürchtet sich vor nichts mehr als dem Verstand. Vor der Dummheit sollten sie sich fürchten, wenn sie begriffen, was fürchterlich ist.« (Goethe, *Wilhelm Meisters Lehrjahre,* Buch 7, Kap. 3, Sophien-Ausgabe Bd. 23, 23.)

Literatur

Davies, J. K./Fichtner, G. (2006): *Freud's Library. A Comprehensive Catalogue. – Freuds Bibliothek. Vollständiger Katalog.* Compiled and ed. by/Bearb. u. hg. von J. K. Davies/G. Fichtner. London: The Freud Museum/Tübingen: edition diskord (Quellen und Abhandlungen zur Geschichte der Psychoanalyse, Bd. 2 und CD).

Encyclopaedia Britannica (1911): *The Encyclopaedia Britannica. A Dictionary of Arts, Sciences, Literature and General Information.* Eleventh Ed., vol. 28, Cambridge: University Press.

Feuchtwanger, L. (1933): *Die Geschwister Oppenheim.* Roman. Amsterdam: Querido Verlag.

Fichtner, G. (1989): Die Briefe Freuds als historische Quelle. In: *Psyche-Z Psychoanal* 43, 803 – 829.

Freud, S. (1960 *a*): *Briefe 1873 – 1939*, ausgew. u. hg. von E. Freud/L. Freud. Frankfurt am Main: S. Fischer, 2., erw. Aufl. 1968. 3., korrig. Aufl. 1980.

— (1971): ›Thomas Woodrow Wilson. Der 28. Präsident der Vereinigten Staaten. Eine psychologische Studie. Einleitung‹. In: *Neurose und Genialität*, hg. von Johannes Cremerius. Frankfurt am Main: S. Fischer, 27 – 34.

— (1992 *i*): ›Kürzeste Chronik‹ [Faksimile; deutscher Originaltext und engl. Übers.]. In: The Diary of Sigmund Freud, 1929 – 1939. A Record of the Final Decade, transl., annotated, with an introduction by Michael Molnar. London: The Hogarth Press, 2 – 41 [Faksimiles mit engl. Übers.], 266 – 270 [deutscher Originaltext]. Deutsche Ausgabe (mit Faksimiles): Sigmund Freud, Tagebuch 1929 – 1939. Kürzeste Chronik, hg. und eingel. von Michael Molnar, übers. von Christfried Tögel. Basel/Frankfurt am Main: Stroemfeld/Roter Stern 1996, 30 – 69.

— (2006 e): [Grundvoraussetzungen der Psychoanalyse]. Aus der Arbeit an: Freud, S./Bullitt, W. C., *Thomas Woodrow Wilson, Twenty-eighth President of the United States. A Psychological Study.* London: Weidenfeld and Nicolson York 1967; Erstdruck unter dem Titel ›[Ohne Titel]. Ein bisher unbekannter Text‹, hg. und mit einem Kommentar von Ilse Grubrich-Simitis. In: *Neue Rundschau*, Jg. 117, H. 1, 8 – 35; der Text 9 – 26.

— (2004*h*): Briefe an Max Eitingon. In: *Sigmund Freud – Max Eitingon. Briefwechsel 1906 – 1939.* Hg. von Michael Schröter. Bd. 1 – 2 [durchgehende Paginierung]. Tübingen: edition diskord.

— /Bullitt, W. C. (1967): *Thomas Woodrow Wilson. Twenty-eighth President of the United States. A Psychological Study.* London: Weidenfeld and Nicolson York.

Jones, E. (1962): *Das Leben und Werk von Sigmund Freud.* Bd. 3. Bern/Stuttgart: Hans Huber.

— (1993): *The Complete Correspondence of Sigmund Freud and Ernest Jones, 1908 – 1939.* Ed. by R. A. Paskauskas. Introduction by R. Steiner. Cambridge, Mass./London: The Belknap Press of Harvard University Press.

Meyer-Palmedo, I./Fichtner, G. (1999): *Freud-Bibliographie mit Werkkonkordanz.* 2.verbess. u. erw. Aufl. Frankfurt am Main: S. Fischer.

Ritter, H. (1955): *Das Meer der Seele. Mensch, Welt und Gott in den Geschichten des Fariduddin.* Leiden: E. J. Brill.

Roazen, P. (2005): ›Oedipus at Versailles. New evidence of Freud's part in a study of Woodrow Wilson‹. In: *The Times Literary Supplement*, Nr. 5325, Apr. 22, 12 – 13.

Schur, M. (1973): *Sigmund Freud. Leben und Sterben.* Frankfurt am Main: S. Fischer.

Prof. Dr. Gerhard Fichtner, Institut für Ethik und Geschichte der Medizin, Goethestr. 6, 72076 Tübingen, gerhard.fichtner@uni-tuebingen.de

In memoriam

In memoriam Janine Chasseguet-Smirgel

1928–2006

*Peter Vorbach**

Am 5. März 2006 verstarb Janine Chasseguet-Smirgel im Alter von 77 Jahren in Paris. Mit ihr verlor die internationale Psychoanalyse eine kreative, engagierte, kämpferische und zugleich tolerante Fortsetzerin des Freudschen Aufklärungsprojekts, die sich mit besonderer Leidenschaft der außertherapeutischen Anwendung der Psychoanalyse gewidmet hat. Für ihre deutschen Leser bedeutet ihr Tod darüber hinaus den Verlust einer aufmerksamen und kritischen Beobachterin der Entwicklungen und Verwerfungen speziell der deutschen Kultur – »Kultur« verstanden in dem weiten Sinn, den Freud meint, wenn er mit diesem Wort »die ganze Summe der Leistungen und Einrichtungen bezeichnet [...], die zwei Zwecken dienen: dem Schutz der Menschen gegen die Natur und der Regelung der Beziehungen der Menschen untereinander« (Freud 1930 a, 448 f.).

Es ist zuallererst eine äußerst bittere Erfahrung, die Janine Chasseguet-Smirgel mit der deutschen Art der »Regelung der Beziehungen der Menschen untereinander« gemacht hat: Einige ihrer nächsten Verwandten wurden von den Nationalsozialisten in Vernichtungslager verschleppt und ermordet. Aber sie hat diesen finsteren Abweg der deutschen »Kultur«-Geschichte nie für das Ganze genommen, sie hat dem mörderischen deutschen Antisemitismus kein anti-deut-

* Peter Vorbach, Dipl.-Psych., Psychoanalytiker (DPV) in eigener Praxis. Übersetzungen psychoanalytischer Arbeiten aus dem Englischen und Französischen.

Jahrb. Psychoanal. 54, S. 205–209 © 2007 frommann-holzboog

sches Ressentiment entgegengesetzt. Jenseits ihrer historischen Besonderheit erkannte sie in den ungeheuren Verbrechen der nationalsozialistischen Mörder eine menschliche Möglichkeit, die zumindest im Prinzip jedem offen steht.[1]

Ein Vorbild für ihre unerschrockene Haltung findet sich am Beginn ihres Kommentars zur deutschen Friedens- und Umweltbewegung der 80er Jahre *Das Grüne Theater*, in dem sie bei der Nachfolgegeneration der Nazi-Täter einen projektiven Umgang mit einem übernommenen persekutorischen Schuldgefühl ausmacht (Chasseguet-Smirgel 1988 a). Sie erzählt dort (a. a. O., 135) von einer Lehrerin, die zur Zeit der deutschen Besatzung demonstrativ die Namen jüdischer Philosophen an die Tafel schreibt, die aber auch, nach einer Zeitenwende, angesichts der antideutschen Stimmung im Nachkriegsfrankreich ihre Schülerin besorgt zur Seite nimmt und fragt, ob sie wegen ihres deutsch klingenden (Mädchen-)Namens irgendwelchen Anfeindungen ausgesetzt sei. Gegen eine hegemoniale Mehrheitsmeinung sympathisierte auch die im Jahr 1952 diplomierte Politologin Chasseguet-Smirgel bis zum Ungarnaufstand 1956 mit dem Kommunismus, kritisierte gemeinsam mit ihrem 2005 verstorbenen Mann Béla Grunberger die Linke des Mai 1968 wegen ihrer Entwertung der väterlichen Position und sprach sich beim IPV-Kongreß 1977 in Jerusalem als Vizepräsidentin der europäischen Vereinigung dafür aus, die Einladung der DPV zu einem IPV-Kongreß in Berlin anzunehmen.

Der Kongreß kam bekanntlich 1985 in Hamburg zustande, und Chasseguet-Smirgel, seit 1983 stellvertretende Vorsitzende der IPV, wurde zur Vorsitzenden des Programmkomitees gewählt. Im *Jahrbuch der Psychoanalyse* (Bd. 20) hat sie einige Überlegungen zum Hamburger Kongreß, zur Geschichte der deutschen Psychoanalyse während der Nazizeit und zum Umgang der Psychoanalyse mit dem Naziphänomen angestellt.

Zur Analyse des nationalsozialistischen »biokratischen« (Chasseguet-Smirgel 1990) Unternehmens griff Chasseguet-Smirgel unter anderem auf ihr Perversionskonzept zurück. Die Perversion stand über viele Jahre hinweg im Zentrum ihres Interesses (Chasseguet-Smirgel 1971, 1984 c), ihr widmete sie auch ihre

---

1 Vgl. Chasseguet-Smirgel 1986, 91: »Glaubt er [der am Phänomen des Nazismus nicht interessierte Analytiker, P. V.] wirklich, daß die Patienten, die er auf seiner Couch hat, vollkommen anders sind als jene Geschöpfe, die den Völkermord verübten, die sich gleichgültig davon abwandten, die den Befehlen gehorchten? Und die anderen, tragen sie denn nicht auch all das in sich (wie jedes menschliche Wesen)?«

Vorlesungen im Rahmen des Londoner Freud Memorial Chairs 1982 und 1983 (Chasseguet-Smirgel 1984 d). Kennzeichen der Perversion ist für sie die Verleugnung und das künstliche Überspielen der verhaßten Natur-Notwendigkeiten (im Gegensatz zu deren kreativer Modifikation). Grundlage dieses Hasses ist die narzißtische Kränkung des Kindes durch seine Kleinheit und Impotenz, ausgehend von seiner biologisch bedingten frühen Geburt. Kann der Knabe die schmerzhaften »Introjektionskonflikte« der Identifizierung mit dem Vater auf sich nehmen und so die psychobiologische Reifung abwarten und voranbringen, verliert die perverse Lösung einen Gutteil ihrer Attraktivität. Die »defensive« psychoanalytische Theorie des phallischen Monismus, derzufolge das Kind keine Kenntnis von der Vagina hat, macht in Chasseguet-Smirgels Sichtweise gemeinsame Sache mit der perversen Illusion: traumatisierend am Anblick des weiblichen Genitales ist nicht, daß es die Realität der Kastration verbürgt, sondern den kleinen Jungen daran erinnert, daß er seine Mutter nicht »erfüllen« kann. Tatsächlich liege den kindlichen Sexualtheorien »eine intuitive, triebbedingte und vollständige Kenntnis der sexuellen Wirklichkeit zugrunde« (Chasseguet-Smirgel 1975 b, 5).

Unter dem Blickwinkel der »Krankheit der Idealität« (Chasseguet-Smirgel 1975 a) betrachtet, verspricht die Perversion eine schnelle Vereinigung mit dem primären Objekt des Inzests, indem sie den »Erben des primären Narzißmus«, das Ichideal, mit dem Ich zusammenfallen läßt – sofort, ohne eine mühevolle, langdauernde Ich-Entwicklung. Wie die Mutter des Perversen ihren kleinen Sohn häufig in der ödipalen Illusion bestätigt, er sei ihr perfekter Partner, so verführen die »ideologischen Führer« ihre Gefolgschaft durch das Versprechen, die Welt werde ihnen gehören, wenn sie ihre vom reifen Über-Ich diktierten Hemmungen überwinden und alle Feinde aus dem Weg räumen – zu diesen Feinden wäre im Falle des Selbstmordattentäters auch noch sein so weit vom eigenen Ichideal entferntes (Körper-)Ich zu zählen. In diesem primären Wunsch nach einer »Welt ohne Hindernisse, ohne Unebenheiten und ohne Unterschiede«, einer »völlig glatte[n] Welt, die mit einem seines Inhalts entleerten Mutterleib assoziiert wird« (Chasseguet-Smirgel 1984 a, 91), sieht Chasseguet-Smirgel den Kern der »archaischen Matrix des Ödipuskomplexes«. Die Spuren dieser Wunschphantasie entdeckte sie in literarischen und politischen Utopien (Chasseguet-Smirgel 1984 b) und bei Autoren wie Michel Foucault und Yukio Mishima (Chasseguet-Smirgel 2003 a, vgl. auch 2003 b), wo sie Hand in Hand geht mit einem apokalyptischen Wunsch, die (mütterliche) Erde oder gleich die ganze Welt »in Stücke zu hauen«. Dem väterlichen Prinzip wird hier die Internalisierung verweigert, die frühe Mutterimago mit ihren Verlockungen und Schrecken triumphiert.

»Auch der psychoanalytischen Theorie bleibt dieser Kampf zwischen Mutterrecht und Vaterrecht nicht erspart«, hatte Chasseguet-Smirgel bereits 1975 (1975 b, 26) beim Londoner IPV-Kongreß gesagt.

> Wenn wir die Bedeutung unserer frühen Beziehungen und unserer Besetzung der Mutterimago unterschätzen, dann heißt das, das wir dem Vaterrecht Geltung verschaffen und vor unserer kindlichen Abhängigkeit fliehen; und wenn wir die strukturierenden Wirkungen des Ödipuskomplexes vernachlässigen, der Erfahrung der Ganzheit von Objekten, des väterlichen Über-Ich und des Penis einschließt, setzen wir die ursprüngliche Macht der Mutter wieder ein.

Um eine Balance in der Gewichtung dieser beiden Mächte hat die Verstorbene sich stets bemüht. Das Rettende allerdings – wenn dieses Hölderlin-Wort hier erlaubt ist – scheint sie eher auf Seiten des väterlichen Prinzips gefunden zu haben.

Literatur

Chasseguet-Smirgel, J. (1971 [1988]): *Kunst und schöpferische Persönlichkeit. Anwendungen der Psychoanalyse auf den außertherapeutischen Bereich.* Wien: Verlag Internationale Psychoanalyse.
— (1975 a [1987]): *Das Ichideal. Psychoanalytischer Essay über die »Krankheit der Idealität«.* Frankfurt: Suhrkamp.
— (1975 b): Freud und die Weiblichkeit. Einige blinde Flecken auf dem dunklen Kontinent. In: Dies. (1988), 1–26.
— (1984 a): Die archaische Matrix des Ödipuskomplexes. In: Dies. (1988): 88–111.
— (1984 b): Die archaische Matrix des Ödipuskomplexes in der Utopie. In: Dies. (1988), 112–134.
— (1984 c [1989]): *Anatomie der menschlichen Perversion.* Stuttgart: Deutsche Verlags-Anstalt.
— (1984 d [1986]): *Kreativität und Perversion.* Frankfurt: Nexus.
— (1986): Überlegungen zum Hamburger Kongreß. In: *Jahrb. Psychoanal.* 20, 89–113.
— (1988): *Zwei Bäume im Garten. Zur psychischen Bedeutung der Vater- und Mutterbilder.* Wien: Verlag Internationale Psychoanalyse.
— (1988 a): Das Grüne Theater. Ein Versuch zur Interpretation kollektiver Äußerungen einer unbewußten Schuld. In: Dies. (1988), 135–161.

— (1990): Reflections of a Psychoanalyst Upon the Nazi Biocracy and Genocide. In: *Int. Rev. Psychoanal.* 17, 167 – 176.

— (1993): Überlegungen über die Rückkehr eines bestimmten Antisemitismus in Europa. Interview mit Radio Shalom. In: *Jahrb. Psychoanal.* 30, 185 – 197.

— (2000 [2004]): Trauma und Glauben. In: *Jahrb. Psychoanal.* 49, 39 – 53.

— (2003 a): Was ist mit dem Vater? In: *Jahrb. Psychoanal.* 47, 73 – 96.

— (2003 b): *Le Corps comme miroir du monde.* Paris: PUF. Engl.: *The Body as Mirror of the World.* London: Free Association Books (2005).

Freud, S. (1930 a): Das Unbehagen in der Kultur. In: *GW XIV.*

Peter Vorbach, Im Steinriegel 8, 72072 Tübingen, P.Vorbach@t-online.de

Namenregister

Sachregister

214